BIBLIOTHÈQUE

DE L'ÉCOLE

DES HAUTES ÉTUDES

PUBLIÉE SOUS LES AUSPICES

DU MINISTÈRE DE L'INSTRUCTION PUBLIQUE

SCIENCES PHILOLOGIQUES ET HISTORIQUES

QUARANTE-HUITIÈME FASCICULE

ÉTUDE CRITIQUE SUR LE TEXTE DE LA VIE LATINE DE STE-GENEVIÈVE DE PARIS,
PAR CH. KOHLER

PARIS
F. VIEWEG, LIBRAIRE-ÉDITEUR
67, RUE DE RICHELIEU, 67

1881

ÉTUDE CRITIQUE

SUR LE

TEXTE DE LA VIE LATINE

DE SAINTE-GENEVIÈVE

DE PARIS

AVEC DEUX TEXTES DE CETTE VIE

PAR

CHARLES KOHLER

ÉLÈVE DE L'ÉCOLE PRATIQUE DES HAUTES ÉTUDES

PARIS

F. VIEWEG, LIBRAIRE-EDITEUR

67, RUE DE RICHELIEU, 67

1881

BIBLIOTHÈQUE

DE L'ÉCOLE

DES HAUTES ÉTUDES

PUBLIÉE SOUS LES AUSPICES

DU MINISTÈRE DE L'INSTRUCTION PUBLIQUE

SCIENCES PHILOLOGIQUES ET HISTORIQUES

QUARANTE-HUITIÈME FASCICULE

ÉTUDE CRITIQUE SUR LE TEXTE DE LA VIE LATINE DE STE-GENEVIÈVE DE PARIS,

PAR CH. KOHLER

PARIS

F. VIEWEG, LIBRAIRE-ÉDITEUR

67, RUE DE RICHELIEU, 67

1881

A MONSIEUR HENRI MAUNOIR

TÉMOIGNAGE DE RECONNAISSANCE.

Sur l'avis de M. Gabriel Monod, directeur de la conférence d'histoire, et de MM. Thévenin et Giry, commissaires responsables, le présent mémoire a valu à M. Kohler le titre d'élève diplômé de la section d'histoire et de philologie de l'Ecole pratique des Hautes Etudes.

Paris, le 11 juillet 1880.

Le Directeur d'études,

Signé : G. MONOD.

Les Commissaires responsables,

Signé : THÉVENIN ET GIRY.

Le Président de la Section,

Signé : L. RENIER.

ÉTUDE CRITIQUE

SUR LE

TEXTE DE LA VIE LATINE DE SAINTE GENEVIÈVE

DE PARIS

L'étude que nous entreprenons n'est pas une étude biographique, c'est la critique d'un texte hagiographique transmis par un certain nombre de manuscrits. Nous ne voulons pas écrire une « *Histoire de sainte Geneviève* », nous n'avons d'autre but que de discuter la valeur historique d'un document où quelques-uns de ses actes sont rapportés. Notre travail consistera donc : d'une part, à donner, à l'aide des manuscrits, la meilleure version du texte de ce document; d'autre part à fixer la date de sa composition, à rechercher les sources où l'hagiographe a puisé, à établir le degré d'authenticité des renseignements que nous y trouvons.

Il existe deux Vies latines de sainte Geneviève, toutes deux publiées par les Bollandistes, l'une à la page 138 du tome I des *Acta Sanctorum* [1], au 3 janvier, l'autre à la page 143 du même volume. Notre étude porte spécialement sur le premier de ces documents ; nous montrerons en effet plus loin que le second n'en est que le résumé et ne donne sur sainte Geneviève aucune indication nouvelle.

La *Vita beate Genovefe* est parmi les Vies de saints l'une de celles dont jusqu'ici on a le moins songé à contester l'intérêt et l'utilité pour l'histoire. Cependant elle n'a jamais été scientifiquement étudiée [2]. Les Bollandistes ne lui con-

1) Nous citons la première édition des *Acta Sanctorum*.

2) Cette appréciation pourra sembler exagérée à ceux qui connaissent les livres de B. Saintyves (*Vie de sainte Geneviève, patronne de Paris et du royaume de France*, Paris, 1846, in-8°), de G. Wallin (*De sancta Genovefa disquisitio historico-critico-theologica in III partes divisa et figuris æneis illustrata*, Wittebergæ, Vª Gerdesia, 1723, in-4°), et l'ouvrage encore inédit de Claude du Molinet, le génovéfain (*Histoire de sainte Gene-*

sacrent qu'une très brève notice. Avant eux et depuis eux tout ce qui a été écrit sur ce texte consiste soit en biographies dont l'auteur s'est borné à raconter l'existence de la sainte d'après la Vie et souvent, en outre, d'après des traditions recueillies de part et d'autre, soit aussi en livres de piété, d'où la foi, le sentiment religieux, la certitude d'une inspiration divine chez l'hagiographe excluent toute idée

viève et de son abbaye royale et apostolique, Paris, 1687, in-fol.), dont le ms. se trouve à la Bibliothèque sainte Geneviève (H. 21, F.). Mais les deux derniers de ces auteurs ayant travaillé sur une Vie de la sainte remaniée 350 ans au moins après l'époque de la composition du texte primitif et remaniée avec si peu d'intelligence que des anachronismes s'y rencontrent à chaque instant, ces auteurs, disons-nous, ont usé leur critique à démontrer que ce texte ne pouvait pas avoir été écrit au VIe siècle, comme l'hagiographe le prétend dans le cours de son ouvrage, et, si l'on peut s'exprimer ainsi, ils n'ont fait qu'enfoncer des portes ouvertes. Wallin, suivant en cela Adrien de Valois qui, dans le *Rerum Francicarum usque ad Chlotharii senioris mortem libri VIII* (ed. Paris., 1646, p. 318), avait dit qu'aucune Vie de sainte Geneviève n'était digne de foi, conclut également que ce récit composé au IXe siècle ne mérite aucune créance. Claude du Molinet, qui cependant connaissait des textes plus purs, préfère s'en tenir à celui-ci dont tous les autres ne seraient, selon lui, que des abrégés, ce qui, nous le montrerons plus loin, est insoutenable. Il convient du reste que ce texte ne représente nullement celui de la Vie primitive et que de nombreuses modifications ont été apportées à ce dernier depuis le VIe siècle.

Quant à B. Saintyves, son ouvrage est certainement le meilleur écrit composé jusqu'ici sur la matière. L'auteur résume heureusement tout ce qui a été dit avant lui et sa critique est souvent ingénieuse. Mais, outre qu'il n'a eu sous les yeux qu'un nombre restreint de mss., il admet avec beaucoup trop de facilité tous les renseignements de l'hagiographe, et par certains côtés son livre ressemble aux nombreux ouvrages de piété auxquels la Vie de la patronne de Paris a donné naissance.

En dehors de ces trois auteurs nous n'en connaissons pas qui ait fait de la Vie de sainte Geneviève une étude spéciale et approfondie. On trouvera cependant encore quelques remarques sur des points particuliers dans :

Baronius, *Annales*, t. VII, p. 229 ; t. VIII, pp. 187, 631 ; t. IX, p. 83 ; t. XIV, pp. 322, 472.

Le Nain de Tillemont, *Mémoires pour servir à l'histoire ecclésiastique des six premiers siècles*, t. XVI, pp. 622, 802.

Mignot, *Observations sur quelques endroits de l'histoire de France de Velly* (Journal de Verdun, 1763, pp. 40 à 49).

Et dans les *Histoires de Paris* de l'abbé Lebeuf, de Sauval, de D. Michel Felibien.

de discussion [1]. Mais comme, au premier abord, rien, ni dans l'ensemble de l'œuvre, ni dans ses détails importants, ne permet de suspecter la véracité, ou, tout au moins, la bonne foi de l'hagiographe; comme d'autre part l'auteur affirme avoir écrit seulement dix-huit ans après la mort de son héroïne [2], cette Vie a été utilisée au même titre que d'autres mieux connues, on peut presque dire au même titre que les chroniques du sixième et du septième siècle, pour l'histoire de la Gaule à l'époque des rois Childéric I et Clovis I, époque à laquelle elle se rapporte.

L'intérêt de la *Vita beate Genovefe* ne réside nullement dans les récits de miracles qui en forment cependant la majeure partie. Pour être instructive, l'étude de cet ordre de faits doit être envisagée à un point de vue très

1) Nous avions tout d'abord eu l'intention de joindre à notre étude une notice bibliographique des ouvrages ayant trait à la Vie de sainte Geneviève. Mais le nombre de ces ouvrages est si considérable que nous aurions été obligés de donner à cette partie de notre travail un développement exagéré vu le peu d'importance de la plupart de ces écrits. Nous nous bornerons donc à renvoyer le lecteur aux recueils bibliographiques qui lui fourniront sur ce point tous les renseignements désirables :

Le P. Lelong, *Bibliothèque historique de la France*, t. I, nos 4053 et 4239 ; 4442 à 4470 ; 13302 à 13594 ; — t. IV, nos 4448 à 4458.

Alfred de Bougy, *Histoire de la Bibliothèque sainte Geneviève, suivie d'une monographie bibliographique par* P. Pinçon, Paris, 1847, in-8°, pp. 232 et s.

L'abbé P. M. B. Saintyves, *Vie de sainte Geneviève patronne de Paris et du royaume de France suivie de l'histoire de l'abbaye, de l'église et des reliques de la sainte*, Paris, 1846, in-8°, pp. 6 à 12.

Aug. Potthast, *Bibliotheca historica medii aevi*, à l'article «*Genovefa*». Dans la liste des ouvrages relatifs à la sainte, Potthast confond sainte Geneviève de Brabant avec sainte Geneviève de Paris; parmi les ouvrages qu'il cite, deux sont relatifs à la première.

Bibliothèque nationale, *Catalogue de l'Histoire de France*, t. IX, pp. 594 à 596.

L'abbé Ulysse Chevalier, *Répertoire des sources historiques du moyen-âge*, 1er Fasc., à l'article *S. Geneviève*.

Le Nain de Tillemont, *La Vie de sainte Geneviève patronne de Paris; corrigée et considérablement augmentée, précédée d'une notice sur toutes les Vies de sainte Geneviève anciennes et modernes qui ont paru jusqu'à ce jour*, uouvelle édition, Paris, 1825.

2) *Vita beate Genovefe*, paragr. 49. (Lorsque nous citons la Vie de sainte Geneviève nous renvoyons toujours au texte que nous publions à la suite de notre étude critique).

général. Il faudrait comparer soit entre eux, soit avec certains passages du Nouveau-Testament, les récits des hagiographes. On verrait alors combien, en matière de surnaturel, la littérature hagiographique est peu variée. Les mêmes miracles se répètent à chaque instant, sous des formes identiques, chez des écrivains de toutes les époques. Il y a des miracles types, dont le plus souvent on retrouverait la source dans les faits miraculeux attribués à Jésus-Christ ou à ses apôtres, tout à fait semblables comme manifestation de la puissance divine et différents seulement par les circonstances purement humaines qui les accompagnent. La Vie de sainte Genevièv e ne fait pas exception; les guérisons de démoniaques ou d'infirmes y tiennent une très grande place [1], on y trouve en outre une résurrection [2], deux apaisements de tempêtes [3], deux créations miraculeuses de liquide [4]. Un ange en annonçant à Zacharie la naissance de saint Jean-Baptiste lui dit: *Et erit gaudium tibi et exultatio, et multi in nativitate ejus* (Johannis) *gaudebunt. Erit enim magnus coram Domino et Spiritu Sancto replebitur adhuc ex utero matris sue, et multos filiorum Israel convertet ad Dominum.* (Evang. Lucae, c. I. vers. 14-16). Saint Germain d'Auxerre dit en parlant aux parents de sainte Geneviève : *In hujus* (Genovefe) *nativitate magno gaudio et exultatione celebratum mysterium in cœlo noveritis ab angelis. Erit enim hec magna coram Domino et multi ejus vitam propositumque sanctum mirantes declinabunt a malo et ab improba atque impudica vita conversi ad Dominum....* (Vita b. Genovefe, par. 2). Un peu plus loin (par. 10) l'hagiographe dit de Geneviève qu'elle était « *ex utero matris sue a Deo electa* ». La naissance de Jésus-Christ est aussi célébrée par une grande joie dans le ciel (*Evang. Lucae, c. II, vers. 13 et s.*). Le fils de Dieu guérit les malades qui touchent à ses vêtements (*Evang. Lucae, c. VIII, vers. 43 et s.*);

1) *Vita b. Genovefe*, par. 5, 22, 23, 27, 28, 31, 34, 35, 36, 37, 40, 41, 42, 43, 46, 49, 51, 52.
2) *Vita b. Genovefe*, par. 30.
3) *Vita b. Genovefe*, par. 38, 48.
4) *Vita b. Genovefe*, par. 18, 49.

sainte Geneviève produit le même miracle (*Vita b. Genov. par.* 37).[1] En somme on peut affirmer que dans cette œuvre, sinon tous, du moins presque tous les récits miraculeux ont un modèle dans l'Ecriture Sainte ou dans les écrits hagiographiques antérieurs. Comme d'ailleurs en fait de documents assez étendus et, en même temps, assez anciens pour offrir à celui qui voudrait faire l'histoire de Geneviève une source appréciable d'informations, nous ne possédons que cette seule Vie, fort courte elle-même, puisqu'elle ne tient que onze colonnes de l'édition des Bollandistes ; comme en outre l'hagiographe, ne racontant de la carrière de la sainte que les circonstances où s'est exercée sa puissance miraculeuse, ne nous fournit en aucune façon les éléments d'une véritable biographie, nous pensons devoir laisser de côté tout essai biographique et nous attacher exclusivement aux fragments de l'œuvre qui peuvent avoir pour l'histoire un intérêt plus général. Dans ces récits qui embrassent une période de plus de quatre-vingts ans, du commencement du Ve siècle aux premières années du VIe, on rencontre parfois des descriptions ou de simples mentions de localités et d'édifices, des noms et des titres de personnages, des détails qui nous font connaître l'état du pays, la condition des habitants, sinon à l'époque que décrit l'hagiographe, du moins à celle où il vivait. Nous y trouvons rappelés des évènements relatifs au roi des Huns, Attila, à Childéric I, à Clovis I, à l'établissement des Franks dans le nord de la Gaule. C'est à ce point de vue, le plus intéressant du reste, que la Vie de sainte Geneviève prête matière à la critique et mérite d'être étudiée.

A côté de cette Vie quelques écrits, auxquels leur antiquité donne, pour le sujet qui nous occupe, une certaine importance, ont mentionné l'existence de sainte Geneviève, mais aucun ne complète les renseignements fournis par l'hagiographe. — Grégoire de Tours, au chapitre 91 de son *De gloria confessorum,* s'exprime en ces termes :

1) L'extase où elle tomba étant encore enfant (*Vita b. Genovefe,* par. 5) fait penser à la conversion de saint Paul sur le chemin de Damas ; la guérison qu'elle opéra de sa mère aveugle (*Vita b. Genovefe,* par. 7) rappelle la guérison du père de Tobie par son fils.

« Sainte Geneviève est ensevelie dans la basilique des « saints Apôtres. Pendant sa vie, sa puissance était si « grande qu'elle put ressusciter un mort. Près de son « tombeau souvent les prières sont exaucées, très souvent « aussi les fièvres des malades sont guéries ». Ce chroniqueur cite également sainte Geneviève dans son *Histoire des Franks*. Lorsqu'il raconte que le corps de la reine Clotilde fut placé dans la basilique de saint Pierre à côté de celui de Clovis, il dit que dans cette même basilique Geneviève était ensevelie [1]. Cette indication se trouve reproduite dans les *Gesta regum Francorum* [2], rédigés entre 720 et 726 [3], et dans la *Vie de sainte Clotilde* écrite à une époque incertaine, mais en tout cas postérieurement aux *Gesta* [4]. — On trouve en outre dans la *Liturgia gallicana* de Mabillon (*liv. II, chap. XVI, p. 114*) l'office qui était lu le jour de la fête de sainte Geneviève. Le manuscrit qui renferme ce document date, selon Mabillon, de l'époque mérovingienne. L'écriture, dont la *Liturgia gallicana* contient un spécimen (*Praefatio, chap. VII*), nous autorise à croire que l'exécution de ce manuscrit dut avoir lieu au milieu du VIIe siècle. L'office se compose d'un fragment de l'épître de saint Paul aux Romains (*chap. VII, vers. 24 à chap. VIII, vers. 4*) et de 14 versets tirés de l'évangile selon saint Mathieu (*chap. XXV, vers. 1-14*). Il n'y est du reste fait aucune mention de sainte Geneviève dont le nom se trouve seulement dans le titre : *Legenda in festo s. Genovefae virginis*. — La *Vie de saint Germain*, évêque d'Auxerre, qui passe pour avoir été composée à la fin du Ve siècle, raconte, dans un fragment assez étendu, deux entrevues que ce personnage, se rendant en compagnie de saint Loup, évêque de Troyes, dans l'île de Bretagne, aurait eues à Nanterre avec sainte Geneviève [5]. Mais nous montrerons plus loin que cette Vie,

1) Grég. de Tours, *Histoire ecclésiastique des Franks*, liv. IV, chap. 1 (dans D. Bouquet, t. II, p. 204).

2) *Gesta regum Francorum*, cap. 27. (D. Bouquet, t. II, p. 558).

3) G. Monod, *Les Origines de l'Historiographie à Paris*, chap. II et Conclusion (dans les *Mémoires de la Société de l'histoire de Paris*, t. III, p. 219 et s.)

4) *Vie de sainte Clotilde*, chap. XIV (D. Bouquet, t. III, p. 400).

5) *Vie de saint Germain d'Auxerre* (*AA. SS. Boll.*, 31 juillet, VII par. 42 et 60).

telle que nous la possédons aujourd'hui, n'a peut-être été écrite qu'au VIe siècle et qu'en tous cas, si elle est du Ve, le fragment en question a été ajouté postérieurement à la rédaction de la Vie de sainte Geneviève [1]. Enfin un grand nombre de martyrologes indiquent le 3 janvier comme anniversaire de la mort de sainte Geneviève et quelques-uns rappellent à cette occasion certains actes rapportés par l'hagiographe. Malheureusement, pour la plupart de ces documents, les plus anciens surtout, il est assez difficile de savoir l'époque à laquelle ils ont été composés et d'ailleurs il arrive souvent que les noms de certains saints ont été intercalés plus tard [2]. Suivant Le Nain de Tillemont, le martyrologe de Bède le Vénérable serait le premier qui contienne la mention de sainte Geneviève [3]. Pour ce qui est de Geneviève nous nous bornerons

1) Voir plus loin pp. LXIV et s. — L'un des testaments de saint Remi de Reims porte que cet évêque laissa quelque bien à sainte Geneviève, c'est-à-dire sans doute à l'église sainte Geneviève, puisque saint Remi survécut de trente ans au moins à sainte Geneviève. Il est d'ailleurs reconnu aujourd'hui que cette pièce est apocryphe (cf. *AA. SS. Boll.*, 1er oct., I, *Comment. praev. ad vitam S. Remigii*, § XV). Le texte du testament se trouve dans Flodoard, *Historia ecclesie Remensis* (*Nova bibliotheca veterum patrum*, p. 646).

2) Martyrologium Adonis Viennensis. (Surius, *Vitae Sanctorum*, t. VII, p. 284). — Martyrologium Augustanum monasterii S. Udalrici (*AA. SS. Boll.*, juin, t. VII, p. 15). — Martyrologium Bedae venerabilis cum auctario Flori (*AA. SS. Boll.*, Mars, t. II, p. VIII). — Martyrologium Corbeiense brevius (*AA. SS. Boll.*, Juin, t. VII, p. 31). — Martyrologium Gellonense (d'Achery; *Spicil.*, t. II, p. 25). — Martyrologium S. Hieronymi (d'Achery, *Spicil.*, t. II, p. 1 ; Martène, *Thesaurus*, t. III, col. 1547). — Martyrologium Labbeanum (*AA. SS. Boll.*, Juin, t. VII, p. 22). — Martyrologium Morbacence (Martène, *Thesaurus*, t. III, col. 1563). — Martyrologium reginae Sueciae (*AA. SS. Boll.*, Juin, t. VII, p. 37). — Martyrologium Rhinoviense (*AA. SS. Boll.*, Juin, t. VII, p. 1). — Martyrologium Notkeri; Martyrologium Rabani(Canisius, *Lectiones antiquæ*, t. VI, p. 763). — Martyrologium Richenoviense (*AA. SS. Boll.*, Juin, t. VII, p. 5). — Martyrologium Usuardi (ed. *Bouillart*, Paris 1718, ad d. 3 non. Jan). — Fragmentum veteris calendarii (Martène; *Thesaurus*, t. III, col. 1591). — Antiquum calendarium Corbeiense (Martène, *Thesaurus*, t. III, col. 1593). —

3) Le Nain de Tillemont, *Mémoires pour servir à l'histoire ecclésiastique des six premiers siècles*, t. XVI, p. 631. Dans la liste des martyrologes que nous donnons ci-dessus (*note* 2), nous citons le martyrologe de saint Jérôme dont la première rédaction est d'une époque antérieure au VIIIe siècle. Mais cette première rédaction n'existe plus et nous ne possédons aujourd'hui de ce document que des textes remaniés, de date incertaine.

à dire qu'elle naquit à Nanterre peu d'années avant le temps où saint Germain, évêque d'Auxerre, alla dans l'île de Bretagne combattre l'hérésie de Pélage (429 ap. J.-C.). Elle y passa probablement toute son enfance et la plus grande partie de sa jeunesse. Puis, ses parents étant morts, elle vint à Paris où l'appelait sa marraine [1] et où elle se trouvait depuis quelque temps déjà lorsque saint Germain se rendit pour la deuxième fois en Bretagne (446 ap. J.-C.)[2]. A partir de ce moment, sans avoir d'occupation fixe, elle fit du bien autour d'elle et surtout voyagea beaucoup. Enfin elle mourut à Paris et le roi Clovis construisit en son honneur une église où ses restes devaient être déposés.

Une tradition fort accréditée de nos jours veut que, pendant son séjour à Nanterre, sainte Geneviève ait été bergère. Il est sans doute possible que ses parents, gens aisés, semble-t-il [3], possédassent des troupeaux et que la jeune fille, élevée avec une simplicité toute rustique, n'ait pas craint de suivre aux champs les serviteurs de la maison. Toujours est-il que l'hagiographe n'en dit rien et que ce qu'il raconte de ses premières années, loin de permettre de lui attribuer un semblable genre de vie, ferait plutôt supposer un caractère et des habitudes tout différents.

Selon les auteurs du *Gallia Christiana* cette tradition ne remonterait pas au-delà du commencement du XVIe siècle. « Au mois de décembre de l'année 1512, « disent-ils, Pierre du Pont, l'Aveugle, de Bruges, dédia à « Philippe Cousin, modérateur très vigilant du monastère « de sainte Geneviève sur la colline de Paris, un poème « épique relatif à l'histoire de cette sainte, divisé en neuf (*sic*) « livres, à l'instar de l'Enéide de Virgile, poème qui est le

1) *Vita b. Genovefe*, par. 7; *mater spiritualis*, c'est-à-dire celle qui l'avait tenue sur les fonts baptismaux.

2) Sur les voyages de saint Germain en Bretagne et l'époque où ils eurent lieu, voir la notice préliminaire des Bollandistes à la Vie de saint Germain d'Auxerre, § VI (*Acta Sanctorum*, 31 juillet, VII, p. 195).

3) Nous voyons en effet que sainte Geneviève possédait en propre des terres aux environs de Meaux (*Vita b. Genovefe*, par. 47) ; il est à croire que ces biens lui venaient de ses parents.

« premier monument connu jusqu'ici où la patronne de « Paris, jeune fille, soit représentée sous la figure d'une « gardienne de troupeaux, ce que plus tard les peintres ont « imité [1] ». Cette opinion adoptée aujourd'hui par tous ceux qui ne s'en tiennent pas simplement à la tradition, n'est pas, croyons-nous, rigoureusement exacte. Ce qui est vrai néanmoins, c'est, qu'avant le poème de Pierre du Pont, aucun écrit ne fait même allusion à la légende. Cependant les documents dont Geneviève forme le sujet et les textes où son nom et ses actes sont incidemment rappelés, abondent à partir de la fin du VIe siècle. Grégoire de Tours, comme nous l'avons vu plus haut, lui consacre un chapitre de son *De Gloria Confessorum*. La *Vie de saint Germain d'Auxerre*, les *Gesta regum Francorum* et la *Vie de sainte Clotilde* la mentionnent. — Au IXe siècle nous trouvons la seconde *Vie* que nous signalions au commencement de cette étude [2], un poème sur la Vie de saint Germain par le moine Héric, dans lequel il est assez longuement parlé de sainte Geneviève, à l'occasion de ses entrevues avec l'évêque d'Auxerre [3], la *Vie de saint Remi de Reims* par Hincmar [4], les *Miracles de sainte Geneviève*, dont nous possédons deux rédactions [5]. C'est encore, comme on le verra plus loin, à cette époque fort probablement, ou au plus tard au Xe siècle, que fut composé le remaniement de la Vie primitive qui a donné naissance à l'une de nos familles de

1) *Gallia Christiana*, t. VII, édition de 1744, col. 766, B.

2) V. page I.

3) *AA. SS. Boll.*, 31 juil., VII, p. 236.

4) *AA. SS. Boll.*, 1er oct., I; *Vie de saint Remi de Reims*, par Hincmar, par. 116.

5) L'une de ces rédactions a été publiée dans les *AA. SS. Boll.*, (Janv. I, p. 147) à la suite des deux Vies de sainte Geneviève; l'autre qui se trouve incomplétement dans le ms. H. L. 42 de la Bibliothèque de l'Arsenal et plus incomplétement encore dans le ms. H. 2, L. in-8° de la Bibliothèque sainte Geneviève a été publiée par Saintyves (*Histoire de sainte Geneviève patronne de Paris*, etc. p. CXIII) d'après le premier de ces manuscrits. Cette seconde rédaction, plus détaillée que l'autre, est fort probablement la meilleure; malheureusement le ms. H. L. 42, outre qu'il n'en donne pas le texte en entier, est très défectueux au point de vue de la forme; les fautes grossières de style et d'orthographe y abondent. Quant au ms. H. 2, L. il ne donne que les premières lignes du document (*Cf. p. XXVI, notre étude du ms. H. 2, L.*).

manuscrits [1]. Du IXe au XIe siècle nous avons plusieurs hymnes en son honneur [2]. Au XIe siècle, Helgaud, le biographe du roi Robert le Pieux, nous apprend que les saints les plus honorés de son temps étaient la sainte Vierge, saint Benoît, saint Martin, les martyrs Corneille et Cyprien, saint Denis et sainte Geneviève [3]; on peut donc croire que du temps des premiers Capétiens, l'histoire de la patronne de Paris était fort connue et que la légende l'avait déjà plus ou moins développée et transformée. Aimoin raconte la vie de Geneviève, il parle assez longuement de son enfance [4]. Au commencement du XIIe siècle, Hildebert, évêque du Mans, puis archevêque de Tours, dans un discours sur les vertus de Geneviève [5]; Sigebert de Gembloux dans sa *Chronographia* [6]; un peu plus tard, Ekkehard dans sa *Chronique universelle* [7]; au XIIIe siècle, l'auteur de la *Vie de saint Guillaume*, abbé de Roskild en Danemark [8] et Vincent de Beauvais dans le *Speculum historiale* [9] rappellent diverses circonstances de sa vie. Au XIVe siècle paraissent plusieurs Vies de la sainte écrites en français [10]. De la même époque nous possédons un récit assez étendu dans les *Grandes chroniques de saint Denis* [11], et

1) Voir plus loin, pp. XXVI-XXVII notre étude sur les mss. de la Vie.

2) Ces pièces, au nombre de quatre, se trouvent dans le ms. H. 2, L de la Bibliothèque sainte Geneviève (fol. 92 recto à 96 recto). Elles ont été publiées par Saintyves dans l'ouvrage cité ci-dessus (*p. II, note*) p. CXXXIX à CXLII, et dans l'*Histoire de sainte Geneviève et de son culte*, par un Serviteur de Marie, Paris, E. Plon, 1878, p. 498.

3) Helgaldus Floriacensis, *Vita Roberti regis* (D. Bouquet, X, p. 104).

4) Aimoinus. *De Gestis Francorum*, lib. I, par. 24 (D. Bouquet, III, p. 43).

5) Migne, *Patr. lat.*, CLXXI, cc. 639 et s.

6) Pertz, *Mon. Germ.*, *Scriptores*, VI, p. 310 et 314.

7) Pertz, *Mon. Germ.*, *Scriptores*, VI, p. 139.

8) *AA. SS. Boll.*, 6 Avril, I, p. 625.

9) Vincentius Bellovac., *Speculum historiale*, l. XX, c. 46 à 48 (ed. Duac., 1624, p. 796, 797). Ce que dit Vincent de Beauvais sur sainte Geneviève se trouve reproduit dans les additions faites au XIVe siècle à la *Legenda aurea* de Jacques de Voragine, c. 216 (éd. Graesse, Leipsig 1843-46, p. 922).

10) Nous parlerons plus loin en détail de ces vies françaises.

11) *Chron. de saint Denis* (XIVe siècle), liv. II, chap. XXV (D. Bouquet, III, p. 176).

une prose où sont énumérés ses principaux actes [1]. A la fin du XVe siècle, Erasme, guéri d'une grave maladie, grâce à l'intercession de Geneviève, composa en l'honneur de cette sainte un poème où il s'étend particulièrement sur l'histoire de ses premières années [2]. En 1493, Petrus de Natalibus publia dans son *Catalogus sanctorum* une courte Vie de sainte Geneviève. Il faut ajouter à ces diverses sources le nombre considérable des livres liturgiques que nous a légués le moyen-âge, missels, bréviaires, légendaires, lectionaires, graduels, antiphonaires, sacramentaires et livres d'heures. Dans ces recueils dont les exemplaires abondent à partir du Xe siècle, les textes relatifs à sainte Geneviève, extraits ou résumés des récits de la Vie latine [3], hymnes, oraisons, prières, pièces de vers, en un mot tout l'appareil des offices liturgiques, sont si fréquents que nous ne pouvons même songer à les énumérer ici [4]. Enfin dans tous les temps, du XIe au XVe siècle, de brèves mais très-nombreuses mentions se trouvent chez des écrivains de genres fort divers, hagiographes, poètes, chroniqueurs et dans la plupart des martyrologes; aucun de ces documents ne laisse supposer que l'auteur ait voulu faire de Geneviève une bergère [5].

1) Cette prose qui se trouvait en particulier dans le ms. lat. 5667 de la Biblioth. nationale, aujourd'hui perdu, a été publiée par Saintyves, *Histoire de Sainte-Geneviève*, p. CXLII, et d'après lui dans l'*Histoire de Sainte Geneviève* par un Serviteur de Marie (Paris, E. Plon, 1878, in-8°). On la trouve également dans le *Rational* de Durand (tr. Barthélemy, Paris, 1854, t. III, p. 532).

2) Cette pièce a été plusieurs fois publiée. On la trouvera dans l'*Histoire de sainte Geneviève, patronne de Paris*, par Pierre le Juge, Paris, 1586; p. 124.

3) Il est à remarquer que tous ces extraits ou résumés, tous ceux du moins que nous avons vus, sont faits d'après les manuscrits les plus altérés, c'est-à-dire ceux que nous avons rangés dans notre 4e et dernière famille (V. plus loin notre classification des mss.).

4) Nous nous bornerons à citer un de ces textes dont l'auteur, loin de considérer sainte Geneviève comme une bergère, lui donne au contraire le titre de *nobilis*. Ce texte se trouve dans le ms. latin 746 A, de la Biblioth. nationale (XIVe siècle), au fol. 256 recto.

5) Après le poème de Pierre du Pont, le premier texte qui fasse de sainte Geneviève une bergère est un écrit de Jean Ravisius Textor dans le *De memorabilibus et claris mulieribus* (fol. 217 verso) dont la 1re édition est de 1521, (Parisiis, ex aedibus Simonis Colinaei).

Nous eussions donc admis sans la discuter l'assertion des auteurs du *Gallia Christiana*, si dans un missel de la fin du XIIIe siècle nous n'avions trouvé une peinture qui vient dans une certaine mesure contredire leur opinion. Ce missel, conservé à la Bibliothèque sainte Geneviève à Paris sous le n° BB. 2, L., in-fol., contient au verso du folio 112 une lettre ornée où l'on voit la sainte dans une prairie, entourée d'un certain nombre d'animaux que, malgré leur forme assez étrange, il est impossible de ne pas prendre pour des moutons. Il faut dire cependant que dans cette peinture Geneviève ne porte aucun des attributs ordinaires d'une bergère, tels par exemple que la houlette dont on la voit munie dans des représentations postérieures au commencement du XVIe siècle. Son costume, sans être celui d'une dame noble de l'époque, n'a cependant rien qui témoigne la pauvreté. Elle est assise et tient à la main un livre qu'elle paraît lire attentivement. Comme d'autre part dans les textes qui accompagnent cette représentation, et parmi lesquels se trouve en particulier une prose où sont rappelées les principales vertus de la sainte, il n'est fait aucune mention du fait que la peinture semble devoir reproduire, il est fort possible que l'artiste n'ait point eu l'idée qu'on serait tout d'abord tenté de lui attribuer. Peut-être en effet par la présence de ces timides animaux a-t-il voulu symboliser la douceur, la bonté de Geneviève ; ou peut-être les moutons représentent-ils simplement des ouailles. Ajoutons que, de toutes les représentations figurées que nos travaux nous ont amenés à découvrir, aucune ne se rapproche même vaguement de celle que nous venons de décrire [1]. Nous ne prétendons pas assurément avoir tout vu; les manuscrits où l'on pourrait trouver d'autres types sont innombrables et, à moins de vouloir consacrer plusieurs années à des recherches spéciales, on doit se résigner à en laisser un grand nombre

1) Nous avons même vu deux autres miniatures où sainte Geneviève, tout en étant représentée dans une prairie ou un verger, n'a pas de moutons auprès d'elle et ne porte aucun des attributs de la bergère (Biblioth. S. Geneviève, ms. BB. 2, L., in-fol., XIIIe s., fol. 77;— ms. BB. 1, L., in-fol., XIIIe s., fol. 161).

de côté; nous nous gardons donc bien d'affirmer qu'il soit impossible de rencontrer des exemples plus probants que celui du missel de la Bibliothèque Sainte Geneviève. Ce que nous nous bornons à établir pour le moment c'est, qu'avant le XVIe siècle, la légende était loin d'avoir la popularité qu'elle a acquise de nos jours.

Bien qu'une étude iconographique ne rentre pas directement dans notre sujet, nous pensons qu'il ne sera pas oiseux de faire connaître au lecteur quels sont les principaux types qui jusqu'à la fin du XVe siècle se rencontrent dans les monuments figurés. On trouvera à ce sujet dans la *Caractéristique des Saints* du P. Cahier un grand nombre de renseignements que nous résumons ici brièvement en les complétant au moyen de nos propres observations.

La représentation la plus ordinaire est celle-ci : sainte Geneviève est debout, vue de face, vêtue d'une longue robe, généralement nouée à la ceinture, et d'un manteau, long également, et flottant. Sa tête est entourée d'un nimbe. D'une main, la droite ou la gauche indifféremment, elle tient un cierge allumé qu'un diable placé d'un côté de sa tête essaie d'éteindre en soufflant dessus avec la bouche ou avec un soufflet, tandis que de l'autre côté de la tête un ange rallume le cierge ou l'empêche de s'éteindre. De l'autre main ramenée vers le corps à la hauteur de la ceinture elle tient un livre [1]. L'origine de cette représentation se trouve sans doute dans l'un des récits de la Vie latine que nous étudions, récit d'après lequel une nuit que sainte Geneviève se rendait avec

1) Le P. Cahier, *Caractéristique des saints* ; pp. 42, 196, 229 ; — ms. BB. 33, L., in-4°, de la Biblioth. sainte Geneviève, XIVe s., f. 80; — ms. BB. 1, L., in-fol., de la Biblioth. sainte Geneviève, XIIIe s., ff. 161, 246. — ms. BB. 11, L., in-4°, de la Biblioth. sainte Geneviève, XIVe s., f. 173 ; — Statue en pierre, du XIIIe s., qui se trouve sous le porche de saint Germain l'Auxerrois à Paris. Dans cette dernière représentation sainte Geneviève marche sur un démon, mais comme les autres statues qui se trouvent à côté de celle-là ont toutes également un démon à leurs pieds, nous ne pensons pas qu'il y faille voir un attribut spécial. Molanus dans le *De picturis et imaginibus sacris*, chap. LVIII (éd. Lovan., 1570, p. 110), en indiquant d'ailleurs que le type au cierge est celui sous lequel les peintres doivent représenter sainte Geneviève, conseille cependant de lui mettre en

plusieurs jeunes filles à l'église de saint Denis pour y assister à matines, le vent éteignit la lumière qui la guidait dans les ténèbres. Elle prit alors le flambeau de la main de celle d'entre ses compagnes qui l'avait porté jusque là, et, dès qu'elle l'eut saisi, il se ralluma miraculeusement[1]. Souvent dans cette même représentation elle porte en outre des clefs suspendues à sa ceinture, pour indiquer peut-être que le sort de la ville de Paris lui appartenait[2].

Divers récits que l'on trouve dans sa Vie ont servi de prétexte à d'autres représentations. Ainsi, en mémoire de son entrevue avec saint Germain d'Auxerre[3], on la voit recevant une pièce de monnaie de la main d'un évêque[4]. Un manuscrit de la Bibliothèque sainte Geneviève réunit ces deux premiers types : Geneviève tient le cierge de la main droite, le diable et l'ange se trouvent du même côté de la tête ; près de la sainte un évêque muni d'un livre[5]. Un autre manuscrit de la même bibliothèque nous la montre encore enfant et en compagnie de deux prélats, sans doute saint Germain et saint Loup. Il est à remarquer que même, dans cette représentation, Geneviève ne porte aucun des attributs de la bergère[6].

Parfois, pour rappeler les secours qu'elle prodigua aux Parisiens pendant que leur cité était assiégée par les

outre un démon sous les pieds pour rappeler les nombreuses guérisons de démoniaques accomplies par elle. De Guilhermy (*Inscriptions de la France* t. I, p. 692) cite une statue en pierre un peu plus ancienne que celle du porche de saint Germain l'Auxerrois. Elle est conservée dans la chapelle du lycée Henri IV à Paris. Le sculpteur a placé l'ange et le démon sur les épaules mêmes de la sainte, taillant ainsi dans un seul bloc le sujet principal et les accessoires.

1) *Vita b. Genovefe*, par. 19.

2) Le P. Cahier, *Caractéristique des Saints*, p. 136. Parfois les clefs sont simplement posées à côté d'elle, ou bien elle les tient à la main ; Bibl. nat., *Cabinet des Estampes*, Saintes, Rd. 26.

3) *Vita b. Genovefe*, par. 2 à 4.

4) Le P. Cahier, *Caractéristique des Saints*, p. 550. — Dans une autre représentation (ms. BB. 33, L., in 4°, de la Bibl. Sainte-Geneviève, fol. 4) sainte Geneviève porte cette pièce suspendue à son cou.

5) Bibl. sainte Geneviève, ms. BB. 2, L., in-fol. : *Missale ecclesiae S. Genovefæ*, XIIIe s., fol. 77.

6) Bibl. sainte Geneviève, ms. BB. 33, L., in-4°, XIVe s., fol. 4.

Franks [1], elle est figurée portant du pain dans un pli de ses vêtements [2] ou en distribuant à des pauvres [3]. — L'hagiographe raconte qu'un jour, Geneviève ayant été injustement frappée par sa mère, celle-ci perdit immédiatement la vue et fut guérie par Geneviève qui lui frotta les yeux avec de l'eau qu'elle avait prise dans un puits [4]; l'imagerie nous montre la sainte auprès d'un puits en compagnie d'une femme âgée [5]. — Soit durant sa vie, soit après sa mort, grâce à la vertu de ses reliques, elle rendit la santé à nombre d'infirmes; aussi l'a-t-on souvent représentée apparaissant dans le ciel au-dessus de malades qui l'invoquent [6].

Les plombs historiés trouvés dans la Seine et décrits par M. A. Forgeais nous offrent des exemples nombreux de ces divers types et d'autres moins répandus [7]. Dans aucun d'eux sainte Geneviève n'est figurée en bergère. Ces plombs sont du XVIe et du XVIIe siècle. Le missel de Paris de l'année 1516, dont un exemplaire se trouve à la Bibliothèque nationale (*Inventaire*, *B*. 4664), renferme une gravure où Geneviève est en buste, nimbée, les cheveux dénoués, tenant de la main gauche une palme et de la main droite un livre ouvert [8].

En résumé, comme type constant on ne peut citer que le type au cierge; les autres représentations sont accidentelles et sans doute aussi nombreuses que les récits de la Vie de sainte Geneviève. D'ailleurs, même dans la représentation la plus usitée, l'arrangement et le nombre des divers

1) *Vita b. Genovefe*, par. 33, 39.

2) Le P. Cahier, *Caractéristique des Saints*, p. 600.

3) Bibl. nat., *Cabinet des Estampes*, Saintes, Rd. 26.

4) *Vita b. Genovefe*, par. 5.

5) Le P. Cahier, *Caractéristique des Saints*, p. 721. — Bibl. nat., *Cabinet des Estampes*, Saintes, Rd. 26.

6) Le P. Cahier, *Caractéristique des Saints*, p. 538.

7) A. Forgeais, *Plombs historiés trouvés dans la Seine*; deuxième série; pp. 208 à 218.

8) Missel de Paris de l'année 1516, fol. XXI verso. Ce missel nous donne en outre une prose où sont rappelées diverses circonstances de la vie de Geneviève, ainsi que le texte de la messe qui se chantait le jour de son anniversaire. Dans aucun de ces morceaux, il n'est dit qu'elle ait été bergère.

accessoires, la façon d'habiller la sainte n'eurent rien de très strict [1]; l'artiste en usait au gré de son inspiration. On voit en outre d'après ce que nous venons de dire que le type de la bergère, s'il exista avant l'année 1512, fut un des moins fréquents. Il est même certain que, pendant tout le XVIe siècle et le commencement du XVIIe, on s'en tint le plus souvent aux anciennes représentations. Les plombs de M. A. Forgeais, la gravure du Missel de 1516, les vitraux de l'église SS. Gervais et Protais de Gisors (commencement du XVIe siècle), une pierre tombale de 1531 qui reproduisent le type au cierge [2], diverses estampes que nous avons eu l'occasion d'examiner tendraient à le prouver [3]. Le P. Cahier pense, avec raison, croyons-nous, que l'usage de figurer Geneviève en bergère, ne se généralisa qu'à l'époque des bergeries dans la peinture, c'est-à-dire au milieu du XVIIe siècle [4]. Il émet sur l'origine de la légende deux hypothèses qui d'ailleurs n'excluent ni l'une ni l'autre d'une façon absolue, celle du *Gallia Christiana*. Peut-être, dit-il, aura-t-on pris pour une houlette le cierge que Geneviève porte souvent à la main [5]; peut-être aussi l'erreur vient-elle de ce qu'on n'a pas saisi le sens d'une ancienne estampe. Cette estampe « voulant faire entendre que la sainte avait ras-« suré les Parisiens contre la frayeur que répandait

1) Les deux genres de costumes les plus fréquents sont le costume des grandes dames du temps (Bibl. sainte Geneviève, mss. BB. 1, L., in-fol.; BB. 2, L., in-fol.) et le costume religieux (Bibl. sainte Geneviève, mss. BB. 11, L., in-4°; BB. 33, L., in-4°.).

2) De Guilhermy, *Inscriptions de la France*, t. I, p, 691; tombeau d'Antoine Grenier et de Geneviève Bazin, sa femme, provenant du cimetière des Innocents.

3) Bibl. nat., *Cabinet des Estampes*, Saintes, Rd. 26, et les estampes qui se trouvent sur les premiers feuillets des ouvrages suivants: *La vie madame saincte Genevievfe* (s. l. n. d.; marque de Jean Trepperel; doit être des premières années du XVIe siècle); Pierre le Juge, *L'histoire de saincte Genevievfe, patronne de Paris, prise et recherchée des vieux livres escris à la main*, etc... (Paris, Henry Coisel, 1586); Dionysius Petavius, *S. Genovefa, Parisiorum patrona, latino graecoque carmine celebrata* (Paris, Seb. Cramoisy, 1638); Paul Beurrier, *La Vie de saincte Geneviève dédiée à la Reyne* (Paris, Seb. Cramoisy, 1642).

4) Le P. Cahier, *Caractéristique des Saints*, p. 195.

5) Le P. Cahier, *Caractéristique des Saints*, p. 136.

« Attila et les avait empêchés d'aller se livrer aux Huns « en abandonnant la ville, montre Geneviève priant « Dieu sur les murailles de Paris transformé en une sorte « de bercail qui entoure et protège des brebis. Au de- « hors la fureur de l'invasion barbare est représentée par « une bande de loups qui brûlent de forcer l'entrée [1]. »

Il est certain, et ce que nous avons dit jusqu'ici le montre suffisamment, que parmi les textes hagiographiques, celui de la Vie de sainte Geneviève est de ceux que le moyen-âge a le moins laissés dans l'oubli. On le rencontre dans une foule de manuscrits [2]; il est en outre devenu la base des nombreuses compositions qui, dans un temps plus ou moins rapproché de celui où vivait la sainte, ont célébré ses vertus [3]; il a dû servir de motif et d'aliment au culte que la piété reconnaissante du peuple de Paris ne tarda pas à lui rendre et que la postérité lui continua [4]. C'est qu'en effet cette œuvre si minime en apparence renferme tous les éléments capables de fonder une renommée. Elle fait de Geneviève comme le bon génie d'une ville destinée à jouer le plus grand rôle dans l'histoire du monde, elle associe sa mémoire à celle de trois personnages devenus eux aussi presque légendaires et qui, au nord de la Gaule, dominent les grands évène-

1) Le P. Cahier, *Caractéristique des Saints*, p. 195. Le P. Cahier ne dit ni de quelle époque est cette estampe, ni où il l'a vue; je ne l'ai moi-même rencontrée nulle part.

2) Voir plus loin notre étude sur les manuscrits.

3) Nous avons dans les premières pages de notre étude (*V. en particulier pp. V à VII et IX à XI*) mentionné la plupart des écrits relatifs à sainte Geneviève antérieurs au XVIe siècle. Pour les œuvres d'une date plus récente, nous avons donné (*p. III, note 1*) des indications bibliographiques qui permettent de les retrouver facilement.

4) On ne peut guère préciser le moment où le culte de sainte Geneviève commença à être célébré. Nous n'avons pas rencontré de texte antérieur au IXe siècle dans lequel la basilique des saints Apôtres bâtie par Clovis porte aussi le nom de sainte Geneviève. (Voir ce que nous disons à ce sujet p. LXXXV et s.). Mais cela n'implique pas qu'il n'y ait pas eu de culte célébré en son honneur avant cette époque. Ce que dit Grégoire de Tours au chapitre 91 du *De Gloria Confessorum* permet de supposer qu'à la fin du VIe siècle on fêtait déjà son anniversaire. L'office que nous trouvons dans la *Liturgia Gallicana* de Mabillon et dont nous avons parlé plus haut (p. VI) prouve qu'en tous cas au VIIe siècle le culte était institué.

ments de la fin du Ve siècle, Attila, Childéric et Clovis. L'impression produite par l'apparition de cette femme, traversant dans une carrière presque séculaire une époque de luttes gigantesques dont le souvenir dut rester longtemps vivace, et la réputation de puissance miraculeuse qu'obtinrent dans la suite ses reliques[1], ont sans doute contribué à rendre populaire le nom d'une sainte dont l'histoire ne parle pas et qui n'a trouvé pour raconter ses actes qu'un obscur hagiographe dont la personalité restera probablement toujours ignorée. En dehors du hasard ce sont là, semble-t-il, les seules circonstances auxquelles cet écrit doit d'avoir attiré l'attention des hommes du moyen-âge. La valeur littéraire, consistant dans la perfection du style ou l'arrangement habile des diverses parties du récit, n'y est pour rien. Elle n'apparaît pas dans la Vie de sainte Geneviève à un plus haut degré que dans la plupart des textes hagiographiques de la première époque mérovingienne. On y retrouve dans la forme cette même simplicité, dans le ton général cette absence de prétention, cette naïveté trop crue pour qu'on puisse y voir un procédé, dans l'exposé de chacun des faits pris séparément ce parfait naturel, cette concision qui repousse toute espèce de commentaires et semble parfois jalouse de laisser au lecteur sa complète liberté de jugement. L'auteur de la Vie de sainte Geneviève n'est pas du nombre de ces hagiographes rhéteurs qui, pour ne pas rester en arrière des beaux esprits de leur temps, prônent avec emphase les mérites de leurs héros. S'il s'en rapproche par une crédulité qui, chez lui, est sans bornes, il s'en écarte sensiblement et par son air de sincérité et par la façon même dont il entend la composition littéraire. Ce n'est pas qu'il ait été dénué de toute instruction. Les diverses connaissances dont il fait preuve le montrent assez ; il surpassait à coup sûr de beaucoup le plus grand nombre de ses

1) Grég. de Tours, *De Gloria Confessorum*, chap. 91, déjà cité : « Est « ibi et sancta Genovefa in basilica sanctorum sepulta Apostolorum. Quæ in « corpore posita, tantum in virtute prævaluit, ut mortuum suscitaret. Ad « cujus tumulum sæpius petitiones datæ suffragium obtinent sed et frigo- « riticorum febres ejus virtute sæpissime restringuuntur ».

contemporains. Son style, sans avoir de qualités brillantes, est du moins clair et suffisamment précis ; les expressions empruntées au langage vulgaire se rencontrent fréquemment, mais on ne saurait rien trouver dans son œuvre (telle au moins que nous la possédons aujourd'hui [1]) de grossier ni de barbare. Quant à vouloir lui reprocher le peu d'originalité du plan qu'il adopte, ce serait faire preuve d'une sévérité trop pointilleuse, puisqu'après tout il a choisi le plus facile et le plus naturel dans une biographie. Sa réserve à l'endroit des indications chronologiques ne doit pas même nous étonner; nul n'ignore en effet que cette sorte de négligence était chose habituelle aux écrivains de ces époques reculées. Seulement il est si monotone dans sa manière de raconter, il manque tellement d'unité dans sa composition, il paraît avoir un si faible souci des transitions et considérer comme si parfaitement inutile tout ce qui pourrait donner quelque relief au tableau, que l'on n'est point autorisé à mettre au bénéfice de son intelligence ce qui, dans notre appréciation moderne, constitue les qualités de son œuvre. Chez lui la simplicité dénote un manque d'habileté et témoigne du peu de portée de son esprit plutôt qu'elle n'est une preuve de goût.

1) Cette restriction nous paraît nécessaire. Il n'y aurait en effet rien d'étonnant à ce que le style et l'orthographe de l'œuvre primitive aient été modifiés par les copistes. Malheureusement nous n'avons aucune donnée qui nous permette d'apprécier dans quelle mesure ces modifications ont pu se produire.

CHAPITRE I

ÉTUDE ET CLASSIFICATION DES MANUSCRITS DE LA VIE DE SAINTE GENEVIÈVE. — ÉDITIONS DE LA VIE. — VIES FRANÇAISES.

Nous avons eu sous les yeux vingt-neuf manuscrits que nous avons classés en quatre familles. Cette classification est basée uniquement sur des analogies de fond. La première famille renferme le texte le moins altéré; la quatrième celui qui, selon nous, s'écarte le plus du manuscrit original.

Ire FAMILLE

1° Biblioth. nat., fonds latin 5318. — Du commencement du XIIe siècle. — Grand format. — 2 colonnes. — La Vie de sainte Geneviève se trouve au folio 19 recto.

2° Biblioth. nat., fonds latin 5292. — Du commencement du XIIe siècle. — Grand format. — 2 colonnes. — La Vie de sainte Geneviève se trouve au folio 119 verso.

Ce manuscrit renfermait un assez grand nombre d'erreurs, elles ont été en partie corrigées plus tard.

3° Biblioth. nat., fonds latin 5341. — Du XIIe siècle. — Grand format. — 2 colonnes. — La Vie de sainte Geneviève se trouve au folio 18 verso.

Bien que l'encre avec laquelle ont été faites les corrections dans le manuscrit 5292 ressemble beaucoup à celle qui a servi pour écrire le 5341 et que les leçons corrigées se retrouvent sous leur forme exacte dans ce dernier recueil, on ne peut penser cependant que le copiste du 5341 ait eu le 5292 entre les mains, d'abord parce que celles des erreurs qui n'ont pas été corrigées dans le 5292 ne se répètent pas dans le 5341 et surtout parce que le 5341 se rencontre parfois avec les autres manuscrits de la même famille tandis qu'il diffère du 5292. Cette objection ne pourrait être levée qu'en supposant que le copiste du 5341 ait eu simultanément sous les yeux plusieurs textes et qu'il ait pris ses leçons tantôt à l'un, tantôt à l'autre.

4° Biblioth. nat., fonds latin 17003. — De la fin du XIIe siècle. — Grand format. — 2 colonnes. — La Vie de sainte Geneviève se trouve au folio 29 verso.

5° Biblioth. nat., fonds latin 16736. — De la fin du XIIe siècle. — Grand format. — 2 colonnes. — La Vie de sainte Geneviève se trouve au folio 24 recto.

Ce manuscrit ressemble beaucoup au 17003. L'écriture paraît un peu plus récente. Peut-être a-t-il été copié sur ce dernier avec lequel il offre plusieurs analogies; ainsi au paragraphe 50 « *quarto nonas* » pour « *tertio nonas* ». (Dans le 17003 la place où se trouvait « *quarto* » a été grattée et ce mot remplacé ultérieurement par *tertio*).

6° Biblioth. nat., fonds latin 5291. — Du XIIIe siècle. — Grand format. — 2 colonnes.—La Vie de sainte Geneviève se trouve au folio 20 verso.

7° Biblioth. nat., fonds latin 5310. — Du XIVe siècle. — Moyen format. — 2 colonnes. — La Vie de sainte Geneviève se trouve au folio 34 verso.

Comme on le voit, aucun de ces recueils ne remonte au delà du XIIe siècle. Nous sommes cependant persuadés que leur texte est le meilleur. Ces manuscrits n'ont point, à coup sûr, tous été copiés les uns sur les autres. Ils dérivent de plusieurs sources différentes que nous ne possédons pas, ces dernières tirant leur origine d'un manuscrit plus ancien que nous ne connaissons pas davantage, mais qu'il faut bien imaginer. Comme ils n'offrent entre eux que des variantes de peu d'importance, il est permis de croire que leur texte depuis une époque assez éloignée de celle où ils ont été rédigés, n'a pas subi de notables altérations. Cette circonstance n'aurait cependant pas de valeur si ce texte ne présentait en même temps plus de garanties d'authenticité que tous les autres. Il ne renferme rien qui ne se rencontre dans chacun des autres documents et ce qu'il contient en moins a généralement chez ceux-ci des caractères manifestes d'interpolation. Nous citerons à ce titre un passage relatif à la prétendue mission de saint Denis l'Aréopagite en Gaule, passage qui sous diverses formes se retrouve dans la plupart des manuscrits n'appartenant pas à notre première famille [1]; les développements ajoutés par les manuscrits de nos troisième et quatrième familles au récit de la mort et des funérailles de sainte Geneviève et ceux que donnent les manuscrits de notre quatrième famille sur l'époque de sa naissance; enfin les réflexions qui suivent certains faits racontés sans commentaires par les manuscrits de notre première famille [2]. D'ailleurs le texte même de ces derniers n'offre pas ou presque pas de fautes grossières, ou de contre-sens; il est généralement plus correct, il est moins embarrassé de phrases incidentes ou de citations que l'on dirait mises après coup; il renferme un nombre beaucoup plus restreint d'expressions sentant le gallicisme.

Tous les manuscrits de cette famille, sans exception, omettent le récit relatif à la guérison d'une jeune fille nommée Claudia [3]. Ce fait qui, presque certainement, provient de la négligence d'un copiste, prouve que ces documents n'ont pas servi de modèle aux autres. Ils forment une branche à part indépendante des trois suivantes qui, elles, se tiennent toutes. Après le texte de la Vie, les sept manuscrits que nous venons de décrire donnent les quelques lignes consacrées par Grégoire de Tours à sainte Geneviève au chapitre 91 de son *De gloria confessorum*.

1) En dehors des mss. de notre 1re famille, les seuls mss. qui ne renferment pas de digression sur la mission de saint Denis en Gaule sont deux des manuscrits employés par les Bollandistes. Nous reparlerons plus loin de ces recueils.

2) Voir par ex. les adjonctions faites :

1° Par les mss. qui ont servi aux Bollandistes, par les mss. de notre 2e et par ceux de notre 3e famille aux paragr. 7, 8, 13, 14, 25, 39, 41 du texte des mss. de la 1re famille (Cf. plus loin p. 12, n. 23; — p. 13, n. 5; — p. 17, n. 15; — p. 17, n. 16; — p. 27, n. 14; — p. 37, n. 14; — p. 37, n. 16).

2° Par les mss. de notre 4e famille : 1° A ces mêmes paragr. (Cf. plus loin, p. 53, 55, 56, 60, 66, 67); au paragr. 25, les mss. de la 4e famille ajoutent, en outre, quelque chose de plus que les mss. des Bollandistes, de la 2e et de la 3e famille : « *Quemadmodum Ambrosius....... funeris ejus exsequiis* » (cf. plus loin, p. 60, 61, par. XXI); 2° aux paragr. 4, 29, 32, 44 (cf. plus loin, p. 50, par. III; — p. 62, par. XXIV; — p. 63, par. XXVII; — p. 69, par. XXXIX).

3) V. plus loin, p. 38, n. 4; p. 66, par. XXXV.

IIe FAMILLE

1o Biblioth. nat., fonds latin 17625. — Du Xe siècle. — Moyen format. — La Vie de sainte Geneviève se trouve au folio 21 verso.

Ce manuscrit, le plus ancien que nous connaissions de ce groupe, est loin d'être le plus correct ; les fautes grossières, les contre-sens dont il est rempli témoignent que le copiste n'avait de la langue latine qu'une notion très superficielle.

2o Biblioth. de Saint-Gall (*Stiftsbibliothek*), manuscrit latin 561. — Du Xe siècle. — Moyen format. — La Vie de sainte Geneviève se trouve au folio 139 recto.

De même que le 17625 de la Biblioth. nat., ce manuscrit fourmille de fautes.

3o Biblioth. nat., fonds latin 5573. — Du commencement du XIe siècle. — Petit format. — La Vie de sainte Geneviève se trouve au folio 41 recto.

Sauf un sermon anonyme sur saint Etienne martyr, la passion de saint Cyprien et de sainte Justine, et la vie de saint Nicolas, évêque de Myre, ce manuscrit ne contient que des Vies de femmes. La vie de sainte Geneviève s'arrête à ces mots : «*At illa respondit se in sanctimonio consecratam*» (par. 29). Comme le récit où se trouve cette phrase est à peu près au milieu de la Vie, que les mots « *in sanctimonio consecratam* » terminent exactement un cahier, et que le cahier suivant commence par la Vie d'une autre sainte (s. Euphrosine) il est probable qu'un cahier aura été arraché. Cette circonstance nous porte à croire que ce manuscrit n'amplifiait pas, comme le font les manuscrits de notre troisième famille, le passage relatif à la mort de sainte Geneviève. Comme d'ailleurs, d'une façon très générale, il se rapproche davantage des manuscrits 17625 et 5311 que des manuscrits de la troisième famille, nous n'hésitons pas à le ranger dans la deuxième catégorie.

4o Biblioth. nat., fonds latin 5311. — Du XIIIe siècle. — Grand format. — 2 colonnes. — La vie de sainte Geneviève se trouve au folio 8 recto.

La fin de la Vie de sainte Euphrosine qui précède la Vie de

sainte Geneviève manque, ainsi que le commencement de cette dernière dont le texte débute par ces mots : « *Erit enim hæc magna coram domino* » (par. 2). Ce manuscrit omet tout ce qui est contenu dans les paragraphes 9 à 18 : « *Exeunte sono......... deo gratias retulerunt* ».

Les différences de fond entre les manuscrits de la Ire et ceux de la IIe famille consistent en un certain nombre de passages ajoutés par ces derniers. Ce sont, outre le récit relatif à Claudia (par. 41) et le fragment relatif à la mission de saint Denis en Gaule (par. 15), les commentaires qui suivent un certain nombre de récits. On les trouvera plus loin dans la liste des variantes dont nous accompagnons le texte des manuscrits de la Ire famille (cf. paragr. 7, p. 10, note 11 ; — paragr. 8, p. 11, note 5; — paragr. 13, p. 16, note 11; — paragr. 14, p. 17, note 1; — paragr. 25, p. 28, note 8; — paragr. 39, p. 39, note 21; — paragr. 41, p. 41, note 11 et p. 42, note 2). Nous jugeons donc inutile de les transcrire ici tout au long.

Le trait particulier qui distingue les manuscrits de cette deuxième famille de ceux de la troisième, c'est que, contrairement à ces derniers, ils n'ajoutent aucun développement au récit de la mort et des funérailles de sainte Geneviève (cf. paragr. 49).

IIIe FAMILLE

1° Biblioth. nat., fonds latin 5280. — Du commencement du XIIe siècle. — Grand format. — 2 colonnes. — La Vie de sainte Geneviève se trouve au folio 33 recto.

Une copie de la Vie de sainte Geneviève d'après ce manuscrit, copie faite au XVIIIe siècle, est conservée à la Bibl. s. Geneviève (*Anc. carton D. 6, actuellement encore non classée ; doit être mise dans la section H. L.*).

2° Biblioth. de l'Arsenal, H. L. 43. — Du XIIe siècle. — Moyen format. — 2 colonnes. — La Vie de sainte Geneviève se trouve au folio 25 verso.

Si nous comparons ces manuscrits à la fois à ceux de la première et à ceux de la deuxième famille, nous voyons que d'abord ils ajoutent au texte des manuscrits de la première famille les mêmes développements que les manuscrits de la deuxième, et que le point important qui les différencie de ces derniers, c'est qu'ils ajoutent un certain nombre de détails au récit de la mort et des funérailles de sainte Geneviève (*cf. par.* 49, *p.* 38, *note* 14). Ils ne dérivent pas des manuscrits de notre première famille ; ceux de la deuxième famille forment un des intermédiaires entre eux et le texte primitif. Cependant aucun des manuscrits de la deuxième famille que nous avons eus sous les yeux ne nous offre le type parfaitement exact de cet intermédiaire, car en certains passages, rares du reste, le texte des manuscrits de cette troisième famille est identique au texte des manuscrits de la première, tandis qu'il diffère de celui des manuscrits de la deuxième.

Le manuscrit original de la troisième famille n'a même peut-être pas été fait directement d'après un des manuscrits de la deuxième. En effet, il arrive souvent que l'un des deux manuscrits qui la composent se rapprochant de l'un ou de plusieurs des manuscrits de la deuxième famille, le second se rapproche d'un autre ou de plusieurs autres manuscrits de cette même deuxième famille [1].

De plus, en deux endroits, l'un des manuscrits de la troisième famile se rapprochant des manuscrits de la pre-

1) Nous donnons ici quelques exemples de ce fait. — (La lettre A indique l'analogie du manuscrit de la deuxième famille avec le manuscrit 5,280 ; la lettre B la similitude avec le manuscrit H.L.43).

Page.	Note.	Ms.H.L.43.	Mss. 17,625.	5,573.	5,311.	Ms. 5,280.
7.	14.	vestra filia est	A.	B.	—	vestra est filia
7.	20.	erit enim	B.	A.	—	*n'a pas* « enim »
8.	6.	ora	A.	B.	B.	oro
9.	14.	mentem etiam	A.	B.	A.	*n'a pas* « etiam »
11.	3.	cumque summa	A.	A.	B.	que cum summa
13.	5.	ledetur	A.	B.	A.	leditur
19.	17[2].	agerent	B.	A.	—	gererent
19.	26.	a sancto Petro facta	B.	A.	—	*n'a pas* « facta »
19.	23.	apostoli in Cesarea gestum	B.	A.	—	*n'a pas* « in Cesarea gestum »
20.	6.	deambulate	A.	B.	—	deambulantes
21.	6.	lacrimis implevit	B.	A.	—	lacrimis implevit obortis
21.	23.	protinus	B.	A.	—	pronus
25.	9.	illuminari	B.	A.	B.	lumen restitui
25.	12.	Laudunensi	A.	A.	B.	Lugdunensi
26.	23	ingrediens	A.	B.	A.	egrediens
37.	8.	clam pauperibus	B.	—	A.	*n'a pas* « clam »
38.	6[2].	que	B.	—	A.	quam

mière, le second manuscrit de cette même troisième famille se rapproche au contraire des manuscrits de la deuxième [1].

On comprendra, d'après ce que nous dirons en étudiant la quatrième famille de manuscrits, pourquoi nous ne discutons pas ici le mode de formation de la troisième. Pour le moment, ne possédant pas les éléments d'une solution, nous laisserons la question en suspens.

IVe FAMILLE

1° Biblioth. sainte Geneviève, H. 2, L, in-8°. — Du commencement du Xe siècle. — Petit format. — La Vie de sainte Geneviève est la dernière du recueil.

Ce manuscrit a été considéré comme l'original des textes de la même catégorie. Ceux qui ont soutenu cette opinion l'ont basée sur les circonstances que voici : 1° Parmi les pièces de vers qui se trouvent après le texte de la Vie il en est une ainsi conçue (f. 94 recto) :

« Virginis angelice cernis lector Genovefe
Virtutes, Vitus Felix levita piavit,
Nobilitate illic fulgens et honore decanus,
Cernere qui sacram jugiter sublimibus ardet
Atque sibi cunctis Dominum populis venerari.
Virgo, cibo potuque carens, sine vivere vixit;
Os etenim suimet nunquam saturaverat alvum.
Spiritus ipse vehens carnem portando regebat
Pre miris decorans gemmis virtutibus actis.
Hinc peto christicole, mecum rogitate puellam
Judicis ante thronum mundi nostri memor extet. Amen. »

On a donc supposé que le Vitus Félix nommé au second vers de cette pièce serait l'auteur du remaniement qui

1) Cette seconde preuve, vu le petit nombre d'exemples que l'on peut apporter à l'appui, n'a pas la valeur de la première ; il est possible en effet que les analogies dont nous parlons soient dues uniquement au hasard. Voici l'indication de ces analogies.

	Ms. 5,280 et 1re famille.	Ms. H.L.43 et 2e famille.
Page 6, Note 3.	Innotescere	Innotesci
	Ms. H.L.43 et 1re famille.	Ms. 5280 et 2e famille.
Page 15, Note 15.	Directas	Relictas

constitue notre quatrième famille. Cette hypothèse n'a rien d'invraisemblable.

2° Un peu après cette pièce de vers nous lisons le commencement d'un discours sur les miracles de sainte Geneviève [1] (f. 96 recto) :

« Incipiunt sententiæ de virtutibus beatissime virginis « Genovefe quas Deus omnipotens per diversa loca sub « honore ejusdem *nuper* declarari dignatus est, anno regni « septimo domini nostri magnifici regis Francorum Karo- « li, dive filii memorie Ludovici serenissimi imperato- « ris, pre omnibus ab eo valde dilecti ; quas virtutes cla- « rissimas astrigeri conditor orbis post gloriosissimum « beatissime virginis Genovefe obitum obtinentibus... ». Le reste du discours manque, les derniers feuillets du recueil ayant disparu. On peut le compléter en partie au moyen du manuscrit H.L.42 de la Bibliothèque de l'Arsenal. Charles-le-Chauve dont il s'agit ici étant monté sur le trône en 840, ce document daterait de l'année 846 ou de l'année 847.

De la présence de ces deux écrits dans le manuscrit H.2.L., à la suite de la Vie de sainte Geneviève, on a voulu conclure que nous aurions là l'autographe de Vitus Felix et que ce personnage aurait vécu du temps de Charles-le-Chauve. Ce raisonnement, comme on le voit, n'a rien de catégorique, car rien n'empêche de croire que le manuscrit H.2,L. n'est lui-même qu'une copie. A en juger par l'écriture, le recueil ne doit pas être antérieur au Xe siècle [2]. En outre ce ms. n'est pas toujours le plus correct parmi ceux de la 4e famille : ainsi au par. XLV (*V. p.* 72), citant l'un des enfants de Clovis, Chlodomir, il donne à son nom la forme altérée *Flodomerus*, tandis que les autres écrivent *Clodomerus*. Ce changement du *C* initial en *F* ne provient pas d'une simple faute de copiste. Il y a là un phénomène phonétique dont on peut citer d'autres exemples, (*Flodoardus* altération de *Chlodoaldus*).

2° Biblioth. nat., fonds latin 5324. — Du commence-

1) C'est l'une des deux rédactions des Miracles de sainte Geneviève dont nous avons parlé plus haut (p. IX). L'autre rédaction, moins complète, a été publiée par les Bollandistes (*AA. SS. Boll.*, Janvier I, p. 147).

2) Nous publions plus loin (pp. 49-72) le texte de ce manuscrit.

ment du XIe siècle. — Moyen format. — La Vie de sainte Geneviève se trouve au folio 150 recto.

3° Biblioth. nat., fonds latin 5305. — Du milieu du XIe siecle. — Moyen format. — 2 colonnes. — La Vie de sainte Geneviève se trouve au folio 46 verso.

Ce manuscrit est incomplet; il s'arrête à ces mots du par. X [1] : « *fama divulgante, que tam veri quam falsi nuntia refertur* ». Là dans la marge est écrit : « *Hic desunt multa* ».

4° Biblioth. de l'Arsenal, H.L.42. — De la fin du XIe siècle ou du commencement du XIIe. — Moyen format. — 2 colonnes. — La Vie de sainte Geneviève se trouve au folio 27 recto.

Ce recueil est dû à plusieurs scribes différents, celui qui a écrit la Vie de sainte Geneviève me paraît l'un des plus récents. Le copiste a omis une partie de la digression ajoutée par les manuscrits de la quatrième famille au récit de la mort et des funérailles de sainte Geneviève (*par. XLV*) ainsi que le récit des deux miracles accomplis par ses reliques (*par. XLVI, XLVII*). A la suite du texte de la Vie se trouve un fragment assez étendu des Miracles de sainte Geneviève, Miracles dont le manuscrit H. 2, L. de la bibliothèque sainte Geneviève nous donne également les premières lignes (V. plus haut, p. XXVII). Seulement dans le manuscrit de l'Arsenal le titre est changé : « *De miraculis et virtutibus ejus* ». Puis viennent les mots : « *Anno regni septimo, etc.*. ».

5° Biblioth. nat., fonds lat. 747. — Du XIIe siècle. — Grand format. — 2 colonnes. — La Vie de sainte Geneviève se trouve au folio 128 verso.

6° Biblioth. nat., fonds lat. 14363. — De la fin du XIIe siècle ou du commencement du XIIIe. — Grand format. — 2 colonnes. — La Vie de sainte Geneviève se trouve au folio 39 verso.

Le copiste paraît avoir eu au moins deux manuscrits entre les mains ; il signale par une note marginale, comme devant être retranchés, un certain nombre des passages

1) Les renvois aux paragraphes indiqués en chiffres romains se réfèrent au texte du ms. H.2,L. que nous publions in extenso (pp. 49-72).

que les manuscrits de notre quatrième famille ajoutent au texte des manuscrits de la première. S'il a mentionné tous les passages qui ne se trouvaient pas dans son second manuscrit, ce dernier ne peut rentrer dans aucune de nos trois premières familles, comme il est aisé de le voir en reconstituant le texte de ce manuscrit supposé.

7° Biblioth. nat., fonds lat. 5269. — Du XIIIe siècle. — Moyen format. — 2 colonnes. — La Vie de sainte Geneviève se trouve au folio 19 recto.

Ce manuscrit a été retouché et corrigé par plusieurs mains différentes (XIIIe, XVe et XVIe siècles). Le texte présente certaines fautes qui témoignent de l'ignorance du copiste.

8° Biblioth. nat., fonds lat. 11756. — Du XIIIe siècle. — Grand format. — 2 colonnes. — La Vie de sainte Geneviève se trouve au folio 59 recto.

9° Biblioth. sainte Geneviève, BB.39, L., in-fol. — De la fin du XIIIe siècle. — Moyen format. — La Vie de sainte Geneviève se trouve au folio 40 recto.

10° Biblioth. sainte Geneviève, BB.33, L., in-4°. — Du XIVe siècle. — Moyen format. — La Vie de sainte Geneviève se trouve au folio 4.

Ce manuscrit est en entier consacré à sainte Geneviève et au monastère qui portait son nom. Outre la Vie latine, ce recueil en contient une en vers français[1] (*fol. 80 recto à 113 verso*). Il renferme aussi des cantiques en l'honneur de la sainte. Sur le recto du premier feuillet on lit en écriture du quatorzième siècle : « *Iste liber est S. Geno-* « *vefe parisiensis. Quicumque eum furatus fuerit, vel* « *celaverit, vel ab ecclesia predicte virginis quoquomodo* « *alienaverit, vel titulum istum deleverit, anathema sit.* « *Amen* ». Au verso du troisième feuillet on lit en écriture du dix-huitième siècle : « *Hujus vitæ S. Genovefæ* « *author circa annum septingentesimum vixit, ut patet* « *ex pagina* 32 » ; puis au-dessous une autre main, du dix-huitième siècle également, a écrit : « *Observator hic* « *accepit tersenos pro trecentos, itaque dicendum est*

1) Nous consacrons une note aux Vies françaises de sainte Geneviève. (V. p. XLVI).

« *scripsisse post decem et octo annos ab obitu S. Geno-* « *vefæ* ». Ces deux dernières observations sont relatives au passage de la Vie où l'hagiographe dit qu'il a écrit 18 ans après la mort de S. Geneviève, *post ter senos ab obitu ejus annos* (par. 49 ; XLV).

11° Biblioth. nat., fonds lat. 14345. — Du XIV° siècle. — Grand format. — 2 colonnes. — La Vie de sainte Geneviève se trouve au folio 61 verso.

Ce manuscrit me paraît avoir été copié sur le 14363 ; il offre en effet, avec ce dernier des analogies frappantes dans l'orthographe de certains mots.

12° Biblioth. nat., fonds latin 5346. — Du XIV° siècle. — Petit format. — 2 colonnes. — La Vie de sainte Geneviève se trouve au folio 40 recto.

13° Biblioth. sainte Geneviève, H.6,L., in-8°. — De la fin du XIV° siècle. — Moyen format. — La Vie de sainte Geneviève se trouve au commencement du recueil.

Le commencement de la Vie manque ; le texte débute par ces mots : ..... « *turorum præscius Germanus* » (par. IV). La fin de la Vie manque également à partir de ces mots : « *nec non Clodomero cor* ». Nous ne savons ce que signifie ce « *cor* » première syllabe du mot qui devait suivre *Clodomero*. Les autres manuscrits de la même classe après *Clodomero* ont : *ad fastigium* (cf. par. XLVIII).

14° Biblioth. nat., fonds lat. 11839. — Du XVII° siècle. — Moyen format. — La Vie de sainte Geneviève se trouve au folio 353 recto.

Ce manuscrit me paraît avoir été copié sur le manuscrit 11756 de la Bibliothèque nationale, cité plus haut, qui provient du même fonds (s. Germain) [1].

1) Le catalogue du fonds latin de la Bibliothèque nationale indique le manuscrit 5667 (XIV° siècle) comme renfermant une Vie de sainte Geneviève et divers morceaux relatifs à la même sainte. M. Saintyves (*Vie de sainte Geneviève, patronne de Paris et du royaume de France, suivie de l'histoire de l'abbaye*, Paris, 1845, in-8) paraît l'avoir eu sous les yeux. Dans sa classification des manuscrits il le range à côté du manuscrit H.L.43 de l'Arsenal, et des manuscrits 5573, 5311, 5280 de la Bibliothèque nationale. Aujourd'hui ce recueil a disparu. Le P. Charpentier, dans l'édition qu'il a donnée de la Vie de sainte Geneviève (*cf. plus loin, p. XLV*) s'est

Nous ne pouvons énumérer ici en détail les caractères qui constituent cette quatrième famille ; il faudrait pour cela en comparer le texte avec celui des trois autres catégories, et par conséquent avoir les textes de ces dernières sous les yeux. Nous dirons seulement que les manuscrits de la quatrième famille n'omettent aucun des récits que nous trouvons dans les manuscrits de nos trois premières familles, qu'ils contiennent donc tous les passages que les manuscrits de la troisième famille ajoutent au texte des manuscrits de la deuxième et au texte des manuscrits de la première; qu'enfin ils renferment un certain nombre de fragments qui leur sont propres, qu'on ne rencontre pas ailleurs.

Ces manuscrits n'offrent entre eux que des variantes de très peu d'importance. Faut-il les considérer comme issus des manuscrits de la troisième famille ? Deux raisons s'y opposent : 1° Les manuscrits de la quatrième famille, tout en ajoutant au récit de la mort de sainte Geneviève à peu près les mêmes détails que ceux de la troisième famille, le font d'une façon beaucoup plus brève [1]. Il semblerait assez extraordinaire que le rédacteur ait sur ce seul point écourté son modèle tandis qu'il l'amplifiait sur tous les autres. 2° En certains endroits les manuscrits de la quatrième famille offrent des analogies de mots et même de phrases avec ceux de la seconde, tandis qu'ils diffèrent de ceux de la troisième [2], circonstance qui n'a sans doute rien de probant, puisque ni le ms. H.L.43, ni le ms. 5280 ne peuvent être considérés

également servi de ce ms., et, bien qu'il ne l'emploie pas pour établir son texte, il en donne les variantes. En examinant ces variantes, il est facile de se rendre compte que ce manuscrit ne doit être rangé ni avec les manuscrits 5573 et 5341 qui appartiennent à notre deuxième famille, ni avec les manuscrits H.L.43 et 5280 qui appartiennent à la troisième. Il doit évidemment rentrer dans la quatrième.

1) Comparer la note 14 de la page 48, note dans laquelle est transcrit le texte des manuscrits de la 3e famille, avec les paragraphes XLV et le commencement du XLVI du texte de notre 4e famille (cf. p. 70, 71).

2) Nous jugeons inutile de donner ici une liste de ces analogies, elles sont assez fréquentes pour qu'on n'ait pas de peine à les apercevoir, et suffisamment importantes pour qu'il soit impossible de les attribuer au hasard.

comme l'original des documents de la même catégorie. Mais en outre il est d'autres points où les manuscrits de la troisième famille se rapprochant de l'un ou de plusieurs des textes de la deuxième, ceux de la quatrième offrent au contraire des analogies avec un autre ou plusieurs autres des textes de cette même deuxième famille[1]. Comme, d'autre part, il n'est guère possible de croire que les développements ajoutés par les manuscrits de la troisième et de la quatrième famille au récit de la mort de sainte Geneviève ne proviennent pas d'une source commune, nous sommes portés à supposer un texte dont aucun exemplaire ne serait venu à notre connaissance. Ce texte devrait se rapprocher beaucoup des manuscrits de la troisième famille, puisque des points de contact entre ces derniers et ceux de la quatrième famille se retrouvent à chaque phrase, et que l'auteur du remaniement dont le ms. H. L. 43 et le ms. 5280 nous offrent un spécimen, n'a vraisemblablement pas écourté son modèle.

Quelles seraient la nature et l'origine de ce texte perdu ? On ne peut imaginer qu'il soit sorti directement de l'un des manuscrits de la première ou de la

1) Nous n'avons pas la prétention d'avoir relevé tous les exemples de ce fait. Si l'on voulait en trouver d'autres il n'y aurait qu'à recourir à la liste des variantes des manuscrits des 2e et 3e familles, et au texte du manuscrit H.2,L. que nous publions plus loin.

(La lettre A indique la similitude du manuscrit avec le texte de la 3e famille ; la lettre B indique la similitude avec le texte de la 4e famille).

		3e famille	2e famille			4e famille
			17625	5311	5578	(Ms. H.2,L.)
Page 7	Note 5	cujus	B.	A.	—	cui
9	17	haberet *ou* haberetur	B.	B.	A.	esset
14	2	exposuit	B.	A.	B.	disposuit
16	7	unus apud	A.	B.	—	unus eorum apud
17	15	descripsit	A.	B.	—	describit
22	8	ligno	A.	B.	—	lignis
22	12	potus	B.	A.	—	potum
25	3	lumen oculorum	A.	B.	A.	oculorum lumen
25	14	fecerit (5280 ; egit)	B.	A.	B.	fecit
25	22	compage	Tournure différente	A.	B.	compagem
27	6	nobilis	A.	A.	B.	nubilis
27	20	veste	B.	A.	B.	vestem.
29	20	in veritate adfuit	B.	—	A.	*n'a pas* « adfuit »
39	3	domo sua	A.	—	B.	domum suam
39	18	feratur	B.	—	A.	fertur

deuxième famille que nous avons eus sous les yeux. Ce ne peut être ni un remaniement d'un manuscrit de la première famille, ni un autre manuscrit de la deuxième famille ; il faut que ce soit un texte composé d'après un ou plusieurs manuscrits de la deuxième famille.

Malheureusement l'hypothèse de cette source commune se heurte à plusieurs objections très graves. En effet, si nous admettons comme source commune un remaniement d'un ou de plusieurs manuscrits de la deuxième famille, comment se fait-il que, dans certains cas, comme nous le disions plus haut, les manuscrits de la troisième famille se rapprochant d'un ou de plusieurs des textes de la deuxième, ceux de la quatrième offrent des analogies avec un autre ou plusieurs autres des textes de cette même deuxième famille ? Si, lorsque nous rencontrons des différences de leçons entre les manuscrits de la troisième et de la quatrième famille et qu'en même temps un ou plusieurs manuscrits de la deuxième famille étant analogues ou à ceux de la troisième ou à ceux de la quatrième, l'autre ou les autres donnaient des leçons tout à fait différentes, l'objection disparaîtrait. Mais ce n'est pas le cas, comme on peut le voir par la liste dressée plus haut (p. XXXII, n. 1), et il nous semblerait bien téméraire de croire que deux écrivains aient pu chacun de leur côté faire subir le même changement au texte qu'ils avaient sous les yeux. Pour expliquer le fait, il faudrait supposer que, ou le rédacteur du manuscrit original de la troisième famille, ou celui du manuscrit original de la quatrième famille s'est servi à la fois du manuscrit que nous désignons sous le nom de source commune aux manuscrits de la troisième et de la quatrième famille, et d'autres manuscrits appartenant à la deuxième famille et qu'il aura collationné ces divers manuscrits pour en tirer le texte qu'il jugeait le meilleur.

Une seconde objection, plus grave encore, se présente lorsqu'on compare le texte d'un des deux manuscrits de la troisième famille avec le texte des manuscrits de la deuxième d'une part ; le texte des manuscrits de la quatrième famille avec celui du second manuscrit de la troisième d'autre part. En certains passages l'un des manuscrits de la troisième famille étant analogue aux manuscrits de la deuxième, l'autre est analogue aux manuscrits de la quatrième. Les analogies sont si marquées qu'elles ne peuvent être attribuées au hasard. — En voici quelques exemples :

1° Passages où le manuscrit 5280 étant analogue aux manuscrits de la deuxième famille, le manuscrit H.L.43 est analogue aux manuscrits de la quatrième :

Page	Note	*Ms. H. L. 43 et 4e famille.*	*Ms. 5380 et 2e famille.*
8	4	servare	conservare
12	1	post tergum sequitur	post sequitur
19	12²	*nomment le 1er évêque de Rome* « Anacletus ».	*appellent ce même évêque* « Cletus ».

2° Passages où le manuscrit H.L.43 étant analogue aux manuscrits de la deuxième famille, le manuscrit 5280 est analogue aux manuscrits de la quatrième :

Page	Note	*Ms. H. L. 43 et 2e famille.*	*Ms. 5380 et 4e famille.*
8	20	lampade	jubare
12	7	migravit	transivit
12	13	afflicta	profligata
21	10	quemadmodum	quatinus
25	8	pedes Genovefe	pedes ejus
25	16	adveniente Genovefa	adveniente igitur Genovefa
29	9	subsecuta eos	subsecuta est eos
39	18	dubitatione.	dubio.

Une troisième objection ressort de la remarque que nous avons faite plus haut (p. XXIV) au sujet de l'origine des manuscrits de la troisième famille. Nous avons montré, en effet, que ces manuscrits ne pouvaient provenir directement d'un manuscrit de la deuxième famille, et cela parce que souvent, lorsque l'un d'entre eux ressemble à l'un ou à plusieurs des manuscrits de la deuxième famille, le second ressemble aux autres ou à l'autre. Cette circonstance, on le conçoit, est en même temps un obstacle à l'hypothèse d'une source commune aux manuscrits de la troisième et de la quatrième famille, issue des manuscrits de la deuxième, à moins qu'on ne veuille imaginer que le rédacteur de l'un des manuscrits de la troisième famille a eu sous les yeux, outre la source commune aux manuscrits de la troisième et de la quatrième famille, des manuscrits de la deuxième et qu'il aura corrigé la source commune d'après ces documents.

Une quatrième objection est celle-ci : Sur certains points où les manuscrits de la quatrième famille offrent des analogies avec le texte des manuscrits de la première, ceux de la troisième se rapprochent au contraire de ceux de la seconde [1]. Il n'y a que deux façons d'expliquer ce

1) Voici quelques exemples de ce fait :

Page.	Note.	1re et 4e familles	2e et 3e familles
9	1	adducta	allata (ms. 5573; exhibita)
26	16	nubilis	nobilis (ms. 5311; nubilis)
28	21	surrexisset	levasset
29	13	vociferabantur	vociferabant
42	15	puellam jussit.	hominem jussit.

Ceci nous montre qui si l'on voulait établir un texte critique de la Vie de sainte Geneviève, il ne faudrait pas laisser absolument de côté les manuscrits de la 4e famille qui donnent la bonne leçon, tandis que les manuscrits de la 2e et de la 3e en donnent une mauvaise.

Nous ferons remarquer que sur plusieurs points, les manuscrits de la 4e famille se rapprochent de ceux de la 1re sans que ceux de la 3e, tout en donnant une leçon différente, se rapprochent de ceux de la 2e. Cette circonstance ne peut du reste pas servir d'argument contre l'hypothèse d'une source commune aux manuscrits de la 3e et de la 4e famille, issue des manuscrits de la 2e, puisqu'il est permis d'affirmer qu'aucun des manuscrits de la 2e famille que nous possédons n'est l'original des manuscrits de cette famille.

Enfin nous signalerons un passage où le ms. H.2,L. sans être analogue aux mss. de la 1re famille donne une leçon qui doit être préférée, soit à celle des mss. de la 3e famille, soit à celle des mss. de la 2e, soit même peut-être à celles des mss. de la 1re famille et des mss. employés par les Bollandistes. C'est au paragraphe XXXVI. L'hagiographe raconte l'histoire d'un homme qui n'ayant pas voulu pardonner une faute à son esclave, malgré les prières de sainte Geneviève, fut pris d'une maladie qui le faisait saliver et cracher outre mesure, et il le compare à l'animal que l'on appelle *urus*. Les mss. de la 4e famille, les plus anciens du moins ont : « .*aperto ore*, sicut urus, *quem Germania bubalum vocat, cursu fatigatus*, *lingua salivam distillans....* ».

Les rédacteurs des mss. de la 2e et de la 3e famille ignorant, il faut le croire, la signification du mot *urus* ont changé « *sicut urus* » en « *secuturus* » et ils écrivent : « *aperto ore secuturus qui cotidiano bos* (3e famille : « *bos salvaticus* ») *interpretatur, lingua salivam distillans...* » (par. 41). Leur texte, de cette façon, n'a plus de sens. Quant aux rédacteurs des mss. de la 1re famille et des manuscrits des Bollandistes, connaissant aussi peu que

fait : Ou bien (en supposant que le manuscrit de la deuxième famille qui a servi au rédacteur de la source commune, sur les points susdits se rapprochait des manuscrits de la première ou encore du manuscrit primitif de la Vie plus que les manuscrits de la deuxième famille que nous possédons) le rédacteur du manuscrit original de la troisième famille a eu sous les yeux, outre la source commune, les manuscrits de la deuxième famille dont nous avons des exemplaires et aura corrigé la source commune à l'aide de ces manuscrits. Ou bien le rédacteur du manuscrit original de la quatrième famille aura eu sous les yeux, outre la source commune, des manuscrits de la première famille ou un manuscrit se rapprochant encore davantage du texte primitif et aura corrigé la source commune à l'aide de ces manuscrits. Nous devons dire cependant que les analogies, qu'à l'exclusion des manuscrits de la troisième famille, les manuscrits de la quatrième présentent avec les manuscrits de la première, sont de très peu d'importance et pourraient en somme être attribuées au hasard. La troisième objection tomberait alors.

Nous nous trouvons donc ici en face d'un problème que des faits positifs ne nous permettent pas de résoudre. Si nous abandonnons l'idée d'une source commune aux manuscrits de la troisième et de la quatrième famille et que nous voulions néanmoins formuler une conclusion

leurs confrères la faune des forêts de l'Europe occidentale, ils ont modifié la phrase de manière à en faire disparaître le terme qui les embarrassait (*v. par.* 41, *p.* 39, *texte et note* 7). Les Bollandistes le remplacent par le mot *morbo : «aperto ore, morbo qui bos quotidianus interpretatur....»*. Dans les mss. de la 1re famille on n'en voit plus même la trace. Ce fait, on le conçoit, constitue une nouvelle objection à l'hypothèse d'une source commune aux mss. de la 3e et de la 4e famille issue des mss. de la 2e ; à moins qu'on ne veuille supposer que, cette source commune ayant été rédigée d'après des mss. de la 2e famille que nous ne connaissons pas et qui auraient présenté la bonne leçon, les copistes des mss. de la 2e famille que nous possédons et ceux des mss. de la 3e famille aient chacun de leur côté modifié *de la même façon* l'expression *«sicut urus»* dont ils ne saisissaient pas le sens. L'objection pourrait également être levée, si, tout en admettant que la source commune présentait la leçon fautive, on imagine que le rédacteur du ms. original de la 4e famille ait eu en même temps sous les yeux des ms. plus corrects, ou, chose plus invraisemblable, qu'il ait corrigé l'erreur spontanément.

quelconque, nous sommes forcés de recourir à deux hypothèses qui n'ont d'ailleurs ni l'une ni l'autre le mérite d'être vraisemblables. Pour les manuscrits de la troisième famille, nous devons supposer que le copiste de l'un de ceux que nous possédons (5280, Bibl. nat.; H.L.43, Arsenal) ou même quelque copiste antérieur a eu sous les yeux, outre un manuscrit de la troisième famille, d'autres manuscrits de la deuxième et peut-être de la première à l'aide desquels il a parfois corrigé son modèle. Pour les manuscrits de la quatrième famille, il faut croire que le rédacteur du texte primitif de cette catégorie, voulant réunir dans un seul récit tout ce qu'on savait de son temps sur la Vie de sainte Geneviève, aura consulté un grand nombre de manuscrits, et, tout en suivant d'une façon générale celui qui paraissait le plus complet, c'est-à-dire un manuscrit de la troisième famille, se sera parfois servi des autres. Cette compilation aura peut-être été faite spécialement pour l'abbaye de sainte Geneviève à Paris; la Bibliothèque sainte Geneviève en possède aujourd'hui trois exemplaires parmi lesquels se trouve le plus ancien des manuscrits de la quatrième famille.

Il plane donc encore une certaine obscurité sur le mode de formation de nos familles de manuscrits, mais ce qu'on peut, croyons-nous, affirmer avec certitude, c'est que l'ordre dans lequel nous les rangeons est le seul qui puisse être adopté et qu'il serait absurde de prétendre que les manuscrits de la deuxième, les manuscrits de la troisième, ou ceux de la quatrième famille se rapprochent davantage du texte primitif que les manuscrits de la première[1]. On ne doit pas oublier, en effet, qu'un semblable

1) Cette opinion a cependant été soutenue par Claude du Molinet, abbé des Tuileries, qu'il ne faut pas confondre avec son homonyme, le fameux génovéfain. Ce Claude du Molinet vivait dans la 1re moitié du XVIIIe siècle. Dans une *Lettre critique sur les différentes Vies de sainte Geneviève*, lettre qu'il adressa à Claude Prévot, bibliothécaire de sainte Geneviève, il cherche à établir que la Vie de sainte Geneviève, telle qu'elle est contenue dans les mss. de notre 4e famille, a servi de modèle à toutes les autres, et que ces dernières n'en sont par conséquent que des abrégés. Il place d'ailleurs la rédaction de ce texte au IXe ou au Xe siècle, et n'a pas de peine à démontrer que les anachronismes y abondent et qu'il n'est en aucune

système ne ferait disparaître aucune des anomalies qui s'opposent à l'établissement d'une filiation directe entre les manuscrits de ces diverses familles. En outre, si l'on veut admettre que le texte le moins altéré soit celui de la deuxième famille ou celui de la troisième, on se heurte immédiatement à une difficulté dont il est impossible de se tirer sans avoir recours à des hypothèses dénuées de fondement. Car, les manuscrits de la deuxième et de la troisième famille contenant un passage sur la mission de saint Denis l'Aréopagite en Gaule, ne peuvent être antérieurs au IXe siècle, époque à laquelle la légende s'est formée, et alors l'hagiographe aurait sciemment altéré la vérité lorsqu'il a dit avoir écrit son œuvre 18 ans seulement après la mort de sainte Geneviève. Nous ne pensons pas qu'il soit de bonne critique d'affirmer sans raisons un fait aussi grave lorsqu'il est facile de trouver une explication plus convenable. Quant aux manuscrits de la quatrième famille, ils ne peuvent pas davantage représenter le texte primitif. Ils contiennent également le passage relatif à l'apostolat de saint Denis; ils en contiennent d'autres qui, relatant des faits accomplis postérieurement au VIe, ne peuvent se trouver dans une œuvre écrite au commencement de ce même siècle [1]. Enfin, si les manuscrits de la première famille ne sont qu'un abrégé de ceux

façon digne de foi. Cette lettre qui se trouve parmi les papiers de Prévot, conservés à la Bibliothèque sainte Geneviève, n'est pas encore classée : elle doit prendre place dans la division H. F, in-4°. — Claude du Molinet, le génovéfain, dans l'ouvrage qu'il a consacré à la vie de sainte Geneviève (*cf. plus haut, p. I, n.* 2) s'efforce également de prouver que le ms. H.2,L. de la Bibl. sainte Geneviève, d'après lequel il a fait son étude, est préférable à tous les autres, et l'une des preuves qu'il apporte à son opinion, c'est que ce texte étant d'une latinité moins pure que le texte publié par les Bollandistes, est par conséquent plus ancien. Il est à peine besoin de dire que cette preuve n'a pas de valeur; au VIe siècle on savait et on écrivait mieux le latin qu'au IXe. — Rappelons que le travail de Du Molinet est inédit. Il est conservé à la Bibl. sainte Geneviève sous la rubrique H. 21, F., in-fol. Sur ce point particulier voir les pp. 79 à 89. Nous croyons intéressant de faire savoir qu'à la page 118 ce manuscrit renferme une empreinte du sceau de Childéric I, sur cire rouge, prise probablement sur l'original, et en très bon état de conservation.

1) Les manuscrits de la 4° famille citent des évènements tirés des Vies de saint Benoît du mont Cassin, et de saint Evurce, évêque d'Orléans (*par.*

de la deuxième, de ceux de la troisième ou de ceux de la quatrième famille, il faut croire que l'abréviateur, vivant entre le IXe et le XIe siècle, a eu l'intelligence ou l'étrange bonheur d'enlever à l'œuvre qu'il abrégeait tout ce qui pouvait en faire suspecter l'authenticité. Cette seule considération suffit, croyons-nous, à rendre inutile tout essai de classification basé sur un ordre contraire à celui que nous proposons.

MANUSCRITS QUI NE RENTRENT DANS AUCUNE DE NOS QUATRE FAMILLES

Ces manuscrits sont au nombre de deux, différents l'un de l'autre et contenant un texte tout à fait altéré.

1° Biblioth. nat., fonds lat. 3788. — Du XIIe siècle. — Grand format. — 2 colonnes. — La Vie de sainte Geneviève se trouve au folio 51 recto.

Un certain nombre de récits sont omis, d'autres modifiés sinon dans le fond, du moins dans la forme, d'autres enfin transposés. Ce texte nous paraît avoir été rédigé d'après un manuscrit appartenant à notre première famille, bien qu'il confonde saint Denis, l'évangélisateur de la Gaule septentrionale, avec saint Denis l'Aréopagite. Mais comme les expressions qu'il emploie sont absolument différentes de celles que nous rencontrons dans les autres manuscrits qui font la même confusion, il est possible que le rédacteur de ce texte ait ajouté spontanément cette indication. Parmi les fragments omis se trouvent, outre le récit relatif à la guérison d'une jeune fille nommée Claudia (*par. 43 du texte des AA. SS. Boll.*), toutes les digressions, phrases incidentes, commentaires que

XXI et XXIX), Vies qui furent écrites, la première par le pape Grégoire I dans la seconde moitié du VIe siècle (Mabillon, *AA. SS. ord. S. Bened.*, sæc. I, pp. 25, 27), la seconde par un anonyme, probablement au commencement du VIIe siècle, peut-être même plus tard (*AA. SS. Boll.*, 7 sept., III, p. 52 et s.) ; ils donnent à la ville de Laon le nom de *Laudunum*, alors que, jusqu'au VIIIe siècle au moins, cette ville s'appelle *Lugdunum*. Enfin l'auteur écrit des phrases telles que celle-ci : « Mansit vero « (Genovefa) cum parentibus, crescens tam corpore quam bonis moribus, « a tempore supradicto usque Valentiniano quo Romanum imperium « in finibus Gallie rapuit, *sumentibus Francis dinastiam in ea, nomen-*

nous avons signalés dans les manuscrits n'appartenant pas à notre première famille. Enfin, d'une manière générale, le style se rapproche davantage de celui des manuscrits de cette famille que de celui des manuscrits des autres familles.

2° Biblioth. nat., fonds lat. 10872. — Du XIVe siècle. — Moyen format. — 2 colonnes. — La Vie de sainte Geneviève se trouve au folio 10 recto.

C'est un abrégé de la Vie, abrégé fait probablement sur un texte de notre quatrième famille, peut-être sur le manuscrit 11756 de la Bibliothèque nationale avec lequel le 10872 offre des analogies dans l'orthographe de certains mots et qui provient comme ce dernier du fonds saint Germain.

MANUSCRITS QUI SE TROUVENT DANS LES BIBLIOTHÈQUES DES DÉPARTEMENTS OU A L'ÉTRANGER

Nous n'avons pas la prétention d'énumérer ici tous les manuscrits que l'on peut rencontrer en dehors des bibliothèques de Paris. Bien que nous ayons compulsé un assez grand nombre de catalogues, il est évident que notre liste présentera des lacunes. Si nous donnons à part l'indication de ces manuscrits sans essayer de les faire rentrer dans l'une ou l'autre de nos familles [1] c'est que, ne les ayant pas vus nous-mêmes et n'ayant sur la plupart d'entre eux que les renseignements très brefs des catalogues, nous risquerions de commettre des erreurs. Nous ne pensons pas d'ailleurs qu'aucun de ces mss. puisse avoir une importance capitale.

A) *Manuscrits des Bibliothèques des départements :*

1° Biblioth. d'Arras, ms. lat. 450. — Du XIIe siècle (V. *Catalogue des mss. des Bibliothèques des départements*, t. IV, p. 176).

« *que patrie de suo nomine dantibus* » (par. I). Il serait aisé de multiplier les exemples.

1) Nous avons fait, comme on l'a vu, une exception pour un ms. de Saint-Gall, qu'il nous a été permis d'examiner dans une visite à la Bibliothèque de l'abbaye.

2° Biblioth. de Charleville, ms. lat. 254, vol. II. — Petit in-fol. — Du XII° siècle (cf. *ibid.*, t. V., p. 662).

3° Biblioth. de Charleville, ms. lat. 174. — In-fol. — Du XIII° siècle (cf. *ibid.*, t. V, p. 621).

4° Biblioth. de Charleville, ms. lat. 213. — In-fol. — Du XIII° siècle (cf. *ibid.*, t. V, p. 644).

5° Biblioth. de Chartres, ms. lat. 150. — Du XI° siècle. — In-fol. — 2 col. (cf. *Catalogue des manuscrits de la Bibliothèque de Chartres*, p. 38 et Potthast, *Biblioth. hist. med. aevi*, à l'art. *Genovefa*).

6° Biblioth. de Chartres, ms. lat. 192. — Du XI° siècle. — Grand format. — (cf. *ibid.*, p. 50 et Potthast, *loc. cit.*).

7° Biblioth. de Chartres, ms. lat. 478. — Du XV° siècle. — Moyen format. — 2 col. (cf. *ibid.*, p. 96).

8° Biblioth. de l'Ecole de Médecine de Montpellier, ms. lat. 22. — Du XIII° s. (*Catalogue des mss. des Biblioth. des dép.*, *t. I*, p. 292).

9° Biblioth. de S. Omer, ms. lat. 715, vol. I. — Du XII° siècle. — La vie de sainte Geneviève est au fol. 22 (cf. *ibid.*, t. III, p. 316). C'est peut-être l'un des mss. qui ont servi aux Bollandistes pour leur édition de la seconde Vie de sainte Geneviève (V. *plus loin*, *p. CVIII de notre Etude.*)

10° Biblioth. d'Orléans, ms. lat. 280. — Du X-XI° siècle. Grand format. — La Vie de sainte Geneviève commence au fol. 57. — On trouvera quelques renseignements sur ce manuscrit dans le *Catalogue de la Biblioth. d'Orléans*, publ. p. A. Septier (p. 163) et dans Saintyves (*Histoire de sainte Geneviève*, etc., pp. XIII et XXXII). Saintyves donne les variantes de ce ms. en le comparant à un texte de notre 1re famille. De l'examen de ces variantes, (si du moins elles sont bien établies), il résulte que le ms. 280 d'Orléans doit être classé dans notre 2° famille.

11° Biblioth. de Troyes, ms. lat. 7. — Du XII° siècle (cf. *Catalogue des mss. des Bibliothèques des départements*, t. II, p. 11).

B) *Manuscrits de l'Etranger :*

1° Rome, Biblioth. du Vatican, fonds de la reine Christine n° 643. — Du X°-XI° siècle. — Petit format. — La Vie de sainte Geneviève se trouve au fol. 5 recto. — Ce ms. contient (fol. 12-13) le fragment interpolé relatif à l'apostolat de saint Denis l'Aréopagite en Gaule, sous la même forme que les mss. de nos 2e et 3e familles.— Certains feuillets n'ont pas été reliés à leur place, en outre le copiste a souvent interverti l'ordre des récits, enfin un assez grand nombre de passages ont été complétement supprimés. On ne peut ranger ce texte dans aucune de nos familles ; pour le style, il nous paraît se rapprocher surtout des mss. de la 2e [1].

2° Londres, British Museum, fonds Harley, ms. lat. 2800. — Du XIIIe siècle. — La Vie de sainte Geneviève est la 7e du recueil (V. *Catalogue du fonds Harley*, t. II, p. 712, et Potthast, *Biblioth. hist. med. ævi*, à l'art. *Genovefa*).

ÉDITIONS DE LA VIE DE SAINTE GENEVIÈVE

La meilleure édition qui ait encore été donnée de la Vie de sainte Geneviève, en même temps la plus ancienne, est celle des Bollandistes ; nous pensons donc bien faire en lui consacrant ici quelques lignes.

De leur propre aveu les savants Jésuites n'ont pas eu le loisir de consulter un bien grand nombre de manuscrits. L'auteur du commentaire explicatif qui précède le texte de la Vie en indique seulement trois : 1° Un manuscrit de Notre-Dame de Larivour (*S. Maria de Ripatorio*) [2]. 2° Un manuscrit de Notre-Dame de Bonnefont (*S. Maria Bonifontis*) [3]. 3° Un manuscrit de l'église de Saint-Martin d'Utrecht [4]. Nous n'avons eu entre les mains aucun de

1) On trouvera quelques indications sur ce ms. dans l'*Histoire de sainte Geneviève*, de Saintyves (pp. XII, XIII, XXXII). Nous en devons d'autres à la complaisance de M. A. Thomas, élève de l'Ecole française de Rome.

2) Ripatorium (Larivour, Rivour, Rivol) au diocèse de Troyes, abbaye cistercienne (réf. de Clairvaux) fondée en 1139 par Haton, évêque de Troyes (*Gallia Christiana*, XII, c. 597).

3) Je pense qu'il s'agit de l'abbaye cistercienne de N. D. de Bonnefont, au diocèse de Saint-Bertrand de Comminges, fondée en 1136 (*Gallia Christiana*, I, c. 1113) ; je n'en ai du moins pas rencontré d'autre qui portât ce nom.

4) Les Bollandistes disent avoir encore utilisé la Vie de sainte Geneviève telle qu'elle se trouve dans le *Miroir historial* de Vincent de Beauvais. Le texte du *Miroir historial* (livre XX, chap. 46 et s.) n'est qu'un abrégé fait, semble-t-il, d'après un manuscrit de notre première famille.

ces recueils, il nous est donc impossible de savoir avec certitude comment l'éditeur a travaillé pour établir le texte qu'il a publié. Quelques variantes citées en note peuvent néanmoins nous mettre sur la voie :

Des trois manuscrits indiqués ci-dessus, deux, semble-t-il, contenaient un texte à peu de chose près identique; ce sont ceux de Larivour et de Bonnefont. Le troisième présentait sur un point important une différence notable [1]. Cependant, soit qu'il fût plus ancien, soit qu'il lui parût plus conforme à ce qu'avait dû être la Vie primitive, l'éditeur l'a suivi d'une manière générale [2], en utilisant ses deux autres sources pour corriger ce qui pouvait être fautif dans la première [3].

Le manuscrit de l'église d'Utrecht qui a servi de base à l'édition des Bollandistes se rapproche beaucoup de celui que nous avons inscrit le premier sur la liste des recueils de la deuxième famille, le 17625 de la Bibliothèque nationale [4]. Abstraction faite, bien entendu, des différences de mots, il n'est en désaccord avec lui que sur un seul point. Tandis qu'après avoir cité les relations de sainte Geneviève avec saint Siméon le Stylite, le 17625 ajoute : « *Admirabile istud apud nos, quia nec calidus, nec frigidus Christianus habetur qui ita scientiam Dei et Christi fidelissimi famuli, veluti sensum Domini cog-*

1) Le ms. d'Utrecht contient en effet le passage où saint Denis l'Aréopagite est identifié avec le saint Denis évangélisateur de la Gaule septentrionale ; les deux autres, au contraire, identiques en cela aux mss. de notre 1re famille, ne disent rien de cette légende.

2) V. ce que dit l'éditeur, *Comment. præv.*, par. 2 : *Triplicem vitam....* et chap. III, note b. Pour les noms propres il a suivi le ms. d'Utrecht : *Catholiacensem* (par. 16); *Fruminius* (par. 41). Si pour *Cellomerus* (par. 31) il a plutôt adopté la leçon des mss. de Larivour et de Bonnefont (*Cellomeris*), que celle du ms. d'Utrecht (*Collomerus*), c'est que ce nom devait dériver du mot cella : « *Cellomerus nuncupatus est* (*puer*), *eo quod* « *in cellula saepedictæ Genovefæ, vitam quam amiserat recepisset* ».

3) V. *AA. SS. Boll.*, par. 3, l. 8; — par. 7, l. 11; — par. 16, passage relatif à l'apostolicité de saint Denis; — par. 24, l. 7; — par. 31, l. 13; — par. 34, l. 15.

4) Nous ne nommons que le 17625 parce que, comme on l'a vu, le 5573 et le 5311 sont incomplets. Il est du reste vraisemblable que, dans les parties perdues, ces deux derniers ne présentaient pas avec le premier de divergences notables.

noscentes, tantas inter se positas provincias, semetipsos ab administratione comperiant », le manuscrit d'Utrecht, comme ceux de la première famille, s'arrête à... « *poposcisse ferunt* [1] ». Cependant, si, pour le style, on compare ce document, d'une part avec les manuscrits de notre première famille, et d'autre part avec ceux de la deuxième, on verra que, dans la plupart des cas, il se rapproche davantage des premiers que des seconds. Nous n'induisons pas de là que le manuscrit d'Utrecht ait été écrit d'après un manuscrit appartenant à notre première famille; il a sans doute eu pour source un texte pareil à celui du manuscrit de Bonnefont dont nous nous occuperons tout à l'heure.

Le manuscrit de Larivour nous paraît être celui qui se rapproche le plus des manuscrits de notre première famille. Il présente cependant avec eux quelques différences dont nous allons donner l'indication.

1° Ce manuscrit contient le récit relatif à la guérison de Claudia[2] (*AA. SS. Boll.*, par. 42) qu'omettent tous les recueils de notre première famille.

2° Il contient la phrase « *Quotiens celum... Deum videbunt* » (*AA. SS. Boll.*, par. 14) qui ne se trouve pas dans les manuscrits de notre première famille, mais bien dans ceux de la seconde.

3° Dans le récit où il est parlé d'un personnage qui, n'ayant pas voulu pardonner une offense à l'un de ses serviteurs, malgré les prières de Geneviève, est subitement pris de fièvre, puis guéri par la sainte (*AA. SS. Boll.*,

1) V. *AA. SS. Boll.*, *Vie de sainte Geneviève*, chap. VI, par. 25. — Nous avertissons le lecteur que nous ne donnons pas cette phrase (*Admirabile.... comperiant*) exactement comme on la trouve dans le ms. 17625 où elle est tellement mutilée qu'il est impossible d'en saisir le sens. Nous l'avons rétablie au moyen des mss. 5573. et H.L.43.

2) Dans la nouvelle édition des *AA. SS. Boll.*, il est dit que le manuscrit de Larivour a sauté la fin du par. 40 depuis « *Erat enim verbum* » ainsi que les par. 41, 42 et 43 tout entiers. Cette indication provient d'une erreur typographique. En effet, l'ancienne édition à la fin de la phrase qui précède « *Erat enim verbum .....* » met la note suivante : « *Sequentia usque ad parag. 41 desunt in Ripatorio* ». Les nouveaux éditeurs prenant le 1 pour un 4 ont écrit : « *Sequentia usque ad parag. 44 desunt in Ripatorio* ».

par. 43), le texte du manuscrit de Larivour nous dit que ce personnage, devenu malade, crachait beaucoup de salive et le compare au bœuf domestique : « *Quin* « *etiam in crastinum primum diluculo, etiam aperto* « *ore, morbo qui quotidianus bos interpretatur, lingua* « *salivam distillans ad pedes Genovefæ.....* ». Les manuscrits de notre première famille ont arrangé la phrase d'une autre façon : « *Quin etiam in crastino primo dilu-* « *culo ad pedes Genovefe provolutus.....* ».

4º Le manuscrit de Larivour, comme ceux de notre deuxième famille, indique que la *Civitas Turonorum* se trouvait dans la *Tertia Lugdunensis*. Les manuscrits de la première famille omettent ce détail (*AA.SS.Boll.*, par. 44).

5º Dans la phrase : « *Ab obsessis demonibus... fœtidissime debacchantes clamabant* » (*AA. SS. Boll.*, par. 44), le manuscrit de Larivour se rapproche également plus des manuscrits de notre deuxième famille que de ceux de la première.

6º Le manuscrit de Larivour, comme ceux de notre deuxième famille, contient le passage : « *Sine dubitatione... feratur* » (*AA. SS. Boll.*, par. 43).

Si l'on rapproche le texte de ce manuscrit de celui des recueils de notre première famille, on verra que, pour le fond, il n'offre d'analogie avec ces derniers que sur deux points seulement : il omet les indications relatives à l'apostolat de saint Denis l'Aréopagite en Gaule, ainsi que la fin du paragraphe 40 depuis « *Erat enim verbum* ». Pour le style, au contraire, il se rapproche beaucoup plus des manuscrits de notre première famille que de ceux de la seconde. Comme aucun des passages donnés par le manuscrit de Larivour qui ne se trouvent pas dans le texte des manuscrits de la première famille ne saurait être d'une façon certaine tenu pour une interpolation faite au texte primitif, il est permis de se demander s'il n'y aurait pas lieu de donner le premier rang à ce nouveau document. On supposerait alors que l'œuvre originale aurait subi des coupures de la part du rédacteur des manuscrits de notre première famille, qui ne reproduiraient qu'un texte mutilé. Cette hypothèse nous plairait sous l'une de ses faces ; elle nous autoriserait en effet à regarder comme faisant partie du texte primitif, deux fragments où nous trouverions des preuves à l'appui de certaines opinions que nous émettrons plus loin relativement à l'époque de la rédaction de la Vie et aux procédés littéraires de l'hagiographe. Ce sont les dernières lignes du paragraphe 43 dans lesquelles il est parlé des rapports de saint Martin de Tours avec le juge Avicianus ; et plus loin, au paragraphe 44, la mention de la troisième Lyonnaise. Nous hésitons cependant à l'admettre, parce qu'à moins d'être taxés d'arbitraire, nous serions obligés de tenir aussi pour authentiques plusieurs passages qui nous semblent être des adjonctions postérieures.

Le troisième recueil utilisé par les Bollandistes, celui de Bonnefont, offre beaucoup de ressemblance avec le précédent. Sur un seul point notable, les deux textes sont en désaccord. Le manuscrit de Bonnefont ne saute pas la fin du paragraphe 40 « *Erat enim verbum*, etc... », et par conséquent se rapproche encore davantage de celui de saint Martin d'Utrecht qui lui-même, des trois manuscrits connus des Bollandistes, offre le plus d'analogie avec ceux de notre deuxième famille. Nous pourrions répéter, au sujet de ce manuscrit de Bonnefont, ce que nous disions plus haut sur le degré de valeur que l'on serait tenté d'attribuer au manuscrit de Larivour. Le texte de ce recueil serait peut-être entre tous le plus complet.

Outre l'édition des Bollandistes, nous en avons encore deux autres faites toutes deux d'après des manuscrits que nous connaissons [1].

1° Petrus Franciscus Chiffletius, Soc. Jesu, *Vita S. Genovefæ virginis, auctore qui ter senis ab ejus obitu annis scribebat, ex codice pervetusto inclytæ basilicæ in qua illa monumentum habet* (dans le *Bedæ presbyteri et Fre-*

1) On ne peut regarder comme des éditions de la Vie latine de sainte Geneviève, les récits publiés par Jean Ravisius Textor (*De memorabilibus et claris mulieribus*, ed. Paris., ex aedibus Simonis Colinaei, 1521, fol. 217 verso) et par Surius (*Vitae Sanctorum*, t. I, ed. Colon., 1617, p. 55), car ces deux auteurs n'ont pas suivi scrupuleusement les manuscrits ; ils ont arrangé le style à leur manière. Jean Ravisius Textor surtout les interprète très librement, il ajoute même des détails qui ne se trouvent dans aucun d'eux.

degarii scholastici concordia du même auteur, Paris, 1621, in-8° p. 453-459). Le texte publié par le P. Chifflet appartient à notre quatrième famille de manuscrits. Le codex mentionné dans le titre est sans doute le H. 2, L. in-8°, de la Bibliothèque sainte Geneviève.

2° Le P. Charpentier, chanoine régulier de Sainte Geneviève, *Histoire de ce qui est arrivé au tombeau de sainte Geneviève depuis sa mort jusqu'à présent et de toutes les processions de sa châsse; sa vie traduite sur l'original latin, écrit dix-huit ans après sa mort, avec le même original revu sur plusieurs anciens manuscrits,* (Paris, chez Urbain Coustellier, rue Saint-Jacques, 1699). Les manuscrits employés par le P. Charpentier pour établir son texte, sont les manuscrits latins 3788, 5341, 5292, 5291, 5573, 5319 de la Bibliothèque nationale. Il donne en outre les variantes des manuscrits H. 2, L. in-8° de la Bibliothèque sainte Geneviève, 5305 et 5667 de la Bibliothèque nationale.

En résumé, l'étude que nous venons de faire des manuscrits de la Vie de sainte Geneviève, ne nous donne, au point de vue de leur filiation, que des résultats tout à fait hypothétiques. Elle nous met en présence de deux systèmes de classement, suivant que nous admettons ou non une source commune aux manuscrits de la troisième et de la quatrième famille.

Dans le premier cas, voici le tableau que nous dresserions :

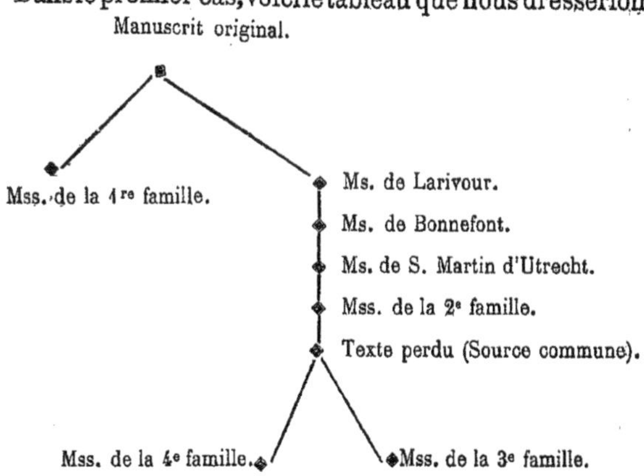

Dans le second cas, nous aurons un tableau un peu différent :

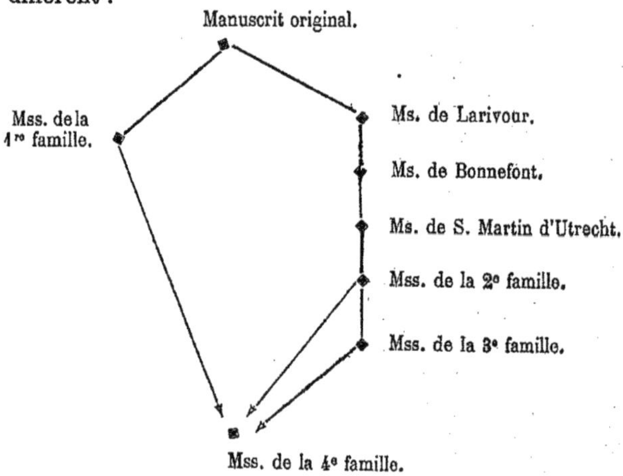

VIES FRANÇAISES DE S. GENEVIÈVE

Il n'entre point dans notre plan d'étudier à fond les Vies françaises de sainte Geneviève. Toutes ces Vies sont d'une époque trop postérieure à celle où vivait la sainte pour avoir, historiquement, le moindre intérêt. Nous ne parlerons ici que de celles qui sont antérieures au XVIe siècle [1].

La plus ancienne que nous connaissions se trouvait dans le manuscrit latin 5667 de la Bibliothèque nationale, aujourd'hui perdu (*cf. p.* XXX, *n.* 1) ; elle existe dans le manuscrit BB. 33, L., in-8°, de la Bibliothèque sainte Gene-

1) La première Vie française imprimée est de Pierre le Juge : *Histoire de saincte Genevievfve, patronne de Paris, prise et recherchée des vieux livres escris à la main, des histoires de France et autres autheurs approuvez*, par Pierre le Juge, Parisien, religieux en l'abbaye de saincte Geneviève, à Paris ; *de l'imprimerie de Henry Coypel*, 1586, in-16. Le *Miroir historial* de Vincent de Beauvais qui contient, ainsi que nous l'avons dit plus haut, un fragment relatif à sainte Geneviève, a été, on le sait, traduit au commencement du XIVe siècle par Jean de Vignay. La 1re édition

viève[1] (XIVe siècle, 2 col., fol. 50 recto). Elle est en vers de huit syllabes et a été composée à la requête de Madame de Valois, peut-être l'une des femmes de Charles de Valois, frère de Philippe-le-Bel. Cette Vie française n'est autre chose qu'une paraphrase de la Vie latine. L'auteur se nomme à la fin, c'était un clerc, nommé Renaut. En voici les premiers et les derniers vers :

Fol. 80.

Madame de Valois me prie
Que en romanz mete la vie
D'une virge qu'ele moult aime ;
Geneviève la nomme et claime.
Puis qu'il li plest et ele veut,
Mes cuers de joie s'i aquelt
D'être ententis à son service,
Car por li ai ceste oeure emprise.
. . . .
. . . .
. . . .

Fol. 113.

Renaut qui ceste vie dist
N'en puet trouver plus en escrit;
Sachiez bien qu'il vos a conté
De l'estoire la verité,
Ce que en escrit en trouva.
. . . .

Diex doint que cele preu i ait
Qui ceste ouvraigne escrire a fait,
Et qu'il a son oise les lisse
Comme fille de sainte église ;
Et que il le clerc pas n'oblit
Qui l'estoire conte et escrit
Avec ses sainz reçoive l'ame
De lui et de la bonne dame.

Une seconde Vie française, celle-ci en prose, se trouve dans les manuscrits 568 de la Bibliothèque Mazarine[2],

de l'œuvre de Jean de Vignay date de 1495-1496 (Paris, *Anthoine Verard*); mais nous ne pouvons regarder comme une Vie française originale le passage de cette traduction qui concerne sainte Geneviève (fol. CCIX, l. XXI, c. 46).

1) Une copie de cette Vie française, copie faite au XVIIIe siècle, est conservée à la Bibliothèque sainte Geneviève (*Pièce non encore classée; elle sera placée dans la section BB. F.*).

2) Ce ms. est des premières années du XIVe siècle. — La Vie de sainte Geneviève commence au fol. 280 verso.

185[1] et 413[2] du fonds français de la Bibliothèque nationale. C'est tout simplement une transposition de la précédente[3]. L'auteur a même conservé à la fin le nom de Renaut, ne considérant sans doute pas sa composition comme une œuvre originale et ne se croyant pas le droit d'y attacher son nom. Cette Vie en prose fut

1) Du XIVe siècle. — La Vie de sainte Geneviève commence au fol. 191 verso. — Une peinture qui se trouve au fol. 191 représente l'entrevue de sainte Geneviève avec saint Germain et saint Loup.

2) Du XVe siècle. — La Vie de sainte Geneviève commence au fol. 398 verso.

3) Nous transcrivons ici en regard l'un de l'autre deux fragments, l'un tiré de la Vie en vers, l'autre de la Vie en prose afin de montrer comment l'auteur de cette dernière a traité son modèle. On verra que le travail auquel il s'est livré n'a pas dû lui coûter beaucoup de peine.

Vie en vers. Ms. BB.33 L., in-4o de la Bibl. s. Genev., fol. 80, recto.

Ne fu de contes ne de rois
Einçois fu file d'un borjois
La damoiselle et de borjoise;
A Deu fu plezanz et cortoise,
Humble, simple et amiable,
D'oeure parfaite et veritable.
Ses peres ot non Severis,
De Nanteure delez Paris
Fu la sainte pucele née
Qui Geneviève est apelée;
Sa mere Gironde a non
Et si fu de moult bon renon
Comme fame de basse gent.
Cui chaut l'en n'a pas pour argent,
Par linage ne par amis
Le saint règne de paradis.

Fol. 81, col. 2.

Atant li saint lor pere mande
Et la mere; si lor demande,
Or me dites, genz beneoite,
Cest enfes por qui Diex esploite
Et quant tant a bonté et foi
Est-il vostres, dites le moi?
Et cil responnent bonnement:
Nostres est il veroiement;
Damediex, qui touz le bien donne
A ses amis et abandonne,
Nos a ceste fille donnée
Et tresque ci en bien gardée;
En avant la gart s'il li plest,
Nos li donnons sanz nul aret.

Vie en prose. Ms. 568 de la Bibl. Mazarine, fol. 281, recto.

Ceste Geneviève ne fu mie estroite de roi ne de contes, ainçoiz fu fille d'un borjoiz et d'une bourjoise. Ele fu plaisanz a Dieu. Ele fu humble, simple, amiable, douce, parfaite, veritable. Ses peres si ot non Severins, et fu nez delez Paris d'une vile qui a non Nenterre. Sa mere si ot non Gironde et si fu de moult bon renon, comme fame qui estoit de basse gent. Cui chaust l'en ne conquiert pas par lignage ne par amis le resgne Jhesu Crist.

Fol. 281, verso.

Atant a li sains hons mandé son pere et sa mere et si leur demanda et dist: Or me dites, fet-il, beneoite genz, cil enfes por Dieu esploite ci et qui tant a foi et bonté, dites-moi se il est vostres; et ceulz bonnement li respondirent : Voirement est-il nostres; damedieu qui a ses amis donne touz biens et abonde nous a donnée ceste fille, qui jusque ci l'a gardée en bien et s'il li plest encore en avant la gart. Car nous li donnons sans nul arest.

écrite à la demande d'une dame de Flandre, ainsi qu'on peut le voir dans les premières lignes[1].

Sur la couverture du manuscrit de la Bibliothèque Mazarine, le plus ancien des trois, peut-être même l'original, on lit ces mots écrits par une main d'enfant ou du moins peu exercée : *Madame est bonne Dame, Madame Isabeau fille du roi de France est bonne Dame, Marguerite escrit bien* ». Il est donc permis de supposer que la personne qui a écrit ces mots se nommait Marguerite, et qu'elle connaissait intimement la fille du roi de France, qu'elle était peut-être de sa maison. Quant à cette dame Isabeau, il est vraisemblable que c'était la fille de Philippe-le-Bel qui, en 1299, fut fiancée à Edouard II d'Angleterre, l'épousa en 1308, et revint en France en 1325, à la suite de circonstances dont nous n'avons point à parler ici.

Une troisième Vie française, en prose également, se trouvait dans le manuscrit latin 5667 de la Bibliothèque nationale, aujourd'hui perdu, au fol. 97. Nous l'avons rencontrée dans le manuscrit français 416 de la Bibliothèque nationale (XVe siècle, fol. 284 verso). Elle fut écrite en 1367, par Thomas Benoist, alors chévecier de Sainte-Geneviève[2], et, plus tard, prieur de l'abbaye[3]. C'est une tra-

1) Les premières lignes sont mutilées dans le ms. de la Biblioth. Mazarine parce qu'on a coupé la lettre initiale; les deux mss. de la Biblioth. nat. permettent de rétablir ce qui manque.

2) Nous empruntons ce dernier renseignement à Saintyves (*ouv. cité*, p. 4-6) qui l'a probablement tiré du ms. 5667, le seul connu par lui. — Dans le ms. 416 l'auteur n'est pas nommé. Cependant on peut conclure des indications fournies par Saintyves sur le texte du ms. 5667 que la Vie contenue dans le ms. 416 est bien celle écrite par Thomas Benoist. — Dans le ms. 5667 la Vie est précédée d'un prologue où l'auteur explique le but de son ouvrage. Ce prologue ne se trouve pas dans le ms. 416. Le ms. du Vatican, dont nous allons parler, ne le donne qu'incomplètement.

3) La Bibliothèque sainte Geneviève possède un autre ouvrage de ce même Thomas Benoist (Ms. BB. 1, F. in-4°, de la fin du XIVe siècle, sur papier). En voici le titre : *Cy senssuit l'ordenance du service saincte Genevïefve du monlt de Paris en la forme et manière que on en use pour le present, translatée de latin en françoys par religieuse personne, frere Thomas Benoist, jadis prieur cloistrier de ceste dicte église. Et fut faite en l'onneur de dieu, de saincte église, du profist et honnesteté des freres, en l'an mil* CCC LXXX *et* VII. *Et va ceste translacion selonc le calendrier*

duction de la Vie latine et des Miracles, avec adjonction de miracles arrivés du temps de l'auteur. Un troisième manuscrit, celui-ci de la fin du XVe siècle, existe à la Bibliothèque du Vatican (fonds de la Reine Christine, nº 1728, pap., 161 f.; f. 16 recto) [1].

Enfin la même Vie se trouve, mais sans les miracles, dans une *Légende des saints* imprimée à Paris en 1493 par Anthoine Vérard (Biblioth. nat., *Vélins* 690 ; cf. fol. 3) [2]. Ce livre, à partir du fol. 5 où finit la Vie de sainte Geneviève, n'est qu'une traduction faite au XIVe siècle par Jean de Vignay de la *Legenda aurea* de Jacques de Voragine.

Une quatrième Vie française, celle-ci fort courte, existe dans le ms. français 988 de la Bibliothèque nationale (XIVe siècle ; fol. 35 verso, col. 2 — fol. 36 verso, col. 1). C'est un abrégé de quelques-uns des récits de la Vie latine. Voici, dans l'ordre où les place le manuscrit, l'énumération de ces récits : ce sont ceux qui se trouvent aux paragraphes 2, 3, 4, 5, 8, 32, 12, 7, 25 du texte que nous publions à la suite de notre Etude (pp. 5 à 47).

CHAPITRE II

ÉPOQUE A LAQUELLE LA VIE DE SAINTE GENEVIÈVE A ÉTÉ COMPOSÉE

Les données qui permettent de fixer l'époque à laquelle fut composée la Vie de sainte Geneviève nous sont fournies, pour la plupart, par le texte même de ce document [3]. — Sainte

1) Nous devons à M. A. Thomas, élève de l'Ecole française de Rome, les renseignements que nous possédons sur ce manuscrit. Thomas Benoist n'y est pas nommé, mais la comparaison du commencement de la Vie de sainte Geneviève tel qu'il se trouve dans ce recueil avec les premières lignes de la Vie que nous avons signalée dans le ms. fr. 415 de la Bibliothèque nationale, nous permet d'affirmer l'identité des deux textes.

2) Le texte de la Vie est accompagné d'une miniature reproduisant le type au cierge sous lequel la sainte a généralement été représentée.

3) Le texte que, dans son ensemble, nous considérons comme reproduisant le plus fidèlement celui de la Vie primitive, est, on s'en souvient, celui des mss. de notre Ire famille, que nous publions plus loin (p. 5 à 47) ; c'est donc ce texte-là que nous prenons pour base de notre Etude.

Geneviève, nous y est-il dit, vécut *plus de* 80 *ans*[1]; elle mourut probablement avant Clovis, car, s'il faut en croire l'hagiographe, le roi frank fit construire en son honneur une basilique où ses restes furent transportés[2]. Enfin, elle était encore toute jeune fille, quand en 429[3], saint Germain, évêque d'Auxerre, et saint Loup, évêque de Troyes, allant combattre l'hérésie de Pélage dans l'île de Bretagne, passèrent par Nanterre et la virent pour la première fois[4]. Il est clair que l'on est autorisé à faire varier de 81 à 85 le nombre des années de vie de sainte Geneviève, et de 7 à 12 ans environ l'âge qu'elle devait avoir lors de sa première entrevue avec saint Germain[5]. Ainsi, la date de sa mort peut être placée entre les années 498 et 507. En pareille circonstance, nous devons, prenant un terme moyen, supposer qu'étant née en 419, elle avait 10 ans en 429, aurait vécu 83 ans, et fixer l'époque de sa mort à l'année 502. — Nous adopterons cette date, sans d'ailleurs vouloir la donner comme rigoureusement exacte.

1) *Vita b. Genovefe*, par. 50.

2) L'auteur de la Vie de sainte Geneviève ne dit pas que le roi frank déposa lui-même les restes de la sainte dans la basilique; d'ailleurs il mourut, semble-t-il, avant d'avoir achevé son œuvre. Mais, en disant que Clovis bâtit ce monument en l'honneur de Geneviève, il indique, ce nous semble assez clairement, qu'à l'époque où l'édifice fut commencé, elle était déjà morte. Un des manuscrits utilisés par les Bollandistes, celui de Bonnefont, au lieu de « *honoris ejus gratia basilicam edificare ceperat* » porte: « *corporis ejus* » etc.... (*AA. SS. Boll.*, chap. X, par. 55).

3) *AA. SS. Boll.*, 31 juillet. *Comment. praevius ad Acta s. Germani Autissiodorensis*, par. 6; et *ibid.*, 29 juillet, *Comment. praevius ad Acta s. Lupi, episcopi Trecensis*. par. 5.

4) *Vita b. Genovefe*, par. 2.

5) Nous montrerons plus loin que le passage de la Vie de sainte Geneviève où il est parlé de ses rapports avec saint Germain n'a probablement pas été tiré de la Vie de l'évêque d'Auxerre. On pourra donc s'étonner que nous fondions un raisonnement sur des données qui sont peut-être de pure fantaisie de la part de l'écrivain. Mais il est cependant permis de croire que cet hagiographe aura pu savoir approximativement qu'à l'époque où saint Germain allait en Bretagne, sainte Geneviève était encore toute jeune. Il faut dire d'ailleurs qu'il désigne sainte Geneviève tantôt par le terme de *puella*, tantôt par celui d'*infans*, et qu'il lui fait poser par saint Germain des questions qui, fort peu convenables dans la bouche d'un homme s'a-

Voici maintenant ce que dit l'hagiographe au sujet d'un vase dont sainte Geneviève s'était servi dans la guérison d'un malade[1]. « Dix-huit ans après la mort de Ge« neviève, alors que j'entrepris d'écrire sa vie, j'ai vu « l'ampoule où l'huile avait miraculeusement été créée ». Ce serait donc approximativement à l'année 520 que nous devrions faire remonter la rédaction de notre texte.

Pour étayer cette assertion, les bases font malheureusement défaut; aussi n'avons-nous pas le droit d'accorder ici à l'hagiographe une confiance que nous serons obligés de lui retirer sur d'autres points. Il est cependant permis de croire que, s'il a rapproché les distances, il ne l'a pas fait d'une façon trop exagérée. Les considérations sur lesquelles nous appuyons cette opinion ne sont pas, il faut en convenir, à l'abri de toute contradiction. Leur vraisemblance est le seul motif qui puisse les faire tenir pour justes; nous ne les donnons donc point pour des preuves absolues.

Une première particularité, digne de remarque, c'est que rien, dans la Vie de sainte Geneviève, n'autorise à proclamer hautement que la composition n'en remonte

dressant à une jeune fille, sont dénuées de toute vraisemblance si Geneviève était ce que les Latins appelaient «*infans*» c'est-à-dire un petit enfant. L'évêque d'Auxerre lui demande en effet si elle veut « *in sanctimonio consecrata, Christo immaculatum et intactum corpus servare* ». A quoi Geneviève répond : « *Castitatem mentis et corporis integerrimam, Deo me juvante, usque in finem servare desidero* ».

Dans une autre partie du récit (*Vita b. Genov.*, par. 6), l'hagiographe dit que sainte Geneviève fut consacrée par l'évêque Vilicus en même temps que « *deux autres jeunes filles* qui lui étaient très supérieures en âge» : « cum duabus *puellis* multum se etate preeuntibus ». Si l'on s'en tient scrupuleusement aux renseignements que nous donne la Vie, cet événement aurait eu lieu deux ans au moins après l'entrevue de sainte Geneviève avec saint Germain. En effet l'hagiographe en racontant comment quelques jours après le passage de saint Germain à Nanterre, la mère de sainte Geneviève devint aveugle dit que ce fut seulement au bout d'un an et neuf mois qu'elle fut guérie par sa fille (*Vita b. Genov.*, par. 5), et c'est à la suite du récit de cette guérison qu'il place celui de la consécration : « *Contigit autem post hec....* ». Geneviève, fort jeune encore à l'époque où elle fut présentée à Vilicus, c'est-à-dire en 431 environ, ne devait probablement pas avoir plus de 12 ans en 429.

1) *Vita b. Genovefe*, par. 49.

pas au VIe siècle. Il s'y trouve sans doute certains mots, certaines locutions[1] d'une latinité fort impure ; on peut, cependant, sans manquer aux règles de la critique, voir là une altération du texte primitif. Nul n'ignore, en effet, combien les copistes ont été souvent peu scrupuleux de transcrire avec une parfaite exactitude les œuvres qu'ils avaient entre les mains. Voici quelques exemples de ces néologismes :

« *Vel* » employé pour « *et* » (chap. I, par. 2, p. 7, ligne 6) ; — « *Vas poculi* » signifiant *verre de boisson* (chap. IV, par. 18, p. 23, ligne 3) ; — « *Fateri quod* » *avouer que* (chap. VIII, par. 42, p. 40, ligne 12-13); — « *Ea tempestate* » signifiant *dans ce temps* (chap. VII, par. 37, p. 35, ligne 18). Ces gallicismes peuvent bien d'ailleurs avoir été déjà usités au VIe siècle.

Nous ne voulons pas, comme certains érudits l'ont fait, chercher la contre-partie d'un argument de cette nature dans la présence de termes qui, dit-on, nous reportent à l'époque des premiers Mérovingiens, tels que « *cursus spiritualis* » dans le sens d'*office divin* (chap. I, par. 4, p. 8, ligne 14) ; — « *duodecima*, s. e. *hora* », dans le sens de *vêpres* (chap. I, par. 4, p. 8, ligne 14) ; — « *funus* » dans le sens de *dépouille mortelle* (chap. XI, par. 50, p. 45, ligne 2) ; « *transiit; humata est in pace* » (chap. XI, par. 50, p. 45, ligne 2, 5) ; — « *sanctimonialis* » (chap. VI, par. 29, p. 30, ligne 11) ; — « *eulogiæ* », sorte de présent que l'on s'envoyait en signe de communion, consistant généralement en pain bénit (chap. III, par. 10, p. 15, ligne 17); — les titres de « *tribunus* » (chap. VII, par. 34, p. 34, ligne 4) et de « *defensor* » (chap. VIII, par. 40, p. 37, ligne 11) attribués par l'hagiographe à deux des personnages qu'il met en scène ; — une distance calculée en stades (chap. IV, par. 42, p. 40, ligne 3). Ces expressions

1) Certains récits ont également servi de base aux objections qui ont été formulées contre l'antiquité de la Vie; ce sont ceux où il est question de Hermas (*chap. IV, par. 14*) et de saint Siméon le Stylite (*chap. VI, par. 25*). Nous dirons plus loin ce qu'il faut penser de ces deux fragments (cf. pour Hermas, p. LXIII, n. 1, et pour saint Siméon le Stylite, p. LXII).

furent alors, nous en convenons, d'un usage fort général, mais rien ne serait plus difficile que de fixer le temps à partir duquel on ne les employa plus. Comme, en outre, elles se rencontrent toutes dans des textes assez postérieurs au VIe siècle et rédigés à diverses époques, il est impossible d'en tirer aucune indication chronologique précise pour le document qui nous occupe [1].

Mais voici quelques faits où nous pourrons puiser des données moins vagues. Ainsi l'hagiographe, après avoir raconté la mort et les funérailles de Geneviève, est très bref sur les miracles accomplis par ses reliques. Ce genre de brièveté ne se rencontre guère que dans les Vies de Saints écrites peu après la mort des personnages auxquels elles sont consacrées ; les hagiographes qui racontent des évènements d'une époque très antérieure à la leur s'étendent au contraire avec complaisance sur les vertus posthumes de leurs héros.

En parlant de la reine Clotilde, l'auteur de la Vie de sainte Geneviève ne la représente pas comme n'existant plus au moment où il écrivait, tandis qu'il dit au sujet de Clovis : *gloriose memorie Clodoveus rex* [2].

Un troisième point à noter, c'est la mention par Grégoire de Tours, mention fort concise il est vrai, de certains actes rapportés dans l'œuvre de notre hagiographe [3]. Nous ferons remarquer aussi que les sources où l'auteur doit avoir puisé [4] et les personnages mis en scène [5]

1) V. Du Cange à ces différents mots, et les textes cités par lui. Nous ne pensons pas que l'emploi du terme « *Vangionum civitas* » pour désigner *Worms* (chap. III, par. 11, p. 16, ligne 9), la mention de la *Troisième Lyonnaise* (chap. IX, par. 42, p. 40, n. 5), (mention omise par les manuscrits de notre 1re famille), et le fait que l'île de la Seine où se trouvait Paris n'est reliée au rivage que par un seul pont (chap. IV, par. 15) puissent fournir des données bien exactes. —

2) *Vita b. Genovefe*, par. 53.

3) Grégoire de Tours. *De gloria confessorum*, cap. 91.

4) Vies de saint Martin de Tours, de saint Germain d'Auxerre, peut-être de saint Loup de Troyes, de saint Siméon le Stylite (?), le *Livre des Similitudes* du *Pastor* (Ποιμήν) d'Hermas. Notre chapitre III est consacré à l'étude des sources.

5) Aetius (*par.* 11), — Attila (*par.* 11), — saint Aignan d'Orléans (*par.* 11, *p.* 38, *n.* 4), — Childéric I (*par.* 24), — Clovis I (*par.* 53), — La reine

sont tous d'une époque antérieure au VIe siècle ou contemporains de la Sainte.

Enfin, et c'est là peut-être la meilleure preuve que la Vie remonte aux premiers temps de l'invasion franke, de tous les noms d'individus cités par l'hagiographe, un seul, celui de Maroveus ou Marovechus (*par.* 46) est d'origine germanique, tous les autres sont des noms latins ou des noms grecs latinisés: Severus, le père de sainte Geneviève, Gerontia, sa mère (*par.* 1), Vilicus, l'évêque de Paris qui la consacre[1] (*par.* 6), Genesius (*par.* 18), Cilinia[2] (*par.* 27), Pascivus (*par.* 34), Bessus (*par.* 38), Frunimius[3] (*par.* 40), Fraterna, Claudia (*par.* 41, n. 4),

Clotilde (*par.* 53), — saint Denis, saint Rustique, saint Eleuthère (*par.* 15), saint Martin de Tours, — saint Germain d'Auxerre (*par.* 2, 4, 8), — saint Loup de Troyes (*par.* 2), — Pélage l'hérésiarque (*par.* 2), — saint Siméon le Stylite (*par.* 25). — L'hagiographe paraît savoir, ce qui est exact, qu'au moment de l'invasion d'Attila, saint Germain d'Auxerre était mort (*par.* 10). Saint Germain mourut probablement en 448 (*AA. SS. Boll.*, 31 juillet, XII, *Comment praevius ad Acta sancti Germani Autissiodorensis*, §. VI, n° 65).

1) Pour ce nom il faut peut-être se garder d'être trop affirmatif, car il se pourrait bien que ce fût une forme latine du nom Germain *Wilico* ou *Williko*. On doit remarquer cependant que, dans ce cas particulier, il s'applique à un évêque qui aurait vécu en Gaule dans le second quart du Ve siècle. Il paraîtrait à la fois extraordinaire que cet évêque n'ait pas porté un nom latin ou gallo-romain et que l'hagiographe, n'ayant pu se renseigner sur le personnage qui occupait alors le siège épiscopal de Paris, lui ait donné le premier nom venu.

2) La Vie de saint Remi de Reims, écrite par le poète Fortunat d'après un récit plus ancien, aujourd'hui perdu, nous apprend que la mère du fameux évêque portait le nom de *Cilinia*. Dans certains manuscrits de cette Vie, au lieu de la forme *Cilinia* on trouve *Chilima*, dans d'autres *Chilinia*. Nous avons rencontré dans une inscription de Pompéï *Cilima* comme nom de femme. Il semble que ces diverses formes soient dérivées du nom *Chila* que l'on rencontre assez fréquemment dans des inscriptions antérieures au VIe siècle.

3) Nous faisons, comme on le voit, rentrer dans la catégorie des noms latins, des noms tels que *Frunimius*, *Bessus*, qui ne sont pas de formation purement latine, mais qui ont certainement été usités avant et pendant le Ve siècle dans des provinces romaines où l'élément germanique ne s'était pas encore implanté. Il semble que ce soient des noms locaux latinisés et qui purent être transportés en dehors des limites de leur pays d'origine. Deux martyrs africains et un martyr de Thessalonique qui paraissent avoir

Prudens (*par.* 51), personnages qu'elle guérit de maladies ou avec lesquels elle entre en relations [1].

Cette prédominance de l'élément latin se remarque dans toutes les Vies de Saints écrites pendant la première moitié du VIe siècle et dont les auteurs habitaient soit le centre, soit la partie nord de la Gaule où s'était maintenue le plus longtemps l'administration romaine. Elle dura jusqu'à l'époque où les générations qui avaient subi la conquête eurent disparu, c'est-à-dire environ jusqu'au troisième quart du VIe siècle. En effet, à partir de l'établissement du fils de Childéric dans les états de Syagrius, l'immigration barbare se continua ; on peut supposer en outre que le nombre des descendants directs des Franks de Clovis s'accrut de jour en jour ; enfin il dut arriver que, même parmi les populations gallo-romaines, on donna aux enfants des noms empruntés à l'onomastique des nouveaux maîtres du pays. L'élément germanique prit alors le dessus.

Mieux que toute autre, la littérature hagiographique nous permet de constater ce phénomène, car le plus souvent elle met en scène des personnages pris dans le vulgaire. Comme exemple et comme terme de comparaison avec la Vie que nous étudions, nous citerons la Vie d'un homme qui passa la plus grande partie de son existence dans la contrée où avait vécu sainte Geneviève, saint Germain de Paris, mort en 576, dont nous devons la biographie au poète Fortunat. Dans cette œuvre, écrite à

vécu au IIIe siècle, portaient le nom de *Frunimius* (*AA. SS. Boll.*, 3 mars I, p. 227 ; *ibid.*, 14 mars, II, pp. 345-346). Peut-être cependant ce nom que l'on trouve aussi sous les formes Frunimus et Fronimus, vient-il du grec φρόνιμος. Quant à *Bessus*, c'était, on s'en souvient, le nom d'un fameux satrape de la Bactriane, contemporain d'Alexandre-le-Grand. Les *Histoires* de Quinte-Curce et de Justin, qui mentionnent souvent ce personnage, pouvaient bien avoir popularisé son nom. — Nous l'avons rencontré dans quelques inscriptions latines de diverses provenances.

1) Quant au nom *Cellomeris* qui se trouve au paragraphe 30, l'origine n'en est pas bien certaine et nous ne savons dans laquelle des deux catégories il faut le faire rentrer. Est-ce un mot inventé par l'auteur de la Vie pour les besoins du récit (*Cellomeris nuncupatus est* [*puer*] *eo quod in cella sepedicte Genovefe, vitam quam amiserat recepisset*) ? Est-ce au contraire un nom réellement usité en Gaule au commencement du VIe siècle

la fin du VIe siècle ou au commencement du VIIe, les trois quarts au moins des noms sont d'origine germanique. Nous pourrions ajouter que parmi toutes les Vies, rédigées à la même époque dans le nord de la Gaule, que nous avons consultées, nous n'en avons rencontré aucune qui puisse fournir un argument contre la réalité du fait que nous signalons.

Ici une question se pose tout naturellement : ne pourrait-on pas supposer que la Vie de sainte Geneviève, comme nous la possédons, n'est elle-même que l'abrégé d'une Vie plus ancienne dont tout autre vestige aurait disparu? Cette idée n'a pas manqué de naître dans quelques esprits; les Bollandistes eux-mêmes paraissent assez disposés à l'accepter[1]. Sur un terrain aussi vague que celui

auquel il aurait attribué une étymologie fantaisiste ? Si l'on admet la première hypothèse, et c'est, croyons-nous, la plus vraisemblable, il faut conclure que l'hagiographe aura joint à un mot latin *cella* une particule empruntée à la langue germanique, *mer*. Cette particule, si fréquemment employée, soit comme préfixe, soit surtout comme suffixe, dans l'onomastique de presque tous les peuples germaniques, signifierait, paraît-il, puissant, illustre (Fœrstemann, *Altdeutsches Namenbuch*, t. I, p. 906 et s.). Sa réunion au mot *cella* donne donc un nom auquel il n'est guère possible d'attacher un sens raisonnable. Il est à remarquer que, parmi les auteurs latins des Ve et VIe siècles, les uns (Prosper d'Aquitaine, Isidore de Séville, Victor de Tunnuna, Jornandès, comme on le voit, des méridionaux) ont laissé à ce qualificatif sa forme originale *mer*, tandis que d'autres (Grég. de Tours, Marius d'Avenches) lui ont accolé une terminaison en *is* et en ont fait *meris*. Ajoutons que le mot *Cellomeris* n'est pas, pour la Gaule, le seul nom formé de particules empruntées à des langues différentes (V. sur ce point Fœrstemann, *ouv. cité*, I, p. 310, les composés de *Christus*).

Quant à la seconde hypothèse, il est impossible d'apporter en sa faveur une preuve digne d'être prise en sérieuse considération. Peut-être Cellomeris serait-il une altération d'une forme grecque telle que Κυλλομηρός ou Κελλομηρός analogue du mot latin *Claudus* et signifiant boiteux; on trouve en effet dans le Lexique d'Hesychius κελλός pour κυλλός. Cependant Κελλομηρός aurait donné *Cellomerus* plutôt que *Cellomeris*; (les formes *Cellomerus* et *Collomerus* se trouvent, il est vrai, dans quelques manuscrits, mais ce ne sont pas les plus anciens). Ce qu'il y a de certain, c'est que ce nom ne peut avoir eu en Gaule une grande popularité, car nulle part, dans les Inscriptions, les Chroniques ou les Vies de saints nous ne l'avons rencontré, ni sous la forme que lui donne la Vie de sainte Geneviève, ni sous des formes qui s'en rapprochassent même vaguement.

1) *AA. SS. Boll.*, 3 janvier; *Comment. prævius ad Vitam beate Genovefe*, par. 2.

où nous marchons, toute hypothèse peut se faire place, car les moyens de prouver quoi que ce soit manquent le plus souvent. Aussi n'a-t-on guère eu de peine à trouver en faveur d'une opinion de cette nature des motifs qui peuvent sembler séduisants. On alléguera par exemple le manque de cohésion entre les diverses parties du récit, le fait que saint Siméon le Stylite, dont parle la Vie de sainte Geneviève[1], ne devait pas être connu en Occident dans les premières années du VIe siècle, tandis qu'il serait facile de considérer le fragment relatif à ce personnage comme introduit par un abréviateur vivant dans un temps moins reculé. On se fondera sur un passage où saint Jérôme affirme, en parlant d'Hermas, que cet auteur était presqu'ignoré chez les peuples latins[2] pour mettre en doute que le passage extrait de l'un de ses livres, qui se trouve dans la Vie de sainte Geneviève, ait pu faire partie d'une œuvre écrite dans la première moitié du VIe siècle. On fera remarquer qu'à plusieurs reprises l'auteur prétend savoir encore bien d'autres choses sur le compte de sainte Geneviève, mais que son désir d'être bref les lui fait omettre volontairement[3]. On pourra même induire de l'une des locutions qu'il emploie l'aveu d'un modèle : « In Lugdunensi oppido quid miraculi per eam « Dominus fecit edicere *series lectionis expostulat* » (chap. V, par. 23) ; « in Aurelianensi urbe quid miraculi per eam gestum sit *ordo lectionis narrare exposcit* » (chap. VIII, par. 41). En somme, toutes ces raisons n'ont aucune valeur. Assurément, la façon dont les divers actes de sainte Geneviève sont juxtaposés, l'absence presque totale de transitions, peuvent faire croire que l'auteur a simplement glané quelques passages dans un récit mieux agencé ou tout au moins plus complet. Cependant, si l'on compare cette Vie avec d'autres, écrites certainement au VIe siècle, et dont le mode de composition ne saurait faire l'objet d'un doute, on verra que le même procédé se re-

1) Chap. VI, par. 25.

2) S. Jérôme, *De scriptoribus ecclesiasticis*, chap. X (Migne, *Patr. lat.*, t. XXIII, col. 39)..

3) *Vita B. Genovefe*, — par. 29, — par. 50, — par. 7, note 29.

trouve dans chacune d'elles [1]; il n'est donc nullement permis de s'en faire un argument pour soutenir une thèse qui s'appliquerait seulement dans un cas particulier. La comparaison de la Vie de sainte Geneviève avec d'autres œuvres hagiographiques nous montrera également qu'il ne faut point tirer du fait que l'auteur affirme ne pas raconter tout ce qu'il connaît des actes de son héroïne la conclusion qu'il abrège une biographie plus ancienne. En effet dans les Vies de saints de tous les temps et de la première époque mérovingienne en particulier on voit à chaque instant l'hagiographe dire qu'il écourte son récit pour ne pas fatiguer le lecteur par un trop grand nombre de détails [2]. Les avertissements de cette nature, répétés toujours en termes presque iden-

1) La plupart des Vies de saints que nous citons plus loin (*n.* 2) rentrent dans cette catégorie. On peut y joindre les Vies de : Marius, abbas Bodanensis, seu Bobacensis, auctore Dynamio patricio (*AA*.SS. *Boll.*, 27 janvier, II, p. 774). — Paternus, episcopus Abrincensis seu Abrincatensis, auctore Venantio Fortunato (*AA*.*SS*.*Boll.*, 16 avril, II, p. 427). — Vasius martyr Sanctonensis (*AA*. *SS*. *Boll.*, 16 Avril, II, p. 424). — Eptadius, presbyter apud Montem Tolonum in territorio Augustodunensi, auctore anonymo, synchrono (*AA*. *SS*. *Boll.*, 24 Août, IV, p. 778). — Apollinaris, episcopus Valentie Segalauorum, auctore coævo, forte Eladio diacono (*AA*.*SS*. *Boll.*, 5 Octobre, III, p. 58). — Marcellus, episcopus Parisiensis, auctore Venantio Fortunato (Surius, *Vitæ Sanctorum*, 1er Novembre). — Amantius, episcopus Ruthenensis, auctore Venantio Fortunato (Surius, *Vitæ Sanctorum*, 4 Novembre).

2) Voir entre autres les vies de : S. Bathildis (*AA*.*SS*. *Boll.*, 26 Janvier, II, p. 773), chap. II, par. 8 ; chap. V, par. 18. — S. Amandus episcopus Trajectensis, auctore ejus discipulo (*AA*.*SS*. *Boll.*, 6 Février, I, p. 848), Prologus. — S. Albinus, Andegavensis episcopus, auctore Venantio Fortunato (*AA*.*SS*. *Boll.*, 1er Mars, I, p. 54), par. 17. — S. Licinius episcopus Andegavensis, auctore fere coævo (*AA*.*SS*. *Boll.*, 13 Février, II, p. 678), chap. IV, par. 26. — S. Fidolus, abbas Trecis in Campania (*AA*.*SS*. *Boll.*, 16 Mai, III, p. 589), par. 8. — S. Emanus, presbyter, martyr in Gallia, agro Carnotensi (*AA*.*SS*. *Boll.*, 16 Mai, III, p. 59), Prologus. — S. Desiderius, episcopus Viennensis, auctore coævo (*AA*.*SS*. *Boll.*, 23 Mai, V, p. 251), par. 8. — S. Eutropius, episcopus Arausionensis in Gallia, auctore Vero episcopo, Eutropii successore (*AA*.*SS*. *Boll.*, 27 Mai VI, p. 700), par. 1. — S. Germanus, episcopus Parisiensis, auctore Venantio Fortunato (*AA*.*SS*. *Boll.*, 28 Mai, VI), chap. V, par. 40. — S. Medardus, auctore Venantio Fortunato (*AA*.*SS*. *Boll.*, 8 Juin, II, p. 70), par. 12. — S. Maxentius, abbas pictavensis, auctore coaevo (*AA*.*SS*. *Boll.*,

tiques, sont même si fréquents que l'on serait tenté d'en faire l'un des traits distinctifs de la littérature hagiographique.

L'argument tiré de la mention de saint Siméon le Stylite n'a pas de valeur, car il est constant que la réputation de cet homme étrange, qui vivait dans la seconde moitié du ve siècle, se répandit très promptement en Europe[1]. Nous nous gardons bien d'ailleurs d'affirmer que le fragment de la Vie de sainte Geneviève, où il est parlé de ce personnage, se trouvât dans la Vie primitive ; nous ne serions même pas étonnés qu'il provînt d'une interpolation. Il est à remarquer, en effet, que l'anniversaire de saint Siméon se trouvant être le 5 janvier, sa Vie devait facilement être placée dans les manuscrits à côté de celle de sainte Geneviève, circonstance qui se présente, en effet, dans plusieurs des recueils que nous avons eus sous les yeux, ceux de notre première famille en particulier, et il n'est pas impossible qu'il ait plu à quelque copiste de supposer des rapports entre saint Siméon et sainte Geneviève. En tous cas, le passage se rencontrant dans tous les manuscrits, l'interpolation, s'il y en a une, doit être fort ancienne. Cette hypothèse semblerait, il est vrai, corroborer l'idée d'un remaniement de la Vie primitive ; mais, comme on est tout aussi bien autorisé à ne voir dans le passage en question qu'une

26 Juin, V, p. 169), chap. II, par. 14. — S. Samson, episcopus Dolensis in Armorica, auctore subaequali (*AA.SS. Boll.*, 28 Juillet, VI, p. 574), liv. I, par. 60 ; liv. II, par. 14. — S. Lupus, episcopus Trecensis ; Vita antiquior (*AA.SS. Boll.*, 29 Juillet, VII, p. 69), par. 1. — S. Radegondis, auctore Venantio Fortunato (*AA.SS. Boll.*, 13 Août, III, p. 67), chap. IV, par. 55. — S. Aredius sive Arigius, abbas Atanensis apud Lemovices ; Vita II^a, auctore fere coaevo (*AA.SS. Boll.*, 25 Août, V, p. 182), par. 36, 46, 54. — S. Almirus, presbyter et abbas prope vicum Grez in provincia Cenomanensi, auctore fere contemporaneo (*AA.SS. Boll.*, 11 Septembre, III, p. 803), chap. II, par. 2. — S. Alveus, presbyter et abbas in provincia Cenomanensi, auctore suppari (*AA.SS. Boll.*, 11 Septembre, VI, p. 807), par. 6. — Sequanus, abbas in Burgundia, auctore aequali (?) (*AA.SS. Boll.*, 19 Septembre, VI, p. 37), chap. II, par. 11. — Martinus episcopus Turonensis, auctore Sulpitio Severo (Migne, *Patrol. lat.*, XX, col. 171, 175) par. 19, 26.

1) *AA.SS. Boll.*, 5 Janvier, I, p. 263 ; *Comment. prævius ad Vitam S. Simeonis*, § IV, n° 17.

intercalation faite par un simple copiste, l'hypothèse peut être émise sans que pour cela notre opinion perde de sa vraisemblance. — Quant au témoignage de saint Jérôme, il est fort possible qu'exact de son temps, il ne le fût plus au VIe siècle, et que depuis le IVe siècle, le Ποιμήν se fût répandu en Occident. D'ailleurs, si l'authenticité de certains passages inspire quelques doutes, ce n'est pas un motif suffisant pour en induire l'existence d'une Vie plus ancienne, dont celle que nous possédons ne serait qu'un remaniement[1]. Enfin nous interprétons d'une autre façon le passage où le secours d'un modèle paraissait formellement exprimé. Le mot *lectio* doit en effet désigner, non point une Vie antérieure, mais l'œuvre même que nous avons sous les yeux, pour la rédaction de laquelle l'auteur tient à suivre l'ordre des faits.

En résumé, nous estimons que cet opuscule qui, de l'aveu même de l'hagiographe, n'a pas été écrit avant l'année 520, ne l'a pas été non plus après 587, époque où Grégoire de Tours acheva son « *De gloria confessorum* », ou probablement même après 545, année dans laquelle mourut la reine Clotilde. L'auteur, qui sans doute habitait Paris, ou ses environs immé-

1) On s'est aussi étonné de voir citer par notre hagiographe un écrivain comme Hermas dont l'orthodoxie n'était pas universellement admise. En effet Tertullien (*De pudicitia*, cap. 10; Migne, *Patrol. lat.*, t. II, col. 1052), Prosper d'Aquitaine (*Liber contra collatorem*, cap. 30; Migne, *Patrol. lat.*, t. II, col. 250), S. Jérôme (*Comment. in Habacuc*, lib. I, cap. 1; Migne, *Patrol. lat.*, t. XXV, col. 1349 et la note 3 de la même colonne) parlent de Hermas en termes peu flatteurs. — Eusèbe de Césarée (*Hist. eccles.* III, cap. 3, 25; Migne, *Patrol. gr.*, t. XX, col. 217, 269) nous fait connaître les doutes que certaines personnes élevaient sur son orthodoxie. Mais en général le Ποιμήν était tenu en grand honneur (V. Irénée, *Contra haereses*, cap. 20; Migne, *Patrol. gr.*, t. V, col. 932, — Clément d'Alexandrie, *Stromates* I. 29; Migne, *Patrol. gr.*, t. VI, col. 476, — Origène, *Comment, in Epistolam ad Romanos*, lib. X, cap. 31; Migne, *Patrol. gr.*, t. XI, col. 775). — Eusèbe dit aussi (*Hist. eccles.*, lib. III, cap. 3; Migne, *Patrol. gr.*, t. XX, col. 217) que bien des gens considéraient le Ποιμήν comme un ouvrage fort utile pour l'instruction chrétienne, et que dans plusieurs églises on le lisait aux fidèles. S. Jérôme lui-même, dans un autre de ses écrits, en parle en termes élogieux (*De Script. ecclesiasticis*, cap. X). Il n'y a donc rien d'étrange à ce que l'auteur de la Vie de sainte Geneviève en ait extrait un passage.

diats, ne dit nulle part avoir connu personnellement sainte Geneviève; il sous-entend même le contraire lorsqu'il s'exprime ainsi: « *Post ter senos namque ab obitu ejus annos... cum ipsa ampulla oleum quod in oratione creverat vidi*[1] ». D'ailleurs, à plusieurs reprises, on rencontre dans son œuvre les termes *ut aiunt*, *ut fertur*[2], ou d'autres analogues qui semblent indiquer qu'il n'avait rien vu de ses propres yeux. Jamais, en tous cas, il ne se met lui-même en scène. Faut-il en conclure qu'il était fort jeune lorsqu'il entreprit son œuvre, ou doit-on tendre à rapprocher de l'année 545 l'époque de la composition de la Vie ?

CHAPITRE III

SOURCES DE LA VIE DE SAINTE GENEVIÈVE

A supposer que notre anonyme vécût dans la première partie du VIe siècle, on peut admettre qu'il ait rencontré parmi ses contemporains plus âgés que lui quelques témoins oculaires des évènements dont il voulait être le narrateur. En tous cas, les indications de première main manquant, il devait se trouver assez de gens capables de rappeler des souvenirs transmis par leurs pères, car ces souvenirs, si du moins ils avaient pour objet une personalité telle que nous la dépeint l'hagiographe, ne pouvaient guère s'être effacés dans l'espace d'une cinquantaine d'années. Aussi n'est-ce pas sans étonnement qu'on le voit puiser autre part que dans des sources de cette nature, un certain nombre des renseignements qu'il nous fournit. — Si nous comparons les Vies de saint Martin de Tours, par Sulpice Sévère, et de sainte Geneviève, nous serons frappés des analogies de fond et de forme que présentent ces deux documents dans plusieurs de leurs récits[3]. Que l'auteur de la Vie de sainte

1) *Vita b. Genovefe*, par. 49.

2) *Vita b. Genovefe*, par. 21, 25, 33 et p. 34, note 2.

3) Ces analogies avaient déjà frappé G. Wallin, l'auteur du *De sancta Genovefa disquisitio historico-critico-theologica*, dont nous avons parlé plus haut (pp. I et II).

Geneviève ait eu entre les mains quelques-unes des œuvres de Sulpice Sévère, cela ne peut, croyons-nous, être mis en doute. Au paragraphe 11, après avoir raconté comment sainte Geneviève s'y prit pour empêcher les Parisiens d'abandonner leur ville à l'approche d'Attila, notre hagiographe ajoute que cette action n'est pas moins louable que le trait de courage accompli par saint Martin devant la ville de Worms : « Summi antistites Martinus et Ania-« nus pro virtutum suarum admiratione valde laudati sunt « eo quod unus apud Vangionum civitatem *postridie* in bello « *inermis* offerendus, utriusque exercitus sevitia sedata, « fedus obtinuit [1]..... ». Sulpice Sévère, dans la Vie de saint Martin, s'exprime ainsi : « Tunc vero adversus hanc vo-« cem (Martini) tyrannus (Julianus Cæsar ?) infremuit di-« cens eum metu pugnæ quæ *postera die* erat futura, non « religionis gratia, detrahere militiam..... ». Et plus loin il dit : « Retrudi ergo in custodiam jubetur (Martinus) « facturus fidem dictis ut *inermis* barbaris objiceretur [2]... ». Il est donc permis de supposer que les fréquentes analogies, offertes par les deux textes, ne résultent pas simplement du hasard et qu'elles proviennent moins encore du fait que chacun des hagiographes est conforme à la vérité. Voici celles de ces analogies que nous avons relevées :

Vie de sainte Geneviève.	Vie de saint Martin.
Par. 44. — Cumque Genovefa spiritum immundum a corpore hominis juberet exire, et spiritus nequam per oculum se progredi minaretur, imperante Genovefa, feda relinquens vestigia, fluxu ventris egestus est.	Par. 17. — Et cum fugere de obsesso corpore pœnis et cruciatibus (dæmon) cogeretur, nec tamen exire ei per os (Martinus) liceret, fœda relinquens vestigia, fluxu ventris egestus est [3].
Par. 37. — Plures ea tempestate. auferentes fimbrias vestimenti ejus, a diversis infirmitatibus sunt sanati.	Par. 18. — Sed nec hoc praetereundum est, quod fimbriae vestimenti ejus cilicioque detractae, crebras super infirmantibus egere virtutes.
Par. 45. — *L'auteur rapporte qu'un jour Geneviève devina que le*	Par. 21. — Diabolum vero tam conspicabilem et subjectum oculis

1) *Vita b. Genovefe*, par. 11.
2) *Vie de saint Martin*, par. 4 (Migne, *Patrol. lat.*, t. XX. col. 62).
3) Migne, *Patrol. lat.*. t. XX, col. 170.

diable se tenait caché dans une bouteille que portait une jeune fille qu'elle voyait passer. Aussitôt la sainte souffla sur la bouteille dont le col se brisa. Le récit se termine par cette phrase : Hec videntes multi mirati sunt, quod nequaquam se eidem (Genovefe) diabolus occultare valuerit.

habebat, ut sive se in propria substantia contineret, sive in diversas figuras spiritualis nequitiae transtulisset, qualibet ab eo sub imagine videretur, quod cum diabolus sciret se effugere non posse, conviciis eum urgebat frequenter quia fallere non posset insidiis [1]. *Sulpice Sévère raconte ensuite plusieurs faits tendant à prouver que, où qu'il fût, le diable ne pouvait échapper aux regards de saint Martin.*

Dialogues de Sulpice Sévère.

Par. 28.—Factum est ut in Parisio propria urbe offerrentur ei inter viros ac mulieres duodecim animae quae a demonibus gravissime vexabantur. Ilico Genovefa, Christum sibi in auxilium invocans, ad orationem recurrit, continuoque inergumeni suspenduntur in aera ita ut nec manus eorum cameram, nec pedes terram tangerent.

Par. 49. — Cum ipsa ampulla oleum quod in oratione (Genovefe) creverat vidi.

Dial. III, par. 6. — Sed si quoties venturus ad ecclesiam pedem extra cellulae suae limen extulerat, videres per totam ecclesiam energumenos rugientes et, quasi adveniente judice, agmina damnanda trepidare.... Vidi quemdam, appropinquante Martino, in aera raptum manibus extensis in sublime suspendi ut nequaquam solum pedibus attingeret [2].

Dial. III, par. 3. — Testabatur presbyter vidisse se oleum sub benedictione (Martini) crevisse [3].

Peut-être pourrait-on rapprocher également le passage où l'hagiographe prétend que Geneviève était connue et honorée du Syrien saint Siméon le Stylite [4], de celui où Sulpice Sévère dit en parlant de saint Martin : « Je n'oserais lui chercher un émule ni parmi les moines ni même « parmi les évêques. L'Égyptien ne le désavoue pas, la « Syrie, l'Éthiopie ont entendu parler de lui ; sa renommée « est arrivée jusqu'à l'Inde, le Parthe et le Perse le connaissent, l'Arménie ne l'ignore pas, et plus loin encore, s'il « habite quelqu'un aux îles Fortunées ou dans l'Océan glacial [5] ».

1) Migne, *Patrol. lat.*, t. XX, col. 172.
2) Migne, *Patrol. lat.*, t. XX, col. 213.
3) Migne, *Patrol. lat.*, t. XX, coll. 170 et 171.
4) *Vita b. Genovefe*, par. 25.
5) Sulpice Sévère, *Dialogue I*, par. 26 (Migne, *Patrol. lat.*, t. XX, col. 200). Nous avons plus haut émis l'idée que le passage de la Vie de

Les portes de Paris s'ouvrent spontanément devant sainte Geneviève [1]; celles du palais de l'empereur Valentinien Ier, devant saint Martin [2]. Sainte Geneviève protège ses propres champs contre un orage qui menaçait de les dévaster [3]; saint Martin délivre les campagnes de Sens des ouragans très fréquents dans la contrée [4]. Saint Martin sauve des captifs que le comte Avicianus voulait tuer [5]; sainte Geneviève arrache à Childéric des prisonniers que ce prince allait mettre à mort [6]. Il est à remarquer d'ailleurs que saint Martin est cité à plusieurs reprises dans la vie de sainte Geneviève [7]. Geneviève guérit des démoniaques dans la basilique de Tours, comme si l'hagiographe eût voulu sous-entendre que les reliques de saint Martin lui-même n'étaient pas capables d'en faire autant [8].

Ces divers rapprochements, dont le bien fondé ne saurait croyons-nous, être nié, nous amènent à formuler sur le but que poursuivait l'hagiographe en recourant à de semblables artifices, deux hypothèses qui, d'ailleurs, ne s'excluent nullement l'une l'autre : Faut-il penser qu'il ait seulement cherché dans l'œuvre de Sulpice Sévère un aliment à son imagination, ou doit-on supposer plutôt qu'il ait cédé au désir d'égaler son héroïne à quelqu'un de ces saints fameux dont les vertus miraculeuses faisaient l'admiration du monde chrétien ? Cette dernière hypothèse acquerra beaucoup de vraisemblance si l'on admet, qu'à côté d'une satisfaction toute morale, l'auteur de la Vie de sainte Geneviève pouvait avoir un intérêt

sainte Geneviève relatif à saint Siméon le Stylite pourrait bien avoir été intercalé dans cette Vie par un copiste; mais ce n'était là qu'une hypothèse et celle que nous faisons ici, si elle n'est pas plus vraisemblable, ne l'est en tous cas pas moins.

1) *Vita b. Genovefe*, par. 24.

2) Sulpice Sévère, *Dialogue* II, par. 5 (Migne, *Patrol. lat.*, t. XX, col. 204).

3) *Vita b. Genovefe*, par. 47.

4) Sulpice Sévère, *Dialogue* III, par. 7 (Migne, *Patrol. lat.*, t. XX, col. 215).

5) *Vita b. Genovefe*, par. 24.

6) Sulpice Sevère, *Dialogue* III, par 4 (Migne, *Patrol. lat.*, XIX, c. 214).

7) *Vita b. Genovefe*, par. 11, 42, 44.

8) *Vita b. Genovefe*, par. 44.

matériel à tenter une assimilation de cette nature. Nous rappellerons donc que, dès la fin du Ve siècle, la basilique où se trouvait le corps de saint Martin fut le lieu de pèlerinage le plus fréquenté de la Gaule. Ces pieux voyages étaient généralement accomplis par des malades qui, venant chercher auprès des reliques la guérison de leurs infirmités, apportaient avec eux des offrandes destinées à leur assurer la bienveillance du saint. Ils constituaient donc à l'église qui s'en voyait l'objet une source de revenus considérables. Or, nous savons que, peu d'années avant l'époque où fut composée la Vie de sainte Geneviève, la basilique des saints Apôtres, qui reçut les restes de la sainte, avait été fondée par Clovis et Clotilde, et il n'y a rien d'étonnant à ce qu'on se soit efforcé d'y attirer les pèlerins. Aussi, sans aller jusqu'à dire que le but unique de l'hagiographe ait été de détourner vers Paris le courant qui se portait vers la Loire, sommes-nous autorisés à croire qu'en affectant, d'une façon si peu dissimulée, d'attribuer à sainte Geneviève une puissance au moins égale à celle de saint Martin, il songeait à faire à la basilique de Paris une renommée capable d'éclipser celle dont l'église de Tours avait bénéficié jusqu'alors. Le souvenir des personnages illustres qui avaient présidé à la construction de l'édifice[1] et le fait que Paris était devenu la capitale du plus important des royaumes franks formés lors du partage des états de Clovis semblaient devoir concourir à l'accomplissement de son dessein. On ne voit pas cependant, et nous reviendrons plus loin sur ce point spécial, que, de longtemps, ce résultat ait été atteint.

Une dernière remarque se dégage des considérations que nous venons de mettre sous les yeux du lecteur, c'est que la sollicitude dont l'auteur de la Vie de sainte Geneviève aurait fait preuve à l'égard du sanctuaire où repo-

1) Clovis y fut enseveli avant même que la construction fût terminée (Grég. de Tours, *Hist. des Franks*, l. 53, 43 et *Vita b. Genovefe*, par. II, c.). Plus tard en 545, les restes de Clotilde y furent également déposés (Grég. de Tours, *Hist. des Franks*, l. IV, c. 1).

saient les reliques de sainte Geneviève, ferait aisément croire qu'il était du nombre des clercs attachés au service de la nouvelle église.

En dehors de la Vie de saint Martin, nous n'avons pas rencontré de texte auquel la Vie de sainte Geneviève ait fait des emprunts, ou dont elle se rapproche d'une façon assez notable pour que l'on puisse supposer une imitation. Etant donnée la coutume des hagiographes de ne pas sortir d'une certaine catégorie de faits, il ne faut pas toujours conclure de l'analogie de leurs récits qu'ils se sont copiés mutuellement. Il est fort probable que l'auteur connaissait la Vie de saint Germain d'Auxerre [1]. S'il ne l'eut pas sous les yeux au moment même où il écrivait, l'œuvre du moins lui était très familière. La Vie de saint Siméon le Stylite ne lui était peut-être pas inconnue [2]. Quant à la citation qu'il tire du Ποιμήν d'Hermas, ou plutôt d'une traduction latine de ce livre, il est à remarquer qu'elle n'est pas textuelle. L'hagiographe, en énumérant les douze vertus décrites par Hermas, en a interverti l'ordre [3]. — Il est d'ailleurs à peu près certain que la tradition orale aidée, dans une mesure qu'il n'est guère possible de déterminer, par l'imagination de l'hagiographe, a fourni la matière de la majeure partie du récit. Nous verrons plus loin, lorsque nous ferons l'examen critique des faits les plus intéressants racontés par la Vie, ce qu'il faut penser, pour notre sujet en particulier, de la valeur de cette source d'informations.

CHAPITRE IV

ÉTUDE CRITIQUE DES PRINCIPAUX RÉCITS DE LA VIE

Sans nous arrêter autrement que pour le signaler, au fait que le père de sainte Geneviève porte un nom latin,

1) V. plus loin pp. LXX et s. La Vie de saint Germain a été publiée par les Bollandistes (AA. SS., 31 juillet, VII, pp. 201-220).

2) Voir ce que nous disons plus haut, pp. LX, LXII et LXVI.

3) La citation est tirée du livre des *Similitudes*, chap. IX.

Severus, sa mère, un nom grec, Gerontia, et elle-même un nom gaulois[1], nous passerons au récit des deux entrevues de saint Germain, évêque d'Auxerre, et de sainte Geneviève. Le premier de ces récits forme comme le préambule de la Vie. En voici brièvement la substance : saint Germain d'Auxerre et saint Loup de Troyes, allant dans l'île de Bretagne combattre l'hérésie de Pélage[2], passent par Nanterre. Là le peuple se presse sur leurs pas, espérant obtenir leur bénédiction. Saint Germain aperçoit alors dans la foule une toute jeune fille, et l'inspiration divine lui révèle qu'elle doit un jour acquérir une grande renommée. Sur sa demande, le peuple lui apprend qu'elle se nomme Geneviève ; il la fait venir auprès de lui, appelle également ses parents, et leur prédit les hautes destinées de leur enfant. Puis il demande à Geneviève si elle veut consacrer à Christ sa virginité. Celle-ci répond que c'est là son intention, et l'évêque l'encourage à persévérer dans cette voie. Le lendemain, comme elle en avait reçu l'ordre, la jeune fille revient auprès de saint Germain et, sur une nouvelle question de l'évêque, réitère sa promesse de rester vierge. Alors saint Germain lui donne une

1) *Vita b. Genovefe,* par. 1.

2) L'auteur de la Vie de sainte Geneviève dit en quelques mots ce qu'était l'hérésie de Pélage : *que heresis, zizania super triticum seminans, asserebat natos ex duobus baptizatis sine baptismo posse salvari, cum omnino predicatio divina tradat nullum posse habere vitam eternam nisi renatus fuerit ex aqua et spiritu sancto.* Cette définition, sans être tout à fait inexacte, n'est du moins pas assez générale. Pélage combattait essentiellement la doctrine de la grâce : chacun doit son salut à ses œuvres ; il n'y a pas de péché originel ; l'homme naît pur et peut, s'il le veut, rester tel. Il n'est capable de pécher que parce qu'il est doué du libre arbitre. Une semblable doctrine, on le conçoit, n'admettait ni la nécessité du baptême, ni l'utilité de la rédemption.

Il peut paraître étrange que l'hagiographe, vivant dans un temps très rapproché de celui où le pélagianisme avait fleuri, n'eût sur la nature de cette hérésie que des notions peu précises. Ce n'est pas là néanmoins une raison suffisante pour affirmer que la Vie de sainte Geneviève, dans son ensemble, n'a pu être composée au VIe siècle. D'ailleurs la façon dont la phrase : *que heresis zizania,* etc., est intercalée dans le récit, rend le passage peu correct, il est donc fort possible qu'elle ne fît pas partie de l'œuvre primitive.

Les mss. de notre 4e famille, d'accord en cela avec la Vie de saint Ger-

petite pièce de monnaie en bronze qui portait le signe de la croix, en lui disant : « *Conserve en mémoire de moi cet objet suspendu à ton cou et ne te pares jamais ni d'or, ni d'argent, ni de perles ; car si tu te laisses dominer par les grandeurs de ce monde, tu seras privée de celles qui t'attendent dans le ciel* ». Puis l'ayant bénie et recommandée à son père, il poursuit sans plus tarder son voyage[1].

Nous résumons maintenant le récit de la deuxième entrevue : Lorsque pour la seconde fois l'évêque d'Auxerre fut député en Bretagne, il passa par Paris, où se trouvait alors sainte Geneviève, et son premier soin fut de s'infor-

main d'Auxerre, ajoutent que ce furent les évêques de Gaule qui, d'un commun accord, envoyèrent saint Germain et saint Loup dans l'île de Bretagne (*V. plus loin notre texte du ms. H. 2, L. de la bibl. sainte Geneviève, par. III, et la Vie de saint Germain d'Auxerre, chap. V, par. 11*). L'auteur de la Vie de saint Germain donne sur cette expédition des détails très circonstanciés. Il nous apprend en particulier que les évêques orthodoxes de Bretagne voyant le pélagianisme prendre une grande extension, avaient envoyé un message aux évêques de Gaule en leur demandant leur concours pour combattre l'hérésie. A la suite de ce message, les évêques gaulois se réunirent en synode et députèrent saint Germain et saint Loup. D'après la Chronique de Prosper d'Aquitaine (Migne, *Patr. lat.*, LI. c. 594), les choses ne se seraient pas passées tout-à-fait de cette façon. Ce fut, paraît-il, le pape lui-même qui prit l'affaire en main et qui, par l'intermédiaire d'un diacre du nom de Palladius, invita saint Germain à se rendre dans l'île de Bretagne (*ad actionem Palladii diaconi, papa Cœlestinus Germanum, Autissiodorensem episcopum, vice sua mittit...*). Nous n'avons pas suffisamment étudié la question pour nous permettre de choisir entre ces deux affirmations.

1) *Vita b. Genovefe*, par, 2, 3, 4. Cette pièce de monnaie est sans doute dans l'esprit de l'hagiographe, le symbole du mariage de Geneviève avec Jésus-Christ. On sait en effet que d'après les coutumes germaniques, au moment du mariage, le mari remettait aux parents de la jeune fille une pièce qui représentait le prix d'achat de sa future épouse. Quant à savoir ce qu'était ce « *nummus aereus habens signum crucis* » cela est assez difficile, vu le peu de renseignements fournis par l'hagiographe.

En fait de monnaies de cuivre portant le signe de la croix et pouvant avoir eu cours en Gaule à l'époque où vivait l'hagiographe, nous en connaissons de trois sortes : 1° Des pièces des derniers empereurs d'Occident ; quelques-unes, en effet, ont au revers une croix ou le monogramme du Christ (Cohen, *Description historique des monnaies frappées sous l'empire romain*, t. VI, p. 491, monnaie de Constantin III ; p. 513, monnaie d'Avite; p. 520, monnaie d'Anthème). — 2° Des pièces des empereurs

mer de ce qu'elle était devenue. Les habitants, jaloux de l'honneur qui était fait à cette femme, l'accablèrent de leurs médisances. Mais saint Germain, faisant peu de cas de leurs paroles, se dirigea vers la demeure de Geneviève. Après l'avoir humblement saluée, il fit voir à ceux qui la méprisaient la terre humide de ses larmes, et ne partit qu'après l'avoir expressément confiée aux soins de la multitude[1].

Après avoir lu ces récits, nous devions tout naturellement chercher si la Vie même de saint Germain en avait été la source. Le plus ancien monument relatif à l'évêque d'Auxerre est, on le sait, attribué à Constance, l'un de ses disciples, et daterait des dernières années du Ve siècle[2].

d'Orient, ou monnaies byzantines, qui avaient pu pénétrer en Occident, (Sabatier, *Description générale des monnaies byzantines*, t. I, pp. 144, 154, 162, 168, 181 et suiv. ; monnaies de Zénon, d'Anastase, de Justin I, de Justinien, etc.). La plupart des monnaies impériales, qu'elles fussent d'or, d'argent ou de cuivre, avaient au droit la tête de l'empereur ; aussi étaient-elles considérées comme des amulettes, et cela, même par des chrétiens. Il n'est pas rare de rencontrer des pièces romaines percées d'un trou, ce qui paraît montrer que l'usage de les porter soit isolément, soit en collier ou en bracelet était assez répandu (Lenormant, *La monnaie dans l'antiquité*, t. I, p. 39 et s.). — 3° Quelques pièces fort rares des fils de Clovis, Thierry I et Childebert I, et de Théodebert son petit-fils. Des spécimens de ces pièces ont été décrits par M. de Longpérier (*Notice des monnaies françaises composant la collection Rousseau*, pp. 23, 25). Celles de Thierry I ont au droit le nom du roi : TEUDORICI, avec une croix surmontant un globe, et au revers, un monogramme composé des lettres T R F dans une couronne de laurier. Celles de Childebert portent au droit la légende HELDEBERT. REX, et une croix, et, au revers, un monogramme composé des lettres ELDBRT dans une couronne de laurier. Childebert fut roi de Paris de 511 à 558, donc au temps où vivait l'hagiographe. Nous ne pensons pas néanmoins que celui-ci fût assez ignorant pour avoir eu en vue, dans la pièce donnée en 429 par saint Germain à sainte Geneviève, autre chose qu'une monnaie romaine. Quant au terme de *nummus* par lequel il la désigne, c'est bien celui qui était alors appliqué au numéraire courant. Jusqu'aux derniers temps de la république ce nom avait été exclusivement consacré à la monnaie d'or et d'argent, mais il est certain qu'à l'époque impériale son acception s'était généralisée (V. Lenormant, *La monnaie dans l'antiquité*, t. I, p. 79).

1) *Vita b. Genovefe*, par. 8.

2) *AA.SS. Boll.*, 31 Juillet, VII; *Comment. prævius ad Acta S. Germani Autissiodorensis*, § IV, 37 et § VII, 78. Constance était un

On y retrouve, intercalé dans le récit des deux expéditions de saint Germain en Bretagne, la mention des entrevues qu'il eut avec sainte Geneviève à Nanterre et à Paris[1]. Les deux récits, celui de la Vie de sainte Geneviève et celui de la Vie de saint Germain, ne sont à coup sûr pas étrangers l'un à l'autre[2]. Aussi notre première idée fut-elle que l'auteur de la Vie de sainte Geneviève avait copié son devancier. Cette opinion, généralement admise, nous l'avons abandonnée après avoir examiné de près la Vie de saint Germain. Cette Vie, en effet, telle que nous la possédons aujourd'hui, nous paraît être non point l'œuvre primitive de Constance, mais un remaniement de cette œuvre. Nous ne pouvons exposer ici les motifs qui nous portent à formuler cette hypothèse ; pour que le lecteur pût juger lui-même de sa valeur, il nous faudrait entrer dans le détail du problème, qui est des plus complexes, et donner à cette digression plus d'étendue que n'en a notre travail même sur la Vie de sainte Geneviève. En somme, notre opinion se fonde plutôt sur des arguments tirés de la structure générale de la Vie, que sur des preu-

homme fort connu de son temps. Sidoine Apollinaire qui lui dédie les huit premiers livres de ses lettres (Migne, *Patr. lat.*, LVIII, c. 443 et s.) en fait le plus grand éloge (l. I, *Epist.* 1; l. II, *Epist.* 10; l. VII, *Epist.* 16 ; l. IX, *Epist.* 16 ; *ibid.*, cc. 443, 487, 583, 614, 636). Il était du reste réputé comme poète et nullement comme hagiographe. Le premier écrivain qui lui attribue la Vie de saint Germain est Isidore de Séville qui vivait au milieu du VIIe siècle (Isid. de Séville, *De viris illustribus*, c. 17 ; Migne, *Patr. lat.*, LXXXIII, c. 1094).

1) *AA.SS. Boll.*, 31 Juillet, VII; *Vita S. Germani Autissiodorensis*, par. 42 et par. 60.

2) Il importe de dire ici qu'un manuscrit assez ancien de la Vie de S. Germain, le 5324 du fonds latin de la Bibliothèque nationale, rédigé au Xe siècle, contient le récit des entrevues de S. Germain et de sainte Geneviève dans les mêmes termes que la Vie de sainte Geneviève. On serait peut-être tenté d'induire de là que le texte était primitivement analogue dans les deux Vies, et qu'un copiste de la Vie de S. Germain l'a plus tard abrégé, ce qui aura donné le récit tel que nous le trouvons dans les Bollandistes. Il serait cependant étrange que ce personnage eût condensé la vie de S. Germain sur ce point seulement. Nous pensons plutôt que le copiste du 5324 ou quelqu'un de ses prédécesseurs, ayant eu connaissance de la Vie de sainte Geneviève et la trouvant plus complète, l'aura copiée.

ves matérielles, car l'étude que nous avons faite, soit du fond même du récit, soit des manuscrits, loin d'aboutir à une solution satisfaisante, nous a conduit sur un terrain qui devenait plus chancelant à chaque pas. La Vie, telle que nous la donnent les Bollandistes, contient des passages relatifs à quelques saints antérieurs à saint Germain ou ses contemporains, passages que l'on retrouve dans les Vies de ces personnages; mais pour aucun de ces fragments on ne peut décider en toute certitude s'ils ont été ajoutés à l'œuvre originale de Constance, ou si, au contraire, ils ont servi de source aux hagiographes qui ont écrit les Vies des susdits personnages. D'autre part, deux des plus anciens manuscrits que nous ayons de la Vie de saint Germain, le 12598 du fonds latin de la Bibliothèque nationale, et le 154 de la Bibliothèque de l'Ecole de Médecine de Montpellier [1], (anc. fonds Bouhier, D. 20) tous deux du IXe siècle, omettent le récit des entrevues de saint Germain et de sainte Geneviève, malheureusement ces deux recueils n'offrent qu'un texte, à coup sûr mutilé, et mutilé dans chacun d'eux d'une façon différente; il est donc impossible de leur accorder aucune valeur [2].

Mais, à supposer même que l'hypothèse d'un remaniement complet de l'œuvre primitive de Constance fût inexacte, il resterait, pour démontrer que notre idée est erronée, à prouver que la Vie originale de saint Germain nous est parvenue telle qu'elle a été écrite, sans avoir été l'objet d'aucune intercalation; or, tout nous porte à croire que le passage relatif à sainte

1) Des descriptions de ce manuscrit, que nous n'avons pas eu sous les yeux, se trouvent dans la *Bibliothèque historique de l'Yonne* de Duru, t. I, p. 190, et dans Pertz, *Arch.*, t. VII, p. 200-201.

2) Une hypothèse analogue à celle que nous émettons a été développée par Schœl dans le « *De ecclesiasticis Britonum Scotorumque fontibus* ». D'après cet auteur, la rédaction de la Vie de saint Germain ne remonterait pas au-delà du VIe siècle. Nous n'avons pu nous procurer le livre de Schœl; cette indication nous vient d'une note de Potthast, à l'article *saint Germain*, dans la *Bibliotheca historica medii ævi*; nous ignorons donc les motifs sur lesquels se fonde son opinion.

Geneviève n'a pu se trouver dans une Vie de saint Germain écrite à la fin du Ve siècle.

Nous ne voulons pas mettre en avant l'invraisemblance des faits rapportés dans le récit de l'entrevue de Nanterre[1]; mais comprendrait-on qu'un écrivain contemporain de sainte Geneviève, tout en jugeant à propos de lui consacrer dans une œuvre où sa personne ne doit venir qu'à l'arrière-plan, une aussi longue digression, ne laisse pas seulement entrevoir qu'il la connaisse ou qu'elle vive encore, et ne cite d'elle aucun acte confirmant les prophéties de saint Germain. On nous dira peut-être, sans vouloir, d'ailleurs, affirmer l'authenticité des évènements racontés, que la grande renommée de Geneviève pouvait bien avoir suggéré à l'auteur de la Vie de saint Germain l'idée de la mettre en relations avec son héros, et lui aura en même temps épargné la peine de rappeler des circonstances connues de tout le monde. L'objection est spécieuse sans doute; elle n'a cependant pas la valeur d'un fait positif. Est-il permis, en effet, de croire que cette renommée fût si grande lorsque parmi les documents contemporains de Geneviève ou rédigés peu après sa mort, aucun, pas même ceux qui racontent les circonstances où, selon notre hagiographe, elle fut mêlée, ne parle d'elle? La Vie la plus ancienne de saint Loup, évêque de Troyes, composée dans la première moitié du VIe siècle et qui rapporte également l'expédition des deux évêques en Bretagne, garde sur Geneviève le plus complet silence[2]. La vie de saint Germain de Paris, œuvre de Fortunat,

1) Les faits miraculeux ne sont pas les seuls suspects. Il est en effet peu vraisemblable qu'allant d'Auxerre à Boulogne, seule ville de la côte d'où l'on s'embarquât pour l'Angleterre, saint Germain ait été passer par Paris. Il lui était infiniment préférable, surtout s'il devait rejoindre saint Loup au chef-lieu de son diocèse, de suivre la grande voie qui d'Auxerre menait à Boulogne, en passant par Troyes, Arcis-sur-Aube, Châlons-sur-Marne, Reims, Soissons et Amiens (V. la *Table de Peutinger* et l'*Itinerarium Antonini*, éd. Parthey et Pinder, Berlin 1848, p. 171-172). D'ailleurs eussent-ils même pris la direction de Paris, on ne voit pas ce qui aurait pu les mener à Nanterre où ne passait alors aucune voie importante et qui se trouvait en somme en dehors de leur chemin.

2) *AA.SS. Boll.*, 29 Juillet, VII, p. 69.

qui cite des pèlerinages aux sanctuaires parisiens, ne parle ni de Geneviève ni même de la basilique fondée par Clovis ; elle ne mentionne que l'église Saint-Vincent (plus tard Saint-Germain des Prés) et celle des saints Gervais et Protais[1]. Les Vies de sainte Bathilde, écrites toutes deux par des contemporains, l'une de 680 à 691, l'autre peu d'années plus tard[2], tout en parlant fréquemment de Paris et de la basilique de saint Pierre, ne disent rien de Geneviève. L'auteur même des *Gesta regum Francorum,* écrivant à Paris entre 720 et 726, semble ne pas connaître la Vie de sainte Geneviève ; il ne fait aucune allusion aux évènements politiques consignés par l'hagiographe dans son œuvre, il ne mentionne aucun des actes de la sainte et reproduit seulement à son sujet le passage de l'*Historia Francorum* de Grégoire de Tours où ce chroniqueur rappelle qu'elle est ensevelie dans la basilique des saints Apôtres (*Gesta Reg. Franc.*, c. 27; Greg. Turon., *Hist. Franc.*, l. II, c. 1). Les premiers écrits où la sainte soit mentionnée sont tous d'une époque postérieure d'au moins cinquante ans à celle de la composition de sa Vie, et l'hagiographe, qui vécut fort probablement de son temps, trouve lui-même si peu de chose à en dire qu'il va prendre la matière de ses récits dans la Vie de saint Martin de Tours. On peut affirmer que la réputation de sainte Geneviève est de celles que le temps a grandies au lieu de les affaiblir. A mesure qu'on avance dans le Moyen-Age la légende s'amplifie et le culte acquiert plus d'importance. Mais il est à croire que pendant la première moitié du VIe siècle, ce nom, loin d'être l'un des plus illustres parmi ceux qu'honorait l'Eglise, était peu connu en dehors de Paris ; qu'avant sa mort et surtout avant que sa Vie eût été écrite, cette réputation fut toute locale. Le passage qui lui est relatif dans la Vie de saint Germain, sous la forme qu'il affecte, ne peut avoir été

1) *Vita G. Germani Autissiod.*, cc. 26 et 38 (*AA. SS. Boll.*, 31 Juil., VII, pp. 783, 786).

2) *AA.SS. Boll.*, 26 Janvier, II, § II, p. 733. Pour la date de la composition des deux Vies : *Comment. prævius*, § II, 1.

intercalé qu'à une époque où le nom et les actes de la sainte avaient déjà en Gaule une certaine notoriété, sans cela l'auteur, qui n'écrivait pas à Paris, eût au moins indiqué ce que c'était que Geneviève. D'ailleurs il lui donne le titre de « bienheureuse » (*beata*) et nous ne croyons pas que cette dénomination s'appliquât jamais à des personnages vivants[1].

En résumé, nous estimons que ce fragment a été ajouté à la Vie de saint Germain, postérieurement à l'époque de la composition de la Vie de sainte Geneviève. Cette interpolation serait due ou à un simple copiste, ou à un personnage qui aurait remanié dans son ensemble l'œuvre de Constance. Nous pensons d'autre part que l'auteur de la Vie de sainte Geneviève a eu connaissance de la Vie primitive de saint Germain. Il donne en effet des renseignements précis sur la façon dont les deux prélats extirpèrent de l'île de Bretagne l'hérésie de Pélage : *Hanc heresim et scripturarum testimoniis et virtutum miraculis triumphantes, ab eadem provincia pepulerunt* (Vita b. Genovefe, c. I, par. 2)[2]. Ce détail se trouve également dans la Vie de l'évêque d'Auxerre, et il semblerait extraordinaire que notre hagiographe le connût et l'eût relaté

1) *Vita S. Germani Autissiod.*, l. II, c. 1, par. 60.

2) Les mss. de la 3e famille ajoutent même une chose de plus, également empruntée à la Vie de saint Germain : *Hanc heresim.... in vigilia pasche canentes voce excelsa alleluia, ab eadem provincia effugarunt* (V. plus loin, p. 10). Cette phrase pouvait se trouver dans le texte primitif de la Vie, mais comme elle manque dans les mss. de la 1re famille, dans les mss. des Bollandistes et dans ceux de la 2e famille, il est plus probable qu'elle aura été intercalée postérieurement. Quant aux mss. de la 4e famille, ils se rapprochent encore davantage du texte de la Vie de saint Germain (v. texte du ms. H.2,L. de la Bibl. sainte Geneviève, par. III et V ; plus loin, p. 49 et 51). Aussi pensons-nous que l'auteur du remaniement qui a servi de type aux mss. de cette famille aura eu de nouveau recours à l'œuvre de Constance pour compléter son récit.

En fait d'autres passages analogues dans les textes des deux Vies, il n'y en a pas qui le soient suffisamment pour que l'on puisse dire qu'ils ne sont pas indépendants. Peut-être cependant pourrait-on voir quelques points de contact entre le récit qui se trouve au paragraphe 10 de la Vie de saint Germain (*AA.SS. Boll.*, 31 Juillet, VII, p. 204), et celui du paragraphe 12 de la Vie de sainte Geneviève (v. plus loin pp. 16 et 17).

s'il n'avait pas ce dernier écrit sous les yeux. Il aura donc profité de l'occasion que lui fournissait le voyage de saint Germain pour inventer une entrevue de cet homme illustre avec son héroïne. Ce serait là de nouveau un fruit de cette tendance déjà signalée chez l'hagiographe à rapprocher Geneviève des personnages qui, dans les époques précédentes, s'étaient acquis le plus grand renom de puissance ou de sainteté.

Les deux récits dont nous avons à nous occuper maintenant, offrent un intérêt plus grand au point de vue purement historique. Ce sont ceux où il est fait mention des rapports de sainte Geneviève avec le roi des Franks, Childéric, et d'un siège de Paris qui, selon certains de nos documents, aurait duré dix ans, et cinq ans seulement, d'après le texte que nous considérons comme le meilleur. Nous étudierons ces deux récits simultanément bien qu'ils soient séparés dans la Vie de sainte Geneviève, car nous trouverons, en analysant le premier, plusieurs circonstances qui nous seront utiles pour établir le plus ou moins d'authenticité du second.

Voici donc ce que raconte l'auteur de la vie de sainte Geneviève dans le premier fragment : «Je ne saurais dire quelle « vénération eut pour sainte Geneviève Childéric, le puissant roi des Franks. Un jour, craignant qu'elle ne lui enlevât des prisonniers, dont il avait décidé la mort, il sortit « de Paris, et donna l'ordre d'en fermer les portes. Mais, « dès que Geneviève eut connaissance de son dessein, « elle se mit en devoir d'arracher ces malheureux au sort « qui les attendait. Grand fut l'étonnement lorsque la « porte de la ville s'ouvrit devant elle, sans qu'il fût « nécessaire d'employer une clef. Alors ayant suivi le roi, « Geneviève finit par obtenir la grâce des prisonniers [1]». Il est inutile de dire que nous ne nous arrêtons nullement à discuter le degré de vérité du récit dans son ensemble. Ce qui nous intéresse, c'est de voir Childéric entrant librement à Paris, exerçant dans cette ville la justice criminelle et paraissant agir envers la cité en maître ab-

1) *Vita b. Genovefe*, par. 24.

solu. On serait tenté de voir là une confirmation et peut-être un complément de ce que nous apprenons par un passage de Grégoire de Tours, à savoir que Childéric aurait été pendant un certain temps sinon au service du gouvernement romain en Gaule, du moins son allié. Nous pensons qu'il ne sera pas superflu de mettre ici sous les yeux du lecteur, les deux fragments où l'auteur de l'*Histoire ecclésiastique des Franks* parle de Childéric :

1° *Hist. des Franks*, liv. II, chap. 12 : « Childéric était « adonné à une luxure excessive ; il règnait sur la nation « des Franks, et se mit à déshonorer leurs filles. Ceux-ci « indignés le chassèrent du trône. Ayant appris qu'ils vou- « laient aussi le mettre à mort, il gagna la Thuringe, « laissant sur les lieux un personnage qui lui était dévoué, « qui pût apaiser par de douces paroles les esprits des hom- « mes furieux, en lui donnant un signe pour qu'il lui fît con- « naître le moment où il pourrait revenir dans sa patrie. « Ils divisèrent donc un sou d'or et Childéric en emporta « une partie avec lui ; son ami garde l'autre en disant : « Lorsque je t'enverrai cette partie, et que les deux mor- « ceaux rejoints formeront le sou entier, alors tu pourras « sans crainte revenir dans ta patrie. Le roi partit donc « pour la Thuringe et demeura caché auprès du roi Bisi- « nus et de sa femme Basina. Après l'expulsion de Childé- « ric, ils se donnèrent à l'unanimité pour roi Ægidius, que « nous avons dit plus haut[1] avoir été envoyé comme « maître de la milice par la République. Il règnait sur « eux depuis huit ans, lorsque l'ami fidèle, après avoir en « secret apaisé les Franks, envoya des messagers vers « Childéric, avec la partie du sou divisé qu'il avait gardée. « Childéric, reconnaissant à cet indice certain qu'il était « désiré par les Franks, revint de Thuringe sur leurs pro- « pres instances et fut rétabli dans son royaume. Ceux- « ci donc règnant en même temps[2], cette Basina dont nous « avons parlé plus haut, ayant laissé son mari, vint vers « Childéric. Comme celui-ci lui demandait avec empres-

1) Ces mots se rapportent à un passage du livre II, chap. 11.

2) « *His ergo regnantibus insimul.* » On a compris par « *His* » tantôt Ægidius et Childéric, tantôt Bisinus et Childéric.

« sement pourquoi elle était venue vers lui d'une région « si lointaine, elle répondit, dit-on : Je connais ton mé- « rite et ton grand courage ; je suis donc venue pour ha- « biter avec toi, car, sache-le, si j'eusse connu au-delà « des mers quelqu'un de plus méritant que toi, je me « serais rendue aussi près de lui afin d'habiter avec lui. « Childéric joyeux l'épousa. Elle conçut et donna nais- « sance à un fils et l'appela Clovis. Celui-là fut grand et « excellent guerrier ».

2° *Hist. des Franks*, liv. II, chap. 18 : « Donc Childéric « combattit à Orléans ; quant à Odovacre, il vint à Angers « avec les Saxons. Dans ce temps une grande épidémie « décima le peuple. Cependant Ægidius mourut et laissa « un fils appelé Syagrius. Ægidius étant mort, Odovacre « reçut des otages d'Angers et d'autres lieux. Les Bre- « tons furent chassés par les Goths du pays de Bourges, « un grand nombre d'entre eux ayant été tués à « Bourg de Déols. Mais le comte Paul avec les Romains « et les Franks fit la guerre aux Goths, et remporta « du butin. Cependant Odovacre vint à Angers, le roi « Childéric arriva le lendemain, et le comte Paul ayant « été tué, il occupa la ville. En ce jour, l'église fut détruite « par un grand incendie. Sur ces entrefaites la guerre « éclata entre les Saxons et les Romains, mais les Saxons « tournant le dos perdirent beaucoup des leurs par le glaive « des Romains qui les poursuivaient. Les Franks, après « en avoir tué une grande multitude, se rendirent maîtres « de leurs îles et les ravagèrent. Cette même année, le neu- « vième mois, il y eut un tremblement de terre. Odovacre « traita avec Childéric, et à eux deux, ils subjuguèrent « les Alamans qui avaient dévasté une partie de l'Italie ».

C'est là tout ce que nous apprend Grégoire de Tours, sur la carrière de Childéric. Quant aux détails plus circonstanciés donnés par les *Gesta regum Francorum*, (chap. 6 à 9) et l'*Historia epitomata* de Frédégaire, (chap 10 et 11), leur caractère étant évidemment légendaire, nous ne les ferons point entrer en ligne de compte et nous nous en tiendrons au seul récit de Grégoire.

Les deux passages que nous empruntons à celui-ci, ont eux-mêmes une valeur très différente. Le premier paraît n'être qu'une tradition poétique, tradition dont il est difficile d'apprécier le fondement [1]. Le second au contraire reproduit certainement des annales contemporaines des évènements qui y sont rapportés. Nous ne pensons pas néanmoins devoir rejeter complétement les données fournies par le premier fragment ; car à côté d'un récit purement imaginaire il contient la mention de faits politiques importants qui peuvent très bien n'avoir pas été simplement inventés.

Quelle aurait donc été la situation de Childéric vis-à-vis de l'administration romaine en Gaule ? Nous le voyons d'abord régner sur les Franks, non pas comme représentant de l'empire, mais en qualité de chef national. Ce sont ses sujets indignés de ses débauches qui le chassent et cela, sans doute, de leur propre mouvement. Puis, de leur propre mouvement encore, ils choisissent Ægidius pour roi. Selon toute vraisemblance nous ne devons pas attacher au titre de « *rex* » dont se sert Grégoire de Tours, le sens précis qu'il a dans nos idées modernes [2]. Mais rien, à notre avis, n'empêche de supposer qu'une fois débarrassés de Childéric, les Franks ne firent aucune difficulté pour se mettre sous la protection d'Ægidius et pour reconnaître l'autorité qu'en sa qualité de *Magister militum*, il avait, d'une façon peut-être plus nominale

1) Junghans, *Die Geschichte der Frænkischen Kœnige Childeric und Chlodovech*, p. 13). Cet ouvrage vient d'être traduit par M. G. Monod, directeur-adjoint à l'Ecole des Hautes-Etudes (*Biblioth. de l'Ecole des Hautes-Etudes*, 37e Fasc.). Dans la savante préface qu'il a jointe à cette traduction, M. Monod dit quelques mots de la Vie de sainte Geneviève, p. XIII. Les conclusions de notre travail ont été adoptées par lui.

2) Il est difficile de dire ce qu'entend Grégoire de Tours lorsqu'il emploie le titre de « *rex* ». Il le donne aussi bien à Syagrius fils et successeur d'Ægidius qu'aux chefs barbares établis en Gaule à la fin du Ve siècle. Voulait-il indiquer par là qu'ils étaient indépendants de l'administration romaine ? On ne saurait l'affirmer, bien qu'en effet Syagrius ne paraisse pas avoir exercé comme son père les fonctions de *Magister militum* et n'ait probablement plus dépendu de personne après la chute de l'empire d'Occident (Voir sur ce point : Iunghans, *Die Geschichte der Frænkischen Kœnige Childeric und Chlodovech*, p. 23). Il est vraisemblable que Grégoire de Tours n'attachait pas à ce terme une signification bien déterminée. Il s'en servait comme nous faisons des mots prince ou chef.

que réelle, exercée sur eux dans les années précédentes. Childéric de retour reprit, semble-t-il, tout naturellement le rang qu'il avait occupé; il règna non pas avec Ægidius, mais à côté de lui, sur une peuplade et un territoire dépendants en fait de l'empire, sans avoir à se mêler d'autre chose que de ses propres sujets. Le lien qui le rattachait au gouvernement romain n'était pas, sans doute, celui d'une alliance d'égal à égal, mais il n'avait nullement le caractère d'une sujétion complète.

Quoi qu'il en soit d'ailleurs de la valeur historique du premier passage tiré de Grégoire de Tours, l'étude du second fragment, qui nous présente des faits beaucoup plus certains, nous amène aux mêmes conclusions. Nous y voyons tout d'abord Childéric combattre à Orléans. Il s'agit probablement là d'un combat livré par Ægidius à Fréderic, frère de Théoderic, roi des Visigoths, en l'année 463, circonstance dont nous trouvons l'indication dans deux autres sources, Idace et Marius d'Avenches [1]. Childéric était-il avec Ægidius ou contre lui? Grégoire de Tours n'en dit rien; mais la suite du récit donne à la première hypothèse le plus de vraisemblance. Childéric, en effet, se trouve aux côtés des Romains d'abord contre les Goths, puis contre Odovacre et ses Saxons, qu'il repousse d'Angers et poursuit ensuite jusque dans leurs îles situées probablement à l'embouchure de la Loire. Grégoire de Tours ne dit pas expressément qu'il ait pris part à cette poursuite, mais on peut supposer que les Franks dont il est parlé sont les siens. Enfin il conclut un traité avec Odovacre pour aller combattre les Alamans [2].

Ainsi, d'après Grégoire de Tours, le père de Clovis semble n'avoir été qu'un chef de bandes, combattant, à la tête d'une troupe de Franks, comme allié d'Ægidius et comme défenseur de l'empire contre les Barbares,

1) Marius d'Avenches, *Chron.* (D. Bouquet, II, p. 13); Idace, *Chron.* (Roncallius, *Vetustiora Latinorum Chronica*, II, p. 47, et D. Bouquet, I, p. 22).

2) Ce n'étaient probablement pas des Alamans que Childéric eût à combattre, mais des Alains. On sait effectivement que, vers cette époque, un corps d'Alains, sous la conduite d'un chef ou roi nommé Beorgor, avait envahi le nord de l'Italie et avait été battu en 464, près de Bergame, par le patrice Ricimer (cf. *Chronicon Ravennae* [*Anonymus Cuspiniani*], ed.

puis continuant son rôle après la mort du maître des milices (464), mais agissant alors de son plein gré[1] et guerroyant plutôt pour son plaisir et par amour du butin qu'avec le dessein de conquérir. Il pourrait donc paraître assez étrange qu'en dehors de son commandement militaire il eût reçu du *Magister militum* le droit de se comporter en maître vis-à-vis de places importantes comme l'était Paris, et de substituer en quelque sorte son bon plaisir à la volonté des représentants de l'administration romaine en Gaule. Si l'unité nationale avait été détruite dans ce pays, si la soumission au pouvoir impérial n'était plus que lettre morte, la vie de cité s'était en revanche développée et l'on peut croire que faute d'une protection puissante, le peuple des villes, confiant dans ses seules murailles, ne permettait pas au premier venu

Roncalli, *Vetustiora latinorum Chronica*, t. II, col. 125 ; Cassiodorus, *Chronicon*, ed. Migne, *Patr. lat.*, LXIX, col. 1245 ; Jornandès, *De rebus Geticis*, c. 45, ed. Muratori, *Scriptores rerum ital.*, I, p. 214; Marcellinus Comes, *Chronicon*, ad. ann. 464, ed. Migne, *Patr. lat.*, LI, c. 930). Cette confusion s'explique facilement par la ressemblance des deux noms, *Alani* et *Alamanni*. (v. D. Bouquet, II, p. 163, n. c ; p. 165, n. k; p. 171, n. d).

1) Après la mort du comte Paul, Childéric occupe Orléans ; peu de temps après il s'allie avec Odovacre pour aller combattre les Alamans.— Le passage de Grégoire de Tours où sont retracées les luttes de Childéric contre les Saxons comme allié des Romains, est assez confus. En voici le texte latin :

Igitur Childericus Aurelianis pugnas egit; Adovacrius vero cum Saxonibus Andegavos venit. Magna tunc lues populum devastavit. Mortuus est autem Ægidius, et reliquit filium Syagrium nomine. Quo defuncto, Adovacrius de Andegavo et aliis locis obsides accepit. Britanni de Biturica a Gothis expulsi sunt, multis apud Dolensem vicum peremtis. Paulus vero comes cum Romanis ac Francis Gothis bella intulit et praedas egit. Veniente vero Adovacrio Andegavis, Childericus rex sequenti die advenit, interemtoque Paulo comite, civitatem obtinuit. Magno ea die incendio domus Ecclesiae concremata est. His itaque gestis, inter Saxones atque Romanos bellum gestum est, sed Saxones terga vertentes, multos de suis, Romanis insequentibus, gladio reliquerunt : insulae eorum cum multo populo interemto a Francis captae atque subversae sunt. Eo anno, mense nono, terra tremuit. Adovacrius cum Childerico fœdus iniit, Alamannosque qui partem Italiae pervaserant subjugarunt.

Si l'on s'en tient à la lettre du texte, il semblerait que Childéric fût d'abord allié du comte Paul et des Romains, puis allié d'Odovacre contre ces derniers, puis derechef hostile à celui-ci auquel il finit par se joindre pour aller

de les franchir, surtout lorsque ce premier venu était un barbare. Nous pensons donc qu'avant la mort d'Ægidius ou même avant son traité avec Odovacre, traité qui, semble-t-il, suivit d'assez près la mort du Maître des milices[1], Childéric ne put avoir l'occasion de se comporter à l'égard de Paris de la façon dont parle notre hagiographe. Que fit-il de 464 à 481? Nous ne le savons pas d'une façon certaine, mais ce que nous pouvons en dire repose sur d'assez fortes présomptions. Tout, en effet, porte à croire que pendant ce laps de dix-sept années, les Franks restèrent tranquillement dans les contrées qu'ils occupaient au nord de la Somme[2] et que, sans en venir avec leur voisin Syagrius à des hostilités ouvertes, ils finirent par se soustraire insensiblement à une autorité qui semble n'avoir pas été transmise officiellement d'Ægidius à son fils, que ce dernier ne chercha probablement pas à maintenir, et qui d'ailleurs n'avait plus ni sanction ni raison d'être depuis la chûte de l'empire (475)[3]. Il y

combattre les Alamans. Les explications que donnent à ce sujet D. Ruinart dans ses notes au texte de Grégoire de Tours (notes répétées dans D. Bouquet) et MM. Guadet et Taranne (*Edit. de Grég. de Tours, t. I. Animadversiones ad librum secundum*, n. 12) sont inadmissibles. Nous préférons de beaucoup celle qu'a donnée M. Junghans (*ouv. cité, pp.* 13 *et s.*). Voici comment il interprète la phrase « *Veniente... obtinuit* » dont l'ambiguïté rend le récit obscur: Odovacre attaque et tue le comte Paul, le lendemain Childéric arrive, il reprend la ville, en chasse les Saxons, et, comme il n'y avait plus de chef, il s'y établit.

1) V. Junghans, *ouv. cité*, pp. 16 et ce que nous disons plus haut, p. LXXXII, note 2, sur la défaite des Alains.

2) Ils étaient déjà établis dans le pays du temps de Childéric, ils s'y trouvaient encore lorsque Clovis envahit les états de Syagrius (v. Junghans *ouv. cité*, p. 23). On sait en outre que Childéric fut enseveli à Tournai où son tombeau a été retrouvé, et que ce fut dans cette ville que Clovis succéda à son père (v. Grég. de Tours, *Hist. des Franks*, l. II, c. 43). Nous n'attachons d'ailleurs pas grande importance à la lettre de Théoderic, roi des Ostrogoths, à Clovis (Cassiodore, *Var. III*, 4) dans laquelle il est dit que, sous Childéric, les Franks étaient restés longtemps en paix : «*ut gentes vestre que sub parentibus vestris longa pace floruerunt subita non debeant concussione vastari*». Les «*parentes*» désignent Childéric et Euric, le roi visigoth. Les termes de cette lettre sont trop vagues pour que l'on puisse en tirer aucune indication chronologique. Il serait en outre téméraire de les appliquer à une période aussi longue que celle qui s'étend de la mort d'Ægidius à l'avènement de Clovis.

3) Voir plus haut, p. LXXXI, n. 2.

aurait donc moins de vraisemblance encore à ce que Childéric ait, à cette époque, exercé des fonctions qui lui eussent donné accès dans la ville de Paris. Supposer qu'après avoir combattu sur les rives de la Loire pour le compte des Romains, puis contre les Alamans avec Odovacre, le roi frank, continuant ses courses à travers la Gaule, se fût emparé de Paris et l'eût soumis à son autorité, serait inadmissible. Non seulement, en effet, cette idée n'est pas strictement conforme aux données mêmes du récit, mais encore faudrait-il accumuler mille hypothèses pour expliquer comment cette ville, obéissant à Childéric peu de temps avant sa mort, aurait secoué le joug barbare, et comment, prise par le père de Clovis, elle put offrir à celui-ci une résistance, qui, semble-t-il, ne fut pas brisée par la force des armes, mais à laquelle elle renonça spontanément [1]. Ce sont là des évènements dont la preuve historique ne se trouve nulle part; l'imagination seule peut les créer.

Les diverses circonstances que nous venons d'énumérer nous permettent de supposer que le siège de Paris cité par notre hagiographe, si jamais il eut lieu, ne fut pas antérieur à l'époque où Clovis prit la place de son père, c'est-à-dire à l'année 481 [2]. Le seul guide un peu sûr qui nous reste pour établir la suite des évènements en Gaule pendant la fin du Ve siècle, Grégoire de Tours, ne devient explicite qu'à partir du moment où le mariage, puis le baptême du roi frank amenèrent des rapports plus directs entre les barbares et les populations qui les entouraient ou chez lesquelles ils avaient élu domicile. On ne saurait donc induire de son silence à l'égard de l'incident rapporté par l'auteur de la Vie de sainte Geneviève, que ce récit soit faux dans toutes ses parties. Qu'il y ait eu véritable siège, cela est fort peu probable. Clovis et le petit nombre de guerriers franks, ses compagnons, ne

1) Voir ce que nous disons plus loin sur le siège de Paris par les Franks dont parle l'auteur de la Vie de sainte Geneviève.

2) Nous pourrions même dire pas antérieur à l'année 486, époque à laquelle les Franks envahirent les états de Syagrius. Il est probable en effet que de 481 à 486 Clovis resta tranquillement chez lui (V. Junghans, *ouv. cité*, p. 25).

purent s'acharner dix ans ni même cinq dans une pareille entreprise. S'ils avaient pensé prendre d'assaut une ville dont l'abord présentait alors d'immenses difficultés et qui sans doute devait des fortifications à la science militaire des Romains, leur illusion ne s'était vraisemblablement pas prolongée aussi longtemps que le dit notre hagiographe. On aurait peine à comprendre comment des hommes ordinairement si versatiles déployèrent en cette occasion tant de persévérance. Que les Franks, soit immédiatement après leur victoire sur Syagrius (486), comme de sérieuses raisons permettent de le supposer, soit seulement à partir du mariage de Clovis (493), ainsi que le dit le texte des *Gesta*, fussent établis dans les environs de Paris[1] et guerroyassent de temps à autre contre les habitants de cette ville, que Paris, craignant leurs ravages, refusât obstinément d'ouvrir ses portes jusqu'au moment où Clovis subordonna en quelque sorte son autorité à celle des chefs du Christianisme, rien ne nous empêche de l'admettre. Un pareil état de choses ferait même comprendre plus aisément certaines circonstances du récit; la disette des campagnes environnantes abandonnées des populations qui s'étaient enfuies ou réfugiées

1) Les deux hypothèses peuvent également se soutenir; M. Junghans (*ouv. cité*, p. 25 et s.) admet la première. Peut-être cependant n'a-t-il pas attaché suffisamment d'importance à l'indication fournie par les *Gesta* où nous voyons (l. II, c. 14) que ce fut au moment de son mariage (493) que Clovis s'avança sur les rives de la Seine et surtout au fait, qu'après sa victoire sur Syagrius (486), il reste plutôt dans les environs de Soissons. La première fois que Grégoire de Tours mentionne Paris c'est pour dire que Clovis y séjournait, et le passage se rapporte approximativement à l'année 507 (*Hist. des Franks*, liv. II, chap. 37). D'après Procope (*D. Bouquet*, II, p. 30), ce fut seulement après sa conversion au Christianisme (495) que Clovis s'empara de la région entre Seine et Loire ou plutôt l'occupa par une cession volontaire des habitants. Si, en 487, il convoque son Champ de Mars à Soissons, ce n'est peut-être pas, comme le dit Junghans (*ouv. cité*, p. 34), parce que cette ville était le point central de ses nouveaux états, mais plutôt parce qu'elle se trouvait à la frontière de régions non encore occupées. On sait qu'il avait intérêt à tromper ses guerriers sur le véritable but de l'assemblée. Dès qu'il les a passés en revue, il les licencie. La manière dont Grégoire de Tours parle de cette dernière circonstance, ne laisse-t-elle pas supposer que ceux-ci, loin de s'attendre à être immédiatement renvoyés chez eux, comptaient que, sui-

dans l'intérieur de la ville, et la facilité avec laquelle sainte Geneviève accomplit son voyage, facilité qu'elle n'eût sans doute pas trouvée si les ennemis eussent tenu la contrée. L'arbre qui, selon notre hagiographe, empêchait les bateaux de passer à certain endroit de la Seine peut bien n'avoir été qu'un barrage établi par les Parisiens pour s'opposer aux surprises des barbares ou par ces derniers pour empêcher les habitants de sortir de la ville. Nous voyons en outre que sainte Geneviève en allant chercher des vivres se dirige du côté de Troyes et d'Arcis-sur-Aube. Nous indiquons la chose sans d'ailleurs vouloir en conclure d'une façon catégorique que ces contrées fussent moins ravagées ou qu'elles n'aient pas à cette époque été occupées par les envahisseurs.

Les récits qu'il nous reste maintenant à signaler n'offrent ni les uns ni les autres une bien grande importance; les renseignements qu'on y trouve ne donnent guère prise à la discussion et nous ne pouvons que les enregistrer sans chercher à en établir le degré de vérité.

Un des passages les plus connus de la Vie de sainte Geneviève est celui où l'hagiographe raconte comment la jeune femme s'y prit pour sauver la ville de Paris menacée

vant la coutume, leur chef les conduirait à de nouvelles conquêtes? Il est bon de rappeler aussi que les compagnons d'armes de Clovis n'étaient pas à cette époque en très grand nombre. Peut-on supposer qu'ils se fussent déjà répandus dans une région aussi considérable que celle qui s'étend de Tournai à Paris? Quoi qu'il en soit, un fait paraît assuré, c'est qu'un certain laps de temps s'écoula entre le moment où fut occupée la région située immédiatement au nord de la Seine et l'époque où fut soumis le pays entre Seine et Loire. Paris, placé sur la limite, dut être alors le premier objectif des troupes frankes. Si, d'une part, on admet avec M. Junghans qu'à partir de la défaite sur Syagrius (486) le royaume de Clovis s'étendit jusqu'aux rives de la Seine; si d'autre part, conformément à l'assertion de Procope, on établit que la région d'outre-Seine fut soumise postérieurement à la conversion des Franks, il faut penser aussi que les attaques des barbares contre la cité parisienne purent se renouveler incessamment de 486 à 495, c'est-à-dire pendant une période de dix ans. Si au contraire on retarde de quelques années l'occupation des rives nord de la Seine et que l'on place en 495 la soumission de la région entre Seine et Loire, on pourra conclure que Paris fut pendant cinq ans en butte aux hostilités des Franks, comme le disent ceux des manuscrits de la Vie de S. Geneviève que nous tenons pour les plus corrects.

par l'invasion d'Attila : « Les hommes effrayés voulaient s'enfuir dans des places moins exposées; Geneviève convoqua leurs femmes et, s'enfermant avec elles dans le le baptistère[1], elle y passa quelques jours en jeûnes et en prières. Puis elle exhorta les habitants à ne point transporter leurs biens hors de chez eux en leur affirmant que les villes qu'ils croyaient plus sûres seraient ravagées, tandis que Paris échapperait au péril. Mais ceux-ci, irrités de ce qu'elle voulait les empêcher d'exécuter leur dessein, s'insurgèrent contre elle, la traitèrent de fausse prophétesse et se préparèrent à la lapider ou à la jeter dans un gouffre. Elle fut sauvée par l'arrivée d'un archidiacre d'Auxerre qui avait autrefois entendu saint Germain faire un très bel éloge de Geneviève et qui finit par détourner les Parisiens de l'attentat qu'ils allaient commettre[2] ». Nous n'avons que fort peu de choses à dire au sujet de ce récit. Il est constant que, ni lors de sa marche sur Orléans, ni surtout dans sa retraite, Attila n'inquiéta Paris. Attribuer ce fait aux prières de Geneviève serait peut-être téméraire, quand nous voyons tant d'autres villes dévastées par les envahisseurs malgré les supplications des évêques. Le mérite de son action n'en est pas moindre. Elle eut l'intelligence de comprendre à quel point était absurde la résolution prise par les Parisiens et préserva la cité naissante d'un abandon qui, mieux encore que les ravages des barbares, aurait amené sa ruine.

1) La façon dont l'hagiographe parle de cet édifice montre que, de son temps il n'existait à Paris qu'un seul baptistère : « *Consentientes ergo Genovefe* (Parisienses matrone), *dies aliquot in baptisterio vigilias exercere jejuniis et orationibus, sicut Genovefa suaserat, Deo vacaverunt* ». Peut-être se trouvait-il sur l'emplacement occupé plus tard par le baptistère connu sous le nom de saint Jean-Baptiste ou de saint Jean le Rond, qui fut bâti au VIIe siècle et se trouvait dans l'île de la Cité, au bout du Petit-Pont. — Le baptistère était alors généralement un bâtiment spécial, distinct de l'église et pouvant contenir un certain nombre de personnes. Le texte de la Vie prouve en outre que l'intérieur du baptistère de Paris était à l'abri des intempéries de l'air, puisque sainte Geneviève y resta plusieurs jours avec les femmes de la ville. Un autre récit de cette même Vie nous signale à Meaux un baptistère qui se trouvait au contraire dans l'intérieur de l'église et qui cependant était isolé du reste de l'édifice par une clôture (*par.* 26).

2) *Vita b. Genovefe*, par. 9, 10.

Nous pourrions faire à l'occasion de ce récit une remarque d'une portée générale, c'est que l'invasion d'Attila laissa dans les esprits des traces beaucoup plus profondes que des évènements qui, au point de vue politique, eurent pour la Gaule une importance encore plus considérable. On voit par un passage de Grégoire de Tours[1] qu'à la fin du VIe siècle les Franks nourrissaient encore des sentiments de vengeance contre les Thuringiens à cause d'une invasion de leur territoire par ces derniers, invasion qui, probablement, avait eu lieu en même temps que celle des Huns. Les hagiographes des Ve, VIe et VIIe siècles rappellent souvent les dévastions commises par l'armée d'Attila, et l'on dirait parfois que celui-ci n'est mentionné que pour donner plus de relief au récit auquel il n'est du reste mêlé en aucune façon, ou même seulement pour marquer une date[2]. Souvent lorsqu'ils veulent désigner le milieu du Ve siècle les hagiographes disent : « Au temps où Attila envahit la Gaule ». L'invasion franke et l'établissement de la royauté mérovingienne ne paraissent pas avoir frappé les esprits aussi vivement. Si quelquefois ces circonstances sont rapportées dans des Vies de saints écrites du temps de Clovis ou peu après, ce n'est généralement qu'en termes assez vagues et qui ne dénotent en tous cas, chez les auteurs de ces récits, aucun

1) Grégoire de Tours, *Histoire des Franks*, liv. III, chap. 7.

2) Vie de saint Séverin, apôtre de la Norique (*AA. SS. Boll.*, 8 Janvier, I, p. 486), chap. I, par. 1 ; — Vie de saint Vaast, évêque d'Arras (*ibid.*, 6 Février, I, p. 805), *Vita antiquior*, par. 6 ; — Vie de saint Loup, évêque de Troyes (*ibid.*, 29 Juillet, VII, p. 69), *Vita antiquior*, par. 5 ; —Vie de saint Héliodore, évêque d'Altinum (*ibid.*, 3 Juillet, I, p. 647), chap. I, par. 1 ; — Vie de saint André, confesseur à Fiésole (en Etrurie) (*ibid.*, 22 Août, IV, p. 541), chap. I, par. 7 ; —Vie de saint Sévère, abbé à Agde (Gaule Narbonnaise) (*ibid.*, 25 Août, V, p. 159), chap. I, par. 6 ;— Vie de saint Adelphe, évêque de Metz (*ibid.*, 29 Août, VI, p. 507) chap. I, par. 6; — Vie de saint Firmin, évêque d'Amiens (*ibid.*, 1er Septembre, I, p. 178), par. 6 ;—Vie de saint Memorius et de ses compagnons (*ibid.*, 7 Septembre, III, p. 70), par. 1 ; —Vie de saint Alpinus, évêque de Châlons-sur-Marne (*ibid.*, 7 Septembre, III, p. 85), *Vita antiquior*, par. 1 ; — Vie de saint Nicaise (Surius, *Vitæ sanctorum*, 14 Décembre, édition de Cologne, 1617, p. 264). Nous n'oublions pas, bien entendu, les Vies de saint Aignan et de saint Léon-le-Grand qui nous apprennent avec

sentiment d'animosité à l'égard des conquérants. Les hagiographes qui ont parlé un peu longuement de Clovis l'ont fait non pas à l'occasion de son irruption dans les états de Syagrius, mais à l'occasion de son baptême. L'auteur de la Vie de sainte Geneviève laisse percer dans ses paroles l'impression qu'il ressentait en songeant au roi frank. Pour lui Clovis est avant tout un guerrier, et lorsqu'il le caractérise c'est par les mots *bellorum jure tremendus*, épithète dont celle de *gloriose memorie* qu'il emploie également n'est que le corollaire[2].

Au paragraphe 53, nous trouvons une très brève description de la basilique élevée sur la rive gauche de la Seine par le roi Clovis et sa femme Clotilde. Selon notre hagiographe cet édifice aurait été bâti en l'honneur de sainte Geneviève. Les plus anciens témoignages que nous possédions sur cette basilique après la Vie de sainte Geneviève ne confirment pas ce renseignement. D'après Grégoire de Tours cet édifice fut consacré en l'honneur des saints Apôtres, *in honore beatorum Apostolorum*[3]. En général cependant, ce chroniqueur le désigne sous le nom de *basilica S. Petri*[4]. Frédégaire et les *Gesta regum Francorum* se servent aussi du terme *ecclesia* ou *basilica S. Petri*[5]. Ce dernier document ajoute qu'au moment de partir pour la guerre contre les Visigoths, Clovis, à l'instigation de Clotilde, fit vœu de construire à son retour une

détail la façon héroïque dont ces deux hommes se comportèrent vis-à-vis du chef des Huns et de son armée.

1) Vie de saint Vaast, évêque d'Arras (*AA. SS. Boll.*, 6 Février. I, p. 792), Vie de saint Solenne, évêque de Chartres (*AA. SS. Boll.*, 25 Septembre, VII, p. 57) et très probablement l'ancienne Vie de saint Remi de Reims, aujourd'hui perdue.

2) Le nom de Childéric est également accompagné d'une épithète ; mais cette épithète n'est pas la même dans tous les mss. (*insignis*, *ingens*, *gentilis* ; v. plus loin p. 26 texte et n. 15) et l'on éprouverait quelque embarras à choisir plutôt l'une que l'autre.

3) Grég. de Tours, *Histoire des Franks*, liv. II, chap. 43.

4) Grég. de Tours, *Histoire des Franks*, liv. III, chap. 18 ; liv. IV, chap. 1 ; liv. V, chapp. 19 et 50.

5) *Historia Epitomata*, capp. 29 et 47 ; *Gesta regum Francorum* capp. 17, 18, 24, 27.

église sous l'invocation des saints Apôtres. Les auteurs des deux Vies de sainte Bathilde disent *basilique de saint Pierre*[1]; la Vie de sainte Clotilde, tantôt *basilique des Apôtres*, tantôt *basilique des Apôtres Pierre et Paul*[2]. saint Ouen, mort en 683, se sert dans la Vie de saint Eloi du terme de *basilica beati Petri apostolorum principis*[3]. Le premier document où l'église porte le nom de sainte Geneviève est le testament d'Ansegise, abbé de Fontenelle, mort en 831, qui donne « à sainte Geneviève de Paris une somme de deux livres » (*ad S. Genovefam Parisiis libras duas*)[4]. Les Miracles de sainte Geneviève rédigés au milieu du IXe siècle, attribuent aussi à l'édifice le nom de sainte Geneviève[5]. Les Annales de saint Bertin, qui sont de la même époque, disent *basilique de saint Pierre et de sainte Geneviève*[6]. Hincmar, dans la Vie de saint Remi de Reims (chap. VII, par. 39) appelle la basilique *église de saint Pierre apôtre*[7]. Les Annales de Prudence de Troyes, de la seconde moitié du IXe siècle, disent *basilique de saint Pierre et de sainte Geneviève*[8]. Adon, évêque de Vienne, mort en 872, dit *église de sainte Geneviève*[9]. Aimoin dit *basilique du prince des Apôtres*, ou *basilique de saint Pierre*[10], il rappelle que sainte Geneviève y est enterrée[11]. Un diplôme de Hugues Capet daté de l'année 987[12] mentionne l'autel *beatorum apos-*

1) *AA.SS. Boll.*, 26 Jan., II; *Vita antiquior*, cap. II, par. 9; *Vita posterior*, cap. V, par. 21.

2) Mabillon, *AA. SS. Ord. s. Benedicti*, sæc. I, p. 98. Vie de sainte Clotilde, chap. X et XVI.

3) D. L. d'Achery, *Spicil.*, 2e édit. Paris, 1723, t. II, p. 107.

4) *Gallia Christiana*, ed. 1744, t. VII, col. 701.

5) *Miracula b. Genovefæ*, par. 7 et 9 (*AA.SS. Boll.*, 3 Janvier, I, p. 148).

6) Pertz, *Mon. Germ.*, *Scriptores*, I, p. 450.

7) *AA.SS. Boll.*, 1er Octobre, I, pp. 131 à 166.

8) Pertz, *Mon. Germ.*, *Scriptores*. I, p. 451.

9) Ado Viennensis, *Chronicon* (D. Bouquet, II, p. 667).

10) Aimoinus, *De gestis Francorum*, lib. I, capp. 16, 25; lib. II, capp. 8, 12, 25 (D. Bouquet, t. III, pp. 40, 44, 49, 53, 59).

11) Aimoinus, *op. cit.*, lib. II, cap. 25 : In eadem etiam orationis domo (Basilica sancti Petri) Genovefa humata quiescit.

12) D. Bouquet, t. X, p. 549.

tolorum, hoc est S. Genovefae. Un diplôme du roi Robert de l'année 1010[1] porte *monasterium SS. apostolorum Petri et Pauli et S. Genovefae virginis.* Une charte de 1033 parle d'une terre située *inter basilicam S. Genovefae et S. Stephani et S. Mariae*[2]. Roricon, chroniqueur du XIe siècle, dit *ecclesia S. Petri* (*Gesta Francorum*, l. IV, D. Bouquet, t. III, pp. 16, 19). Le pape Eugène III dans diverses lettres appelle l'église *ecclesia S. Genovefae*[3]. La *Chronique de Tours* rédigée vers 1140[4], Robert de Thorigny, mort en 1186[5], Raoul de Diceto qui écrivait dans les premières années du XIIIe siècle[6], disent également *ecclesia S. Genovefae*. Cependant au XIIe et même au début du XIIIe siècle la transformation du nom n'est pas générale. Une charte de 1170[7], et la *Vie de saint Guillaume*, abbé de saint Thomas du Paraclet, au diocèse de Roskild en Danemark (par. 1), Vie composée au commencement du XIIIe siècle[8] portent encore *ecclesia sanctorum apostolorum Petri et Pauli sanctaeque virginis Genovefæ* et *ecclesia apostolorum Petri et Pauli et Genovefae*. Le dernier de ces documents dit aussi parfois *ecclesia b. Genovefae*[9]. Enfin dans les dernières années du XIIe siècle, après 1187, Rigord parlant de l'édifice s'exprime ainsi : *ecclesia beati Petri Parisius, quae modo, mutato nomine, sanctae Genovefae dicitur*[10]. Un fragment des Grandes Chroniques de saint Denis, *les Gestes de Philippe-Auguste*, rédigé en 1274, et qui n'est d'ailleurs qu'une traduction du texte de Rigord dit : *Li rois*

1) D. Bouquet, t. X, p. 594.
2) D. Bouquet, t. X, p. 568, note a.
3) D. Bouquet, t. XV, p. 449, *lettre* XLVI (29 Avril 1148) ; — p. 451, lettre L (16 Janvier 1148) ; — p. 452, lettre LIII (1148 ou 1149) ; — p. 457, lettre LXVI (28 Avril 1150).
4) D. Bouquet, t. XII, p. 473.
5) D. Bouquet, t. XIII, p. 291.
6) D. Bouquet, t. XIII, p. 183.
7) *Gallia Christiana*, ed. 1744, t. VII, col. 718. Charte d'Agnès, comtesse de Melle.
8) *AA.SS. Boll.*, 6 Avril, t. I, p. 625, par. 1.
9) *Ibid.*, p. 627, par. 13, 14.
10) D. Bouquet, t. XVII, p. 15.

Clovis qui gist à saint Père de Paris qui or est dite sainte Geneviève[1]. L'interpolateur de la Chronique d'Albéric de Trois-Fontaines, de la fin du XIIIe siècle, nous dit en termes analogues « *ecclesia beati Petri que modo dicitur ad sanctam Genovefam*[2].

Ainsi, de l'examen de ces divers textes il résulte : — 1° Que jusqu'au milieu du IXe siècle environ, le nom officiel de l'édifice fut ou *Basilique des saints Apôtres* ou *Basilique des saints Pierre et Paul* ; 2° qu'à dater de la fin du IXe siècle on joignit souvent au premier vocable celui de sainte Geneviève ; 3° que vers le commencement du XIIIe siècle le nom primitif fut abandonné et définitivement remplacé par celui de la sainte. — Comment expliquer que la Vie de sainte Geneviève, si, comme nous l'avons dit, elle a été écrite au VIe siècle, soit en contradiction aussi manifeste avec tous les textes connus qui ont parlé de la construction entreprise par Clovis et Clotilde ? Nous ne pensons pas que l'on soit autorisé à faire du passage en question une interpolation de date postérieure. Nous ne pensons pas non plus que le renseignegnement donné par l'auteur de la Vie soit exact et que l'édifice, placé d'abord sous le vocable de sainte Geneviève, ait perdu ce nom dans le cours du VIe siècle pour le reprendre plus tard. Faut-il alors voir dans l'affirmation de l'hagiographe une preuve contre l'antiquité de la Vie ? Nous ne le pensons pas davantage. En effet si les témoignages les plus formels nous apprennent que l'Eglise fut consacrée par ses fondateurs à saint Pierre et à saint Paul, ces mêmes témoignages disent aussi qu'à une époque en tous cas antérieure à la mort de Clotilde, les restes de sainte Geneviève y avaient été déposés (Grég. de Tours, *Hist des Franks*, l. IV, c. 1). Comme en outre il paraît certain que la nouvelle basilique ne possédait pas d'autres reliques, il se peut fort bien que, déjà, au commencement du VIe siècle, les fidèles, pour la désigner, aient associé le nom de Geneviève à celui des saints

1) D. Bouquet, t. XVII, p. 358.
2) Pertz, *Mon. Germ.*, *Scriptores*, t. XXIII, p. 691.

Apôtres. Enfin, à supposer même que l'appellation première ait été seule usitée au temps où vivait l'hagiographe, il n'y aurait rien d'étrange à ce que celui-ci, cherchant avant tout à rendre illustre le nom de la sainte dont il écrivait la Vie, ait prétendu que le sanctuaire avait été bâti en son honneur, et cela soit par simple gloriole, soit qu'il espérât faire adopter une dénomination à la fois plus naturelle et plus favorable à la prospérité de l'église au service de laquelle il était attaché. (V. sur ce dernier point ce que nous disons plus haut, p. LXVII).

Au paragraphe 18 de la Vie, nous voyons les habitants de Paris construire une basilique en l'honneur de saint Denis, à l'instigation de sainte Geneviève, dans le « *Vicus Catholacensis, in quo sanctus Dionysius cum sociis suis Rustico et Eleutherio passus est* (par. 15). On a beaucoup discuté pour savoir dans quelle partie des environs de Paris se trouvait cette localité [1]. Sans vouloir répéter ici les diverses opinions qui se sont produites à ce sujet, nous nous bornerons à faire deux remarques : le récit de la Vie de sainte Geneviève nous apprend que l'eau ayant manqué aux travailleurs, le prêtre Genesius qui dirigeait la construction dut aller jusqu'à Paris pour en chercher. Ceci semblerait indiquer que la localité ne se trouvait pas sur les bords de la Seine. En outre au paragraphe 28 de la Vie on lit que douze possédés s'étant présentés à Geneviève dans la ville de Paris, la sainte les envoya à l'église de saint Denis et qu'elle-même les ayant suivis arriva au bout de deux heures: « *Illaque, post duas fere horas, eos subsecuta, ad crebrodictam basilicam pervenit*». Il faut dire cependant que, si l'on omet la seconde virgule, cela change le sens de la phrase qui signifie alors que Geneviève se mit en marche, pour se rendre à l'église de saint Denis, deux heures après les possédés.

Pour nous, il nous semble que l'hagiographe désignant comme le lieu de la construction de cette basilique l'endroit même où saint Denis fut martyrisé avec ses com-

1) Saintyves (*Histoire de sainte Geneviève patronne de Paris*, pp. 258 à 263) résume ce qui a été dit avant lui relativement à l'emplacement du *Vicus Catholacensis*.

pagnons, le plus simple est de suivre sur ce point la tradition et de penser que l'auteur avait en vue la colline de Montmartre. Il est vrai que le premier écrivain qui ait indiqué Montmartre comme le théâtre du martyre est ce même Hilduin, abbé de saint Denis, auquel nous devons l'invention de la mission de saint Denis l'Aréopagite en Gaule [1]. Ce témoignage ne nous offre donc pas toutes les garanties désirables de vérité. On sait cependant aujourd'hui que déjà au IVe siècle il existait à Montmartre une chapelle, très vraisemblablement élevée à la mémoire de saint Denis. Les inscriptions découvertes en 1611 dans la crypte de cette chapelle ont porté M. E. Le Blant [2] à s'en tenir au renseignement donné par Hilduin. Selon lui ces inscriptions, où saint Denis est désigné par les premières lettres de son nom: DIO., et où l'on trouve en outre le commencement du mot *martyrium* ou *martyr :* MAR., remonteraient au IVe siècle et la crypte aurait été, selon la coutume de l'époque, construite sur le lieu même du martyre.

Au paragraphe 42 (*éd. des Boll.*) [3], nous trouvons la mention d'une basilique de saint Aignan à Orléans. On a cru longtemps que le corps de saint Aignan avait tout d'abord été déposé dans l'église de saint Laurent des Orgerils à Orléans, et ensuite transféré dans une église consacrée à l'apôtre saint Pierre, église qui depuis lors prit le nom de saint Aignan. Il est plus probable que ce fut, non pas dans l'église Saint-Laurent des Orgerils, mais dans une autre, placée également sous le vocable de saint Laurent et située tout près de celle de saint Pierre, que le saint fut primitivement enterré pour être transporté quelques années après dans l'église de saint Pierre [4]. Il n'est dit nulle

1) Surius, *Vitæ Sanctorum*, 9 Oct., t. V, p. 740.

2) Edmond Le Blant, *Manuel d'Epigraphie chrétienne*, pp. 153 et s.

3) Ce paragraphe a été omis par les manuscrits de notre première famille, comme nous l'avons dit plus haut ; mais cette omission ne provenant que d'une négligence de copiste et le récit se trouvant dans tous les autres manuscrits, nous sommes autorisés à le citer comme ayant fait partie de la Vie primitive.

4) Voir le *Mercure de France*, Septembre 1733, pp. 1983 à 1988; Mémoire de M*** sur le lieu de la sépulture de saint Aignan, évêque d'Orléans, et

part à quelle époque fut faite cette translation, mais on peut conclure d'un assez grand nombre de témoignages que, sous Clovis I, il existait à Orléans une église dédiée à saint Aignan [1].

Au paragraphe 40, l'auteur de la vie de sainte Geneviève cite un personnage nommé Frunimius, *Defensor* de la ville de Meaux. Ce Frunimius n'est pas indiqué comme appartenant à l'ordre ecclésiastique.

Au paragraphe 6, l'hagiographe parle d'un évêque du nom de Vilicus. Le *Gallia Christiana* (éd. 1744, VII, p. 15) cite un évêque de Paris nommé Félix, en émettant l'idée que ce pourrait bien être le Vilicus de la Vie de sainte Geneviève. Ce Vilicus qui, selon notre hagiographe, consacra sainte Geneviève alors qu'elle habitait encore Nanterre, aurait ainsi vécu dans le second quart du Ve siècle. Un certain nombre de manuscrits le désignent sous le nom de Julicus, dénomination qui provient sans doute d'une erreur de lecture qu'il est facile d'expliquer. D'autres donnent l'orthographe Villicus. Cette façon d'écrire, si elle ne provient pas d'une simple négligence, permettrait de supposer qu'un copiste a voulu faire de Vilicus un adjectif dérivé du mot villa et qu'il entendait l'expression *episcopus villicus* par *évêque du pays*.

Au paragraphe 36, il est dit qu'un sous-diacre offrit à sainte Geneviève son fils, pour qu'elle le guérît de fièvres dont il souffrait depuis longtemps. — L'interdiction du mariage pour les ecclésiastiques, encore au Ve siècle, ne s'étendait que jusqu'aux prêtres et aux diacres [2]. Ce fut seulement au concile tenu à Agde l'année 506 que l'Église décréta l'interdiction pour les sous-diacres et d'une façon générale pour tous les clercs [3]. La circonstance signalée par l'hagiographe, circonstance à laquelle

ibid., Mai 1734, pp. 838 à 849 : Lettre de M. L. Ch. et S. d'Auxerre aux auteurs du *Mercure de France*, touchant la sépulture de saint Aignan, évêque d'Orléans.

1) *Mercure de France*, locis citatis.

2) Concilium Turonicum (anno 461), can. 2 et 4 (Labbe, *Concilia*, t. IV, c. 1051).

3) Concilium Agathense, can. 10 et 39 (Labbe, *Concilia*, t. IV, c. 1385 et 1390).

il n'eût probablement pas fait allusion si elle n'avait pu se présenter de son temps, tendrait à montrer que le décret de 506 ne fut pas universellement adopté, ou du moins qu'il ne fut pas très scrupuleusement observé.

Dans la société chrétienne primitive, les vierges vouées portaient, on le sait, un costume spécial[1]. La Vie de sainte Geneviève signale à deux reprises cette particularité. Au paragraphe 26, nous voyons une jeune fille de Meaux, désireuse de se consacrer à Dieu, demander à sainte Geneviève de lui donner les vêtements nécessaires. Au paragraphe 29, l'hagiographe raconte qu'une jeune fille consacrée s'étant trouvée en présence de sainte Geneviève, celle-ci, qui ne la connaissait pas, lui demanda tout d'abord si elle était vouée ou veuve. Cette question prouverait, en outre, qu'à l'époque où la Vie fut écrite, c'est-à-dire au commencement du VIe siècle, le costume des veuves ne différait pas de celui des vierges vouées.

Le récit que nous venons de signaler et d'après lequel une jeune fille aurait demandé à sainte Geneviève de la vouer et de lui donner les vêtements de vierge consacrée ; un autre récit qui se trouve au paragraphe 19 où l'on voit Geneviève se rendre *de nuit* à la basilique de saint Denis, accompagnée de plusieurs jeunes filles, ces deux récits, disons-nous, sembleraient prouver qu'elle était habituellement entourée d'un certain nombre de personnes de son sexe. La légende veut même qu'elle ait fondé une communauté dont elle fut la supérieure, et l'on trouve, en effet, dans la Vie la plus récente de sainte Bathilde, probablement rédigée dans les dernières années du VIIe siècle, la mention d'un monastère de femmes, sis à Paris[2]. La Vie la plus ancienne de cette sainte, écrite entre 680 et 691, parle également de monastères parisiens, mais sans en indiquer la nature[5]. Je crois cependant qu'il faudrait

1) J. Quicherat, *Histoire du Costume en France*, p. 62, 63.

2) *Vita sanctæ Bathildis reginæ recentior*, c. II, par. 10 (*AA.SS. Boll.*, 26 Janv., II, p. 744) : « Monasteria sanctorum virorum sacrarumque virginum Parisiacæ urbis ».

3) *Vita sanctæ Bathildis reginæ antiquior*, c. II, par. 8 (*AA.SS. Boll.*, 26 Janv., II, p. 740) : « Ad urbem vero Parisiacam ad sanctorum basilicas

se garder d'être trop affirmatif à ce point de vue. Les Vies de sainte Bathilde ne donnent, en somme, aucun renseignement précis, et, en dehors de ce témoignage, nous n'en avons pas rencontré qui soient assez anciens pour être pris en considération. D'autre part, la Vie de sainte Geneviève ne dit rien de formel; elle nous montre sainte Geneviève presque toujours en voyage. Il ne semble nullement qu'elle ait vécu dans un cloître, ni même qu'elle ait eu à Paris une occupation déterminée.

A deux reprises (*Vita b. Genovefe*, par. 38 et 48) nous voyons que Geneviève, lorsqu'elle est en prière, étend les mains vers le ciel « *ad celum manus expandit* ». C'était en effet alors le geste consacré, on ne joignait pas les mains comme nous le faisons [1]. D'ailleurs la génuflexion était aussi d'usage (*Vita b. Genovefe*, par. 18). Quant aux expressions «*solo* ou *pavimento adherens*» (*ibid.*, par. 28, 47, 49), «*solo recubans*» (*ibid.*, par. 20), elles signifient sans doute que Geneviève se plaçait par terre de façon à ce que son corps touchât complétement le sol.

On peut remarquer que, dans aucun de ses récits, l'hagiographe ne mentionne de païens, à l'exception bien entendu de Childéric et d'Attila. Sans vouloir en tirer la conclusion qu'à l'époque où il écrivait le paganisme n'existait plus dans les parties de la Gaule où la civilisation romaine avait pénétré, nous pouvons rappeler néanmoins que pendant la période qui s'étend de l'apparition des premiers apôtres du christianisme dans ces contrées (IIIe siècle) jusqu'au commencement du VIIe siècle, le Ve et les premières années du VIe siècle furent le temps où le nouveau culte fut le plus universellement répandu. A mesure que l'invasion germanique s'accentua, le paganisme compta parmi la population un plus grand nombre d'adhérents; si bien qu'à la fin du VIe siècle, lorsque saint Colomban vint d'Irlande, la religion chrétienne était presque éteinte en Gaule au dire du moine Jonas, son

seu monasteria et villas magnas et multas contulit et muneribus plurimis dotavit ».

1) On voit dans les catacombes de Rome un très grand nombre de représentations de personnages en prière et tous ont cette même attitude (cf. Aringhi, *Roma subterranea*, Paris, 1659, 2 vol. in-fol.).

disciple et son biographe (Mabillon, *AA. SS. Ord. S. Benedicti*, sæc., II, p. 9).

Nous attirerons encore l'attention sur ce fait que Geneviève, loin d'avoir été dépouillée lors de la conquête des Franks, possédait en personne des terres aux environs de Meaux [1], et sur ses fréquents vo yagesdans diverses parties de la Gaule. Nous la voyons d'abord à Nanterre (*par.* 1 *à* 6), puis à Paris (*par.* 7 *à* 22), à Laon (*par.* 23) [2], à Meaux (*par.* 26 *et* 27), puis de nouveau à Paris (*par.* 28 *à* 30), puis à Meaux (*par.* 31), puis à Paris (*par.* 32 *et* 33), à Arcis-sur-Aube (*par.* 34), à Troyes (*par.* 35 *et* 36), à Arcis-sur-Aube (*par.* 38), à Paris (*par.* 39 *et* 40), à Orléans (*par.* 41), à Tours (*par.* 42 *à* 44), à Meaux (*par.* 47), naviguant sur la Seine (*par.* 48).

Nous avons eu déjà l'occasion de citer quelques expressions relatives aux institutions de la Gaule [3]. Quant aux détails caractéristiques de mœurs, ce n'est pas dans tel ou tel fragment qu'il faut les chercher. Prises une à une, les diverses circonstances du récit n'ont à ce point de vue, rien qui doive nous surprendre : on leur trouverait assurément des analogues dans un grand nombre de Vies de saints : elles sont d'ailleurs le plus souvent insignifiantes. Selon nous, l'intérêt et l'originalité résident surtout dans la nature même du sujet, dans l'impression générale produite par la lecture de cette Vie. Ils ressortent de l'étrange position prise par sainte Geneviève vis-à-vis de ses contemporains, ils s'attachent à l'ensemble de cette longue carrière où nous la voyons toujours libre de ses actes, sans occupation déterminée, le plus souvent, semble-t-il, par voies et chemins, livrée sans défense à la brutalité de ceux qui l'entouraient [4], au-dessus

1) *Vita b. Genovefe*, par. 47.

2) Le nom primitif de Laon était Lugdunum, qui, à une époque indéterminée, mais en tous cas, antérieure au IXe siècle, s'est changé en Laudunum. Tous les manuscrits de la 1re famille, les mss. 17625 et 5573 de la 2e, et le ms. 5280 de la 3e l'appellent Lugdunum. Le ms. 5311 de la 2e famille, le ms. H.L.43 de la 3e et tous les mss. de la 4e disent Laudunum.

3) Les titres de *tribunus* (par 34), de *defensor* (par. 40). En outre un grand nombre de manuscrits citent la *troisième Lyonnaise*.

4) V. en particulier les récits contenus dans les paragraphes 8, 10, 26.

ou, pour mieux dire, en dehors de la foule, et comme telle se trouvant à son aise au milieu d'hommes qui n'avaient sans doute rien de très policé [1]. Tout ce que rapporte notre document est-il vrai? Nous ne sommes guère autorisés à le croire, mais le récit n'aurait-il aucune base réelle, idée que nous repoussons d'ailleurs absolument, l'étrangeté de la conception serait toujours digne de remarque.

On pourrait encore faire au sujet de cette Vie deux observations d'une portée plus générale, la première, c'est que l'hagiographe, loin de paraître éprouver aucune haine à l'égard des conquérants barbares, est plutôt, semble-t-il, animé de sentiments respectueux non seulement envers la reine Clotilde [2], ce qui est assez naturel, mais aussi à l'égard de Childéric et de Clovis [3]. La seconde remarque porte sur deux récits de la Vie qui n'ont du reste historiquement aucune importance. Ces récits nous montrent combien, dans ces époques reculées, chez les hommes les plus éclairés eux-mêmes, la façon d'apprécier des faits d'ordre purement moral pouvait différer de celle qui, de nos jours, s'impose à la conscience de tout le monde. Sainte Geneviève, dans une excellente intention d'ailleurs, vole des pains destinés aux habitants de Paris, lors de la famine causée par le siège des Franks [4]. Quand un orage menace les campagnes des environs de Meaux, loin d'écarter le désastre des propriétés de ses voisins, elle paraît songer tout d'abord à ses propres récoltes qui restent intactes, tandis que les autres sont endommagées [5]. Nous rappellerons à cette occasion le jugement formulé par deux autres écrivains sur certaines circonstances qu'ils rapportent : Grégoire de Tours loue Clovis d'avoir assassiné quelques-uns des membres de sa famille [6]. Le

1) V. les récits contenus dans les paragraphes 18, 23, 28, 33, 42, 47, 48, etc....
2) *Vita b. Genovefe*, par. 53.
3) *Vita b. Genovefe*, par. 24 et 53.
4) *Vita b. Genovefe*, par. 39.
5) *Vita b. Genovefe*, par. 47.
6) Grég. de Tours, *Hist. des Franks*, liv. II, chap. 40.

moine Helgaud raconte que le roi Robert faisait prêter serment sur un coffret que l'on croyait plein de reliques, tandis qu'en réalité il était vide, afin que si l'on se parjurait il n'y eût pas de péché [1]. Rien ne serait plus facile que de multiplier les exemples.

Nous croyons maintenant avoir extrait de la Vie de sainte Geneviève tout ce qui peut prêter matière à quelque observation. Ce que nous avons dit fait prévoir nos conclusions : nous estimons que, jusqu'ici, on a donné trop de créance à la plupart des renseignements fournis par ce texte. En dehors des indications pour lesquelles l'auteur ne pouvait avoir d'intérêt à fausser la vérité, il n'est pas permis de faire entrer dans le domaine de la certitude et par conséquent de l'histoire, celles dont l'authenticité ne serait confirmée par aucun autre document. S'il est des points où la Vie de sainte Geneviève soit en désaccord avec d'autres récits, il ne faudra jamais la leur préférer de prime abord, ces récits fussent-ils même d'un temps moins rapproché des événements.

L'exemple que nous fournit cette Vie montre combien il faut apporter de circonspection dans l'étude des récits hagiographiques et combien, en pareille matière surtout, il est pardonnable de pousser le scepticisme jusqu'à l'extrême limite, et nécessaire de tenir très grand compte des modifications possibles du texte. Nous avions eu l'intention d'étendre cet examen critique aux Vies des saints de l'époque de Clovis. Les difficultés pour ainsi dire insurmontables que nous avons bientôt rencontrées nous ont forcé de choisir, parmi les textes que nous avions étudiés, celui qui, tout en donnant la meilleure idée de la nature de ces obstacles, présentait aussi les éléments nécessaires pour un travail où la plus large place ne serait pas laissée à l'incertitude.

1) Helgaud, *Vie du roi Robert* (D. Bouquet, t. X, p. 103).

APPENDICE

ÉTUDE DE LA SECONDE VIE DE SAINTE GENEVIÈVE

Les Bollandistes font suivre la Vie de sainte Geneviève que nous venons d'étudier d'une seconde Vie plus courte sur laquelle ils ne présentent aucune observation et qui doit à coup sûr être considérée comme un résumé de notre premier document[1]. Bien que le style en soit assez différent et que parfois, au lieu d'abréger, ce nouveau texte ajoute au récit un plus grand nombre de détails[2], un simple

1) *AA. SS. Boll.*, 3 janvier, I, p. 143.

2) *AA. SS. Boll.*, 3 janvier, I, *Vita alia*, parag., 9, 10, 11, 24.

Vita prima.

Parag. 10..... Quorum matronas convocans Genovefa, suadebat ut jejuniis et orationibus ac vigiliis insisterent quatenus possent, sicut Judith et Hester, superventuram cladem evadere. Consentientes ergo Genovefe, dies aliquot in baptisterio vigilias exercere jejuniis et orationibus, sicut Genovefa suaserat, Deo vacaverunt. Viris quoque earum suadebat ne bona sua a Parisio auferrent; nam illas civitates quas tutiores esse credebant gens irata vastaret, Parisium vero incontaminatam ab inimicis Christo protegente esse salvandam.

Parag. 11. Qua de re insurrexerunt in eam cives Parisiorum dicentes pseudo-prophetissam suis

Vita alia.

Parag. 9..... Quorum (Parisiorum) conjuges S. Genovefa cepit instantius adhortari, ne urbem, in qua genite nutriteque fuerant, sub hac desperatione desererent, sed potius contra gladiorum impetum se vel viros suos jejuniis et orationibus armarent, quo facilius, Deo opitulante, se confiderent evasuras. Consentientes ergo matrone s. Genovefe consiliis, orationibus dedite, spem suam statuunt in Dei misericordia atque Omnipotentis auxilio collocare, virosque suos omnimodis admonebant ne, desperantes, bona sua a Parisiis deportarent, sed potius ut Dominum fideliter precarentur, qui eos ab imminenti periculo valeret eripere. Nam civitates ille, quarum munitionem nitebantur expetere, aiebat illis, quoniam graviori belli impetu immanius essent quatiende, Parisius autem quod intemerata ab inimicis, Deo protegente, maneret.

Parag. 10. Unde etiam, ut fuit fides, Parisiaci, sancte ac Deo placite virgini pro communis lucri

coup d'œil suffit pour se convaincre que les deux Vies ne sont pas étrangères l'une à l'autre. D'autre part l'idée d'une source commune doit être écartée dès le premier abord. La grande analogie qu'elles présentent dans l'ordre des faits

temporibus apparuisse eo quod prohiberentur ab ea, utpote a peritura civitate, in alias tutiores urbes bona sua transferre. Tractantibus ergo civibus ut Genovefam aut lapidibus obrutam, aut vasto gurgite mersam punirent, interea adveniente ab Autissiodorensi urbe archidiacono qui olim.......

bono, in quo eos vel uxores eorum commonere minime desinebat, sacrilegos de ea nisi sunt inire conventus et, in necem famule Dei nefaria societate conjuncti, supplicia que non immerito adulteris flagitiosisque pro nugacitatis temeritate debentur, sancte illi religioseque Virgini sceleratis cogitationum ausibus sunt inferre moliti. Peracta igitur cunctatione, cum jam nulla restaret de necis illatione dissensio, sed sola esset de mortis conditione, utrum lapidaretur aut mergeretur contentio, dum deliberatum facinus hec paullulum causa suspenderet, archidiaconus ab Autissiodorensi urbe Parisius subito accidit.

Parag. 11. Summi antistites Martinus et Anianus pro virtutum suarum admiratione valde laudati sunt, eo quod unus apud Vangionem civitatem postera die inermis pugne inferendus, utriusque exercitus sevitia sedata, fedus obtinuit; alter vero Aurelianorum urbem ab exercitu Chunorum circumseptam, juvantibus se Aetio patricio cum Gothis, meritis orationum suarum ne periret promeruit. Porro Genovefam nonne dignum est honorari que itidem orationibus suis predictum exercitum, ne Parisium circumdaret, procul abegit ?

Parag. 11..... S. Martinus virtutum admiratione laudabilis apud Wangionum civitatem a Prefecto militum custodie deputatus, atque inermis altera die contra exercitum proferendus, orationum meritis fedus utriusque partis obtinuit. Beatissimus pontifex Anianus Aurelianensem urbem, Hunorum obsidione vallatam et prope jam pulsibus corruentem, ab imminenti periculo, accelerato orationibus Gothorum auxilio, liberavit. Hec vero Hunorum exercitui non solum, longius venienti, orationibus restitit, verum etiam ne appropinquare Parisius conaretur apud Deum orationibus suis obtinuit. Merito ergo S. Genovefe eadem, que predictis antistitibus, venerationis deferuntur obsequia, cui in virtutum meritis probatur esse par gloria.

Parag. 29. Factum est ut in Parisio propria urbe offerrentur ei inter viros ac mulieres duodecim anime que a demonibus gravissime vexabantur. Ilico Genovefa Christum

Parag. 24. Quodam iterum tempore accidit ut Parisius ei duodecim simul anime, que graviter a demonio vexabantur, pariter offerrentur. Cumque, pro emundatione

et des phrases, en est la preuve manifeste[1]. Il paraîtrait bien extraordinaire que deux écrivains eussent condensé d'une façon presque identique un même document. On dira peut-être qu'ils ont tous deux extrait d'une Vie primitive les passages les plus importants avec les récits miraculeux et que de là résulte la similitude de leurs textes. A cette idée, déjà étrange, il faudrait en ajouter une plus étrange encore, c'est que leurs jugements se seraient rencontrés sur le degré d'intérêt des faits qu'ils rapportent et que tous deux, chose bien peu habituelle aux hommes du moyen-âge, ils auraient su tenir leur imagination en bride et ne pas changer d'une façon appréciable, tout en l'inter-

sibi in auxilium invocans ad orationem recurrit; continuoque inergumeni suspenduntur in aera ita ut nec manus eorum cameram, nec pedes terram tangerent. Que cum ab oratione surrexisset, jussit eos ad sancti Dionysii basilicam pergere.

eorum, faciem Dei, ut sibi auxilium e celo concederetur, implorasset protinus energumeni ad cameram usque prosiliunt, latenti quodam intrinsecus igne succensi, ut intuentium metu in aeris vacuum pondus corporum, absentibus vinculis, teneretur adpensum, et nunc vociferantes, quodam vinculorum more curvati, nunc in modum cujusdam voluminis implicantur adstricti, nunc iterum resupini auras brachiorum ictibus criniumque diverberant, et urgeri se gravioribus suppliciis, deducta in fletum longius voce, deplorant. Sic, orante ea, diverso tormentorum genere invisibilis quesiture visibili questione torquentur. Cumque, oratione completa, a pavimento se Dei famula sublevasset, jussit eis ut ad S. Dionysii martyris basilicam properarent. (*Le reste du paragraphe n'est guère plus développé que dans l'autre texte*).

1) Les différences de fond entre les deux Vies sont de minime importance. Ainsi la seconde omet le récit de la guérison de la servante d'une emme nommée Cilinia (1re *Vie, par.* 27, *du texte des AA. SS. Boll.*). Elle omet aussi l'histoire d'un jeune prêtre guéri d'un esprit immonde dans la basilique de saint Martin (1re *Vie, par.* 44; cette circonstance est cependant indiquée dans une phrase générale : « *Turonis... reddidit* », 2e *Vie, par.* 36). Elle omet encore le paragraphe 48 où il est question d'un orage que Geneviève essuie sur la Seine et auquel elle échappe miraculeusement. Enfin on n'y trouve pas comme dans la 1re Vie (*par.* 51 *et* 52) la mention de deux miracles opérés par les reliques de sainte Geneviève.

prétant, l'œuvre qu'ils avaient sous les yeux. On ne trouve d'ailleurs nulle part la trace d'une Vie plus ancienne, et ce serait pousser bien loin la hardiesse que de vouloir en établir l'existence au moyen d'une hypothèse purement gratuite et surtout complétement inutile. Nous croyons donc pouvoir affirmer que cette seconde Vie n'est qu'une reproduction, dans un cadre un peu plus restreint, de celle dont nous avons fait remonter la composition à la première moitié du VIe siècle. C'est, pensons-nous, d'après un manuscrit semblable à ceux de notre deuxième famille qu'elle a dû être composée.

L'époque de la rédaction de la seconde Vie nous est donnée par deux circonstances dont la première est toute fortuite. L'auteur en effet a travaillé sur un texte qui dans l'une de ses parties avait été l'objet d'une grave interpolation. Comme l'origine de cette interpolation nous est connue et que nous savons d'une façon à peu près certaine le temps où elle a pu se produire, l'une des dates extrêmes, la plus éloignée, s'obtient sans difficulté. Voici le passage dont il s'agit : « Sainte Geneviève éprouvait beau-« coup d'amour et de vénération pour le *Vicus Cathola-« censis*[1] où saint Denis souffrit le martyre et fut enseveli. « C'est à six milles de Paris que fut martyrisé cet évêque. « Il avait été consacré dans le sacerdoce par Clément dis-« ciple de saint Pierre, et l'on dit que ce fut lui qui l'en-« voya dans cette contrée. Ce Clément a décrit dans un « discours admirable la dispute que soutint l'apôtre « saint Pierre avec Simon le Mage dans la ville de Césarée « ou autre part[2] ». Nul n'ignore les nombreux débats qu'a soulevés la question de l'apostolicité de saint Denis ; certains érudits voulant voir dans l'évangélisateur de la Gaule septentrionale, ce Denis dit l'Aréopagite dont parlent les Actes des Apôtres[3] ; les autres niant l'identité des deux personnages et reportant à la fin du IIIe siècle l'événement que leurs adversaires rattachent au premier. Les témoignages les plus formels et les plus sûrs plaident en

1) V. plus haut page XCIV ce que nous disons au sujet de cette localité.

2) *AA. SS. Boll.*, 2e Vie de sainte Geneviève, par. 42.

3) *Actes des apôtres*, chap. XVII, vers. 34.

faveur de cette seconde opinion, tandis que la thèse opposée n'est appuyée sur aucun texte dont l'antiquité puisse être solidement établie ou qui n'ait pas tous les caractères de la légende. Ce fut seulement vers le temps des premiers Carolingiens que surgit l'idée d'assimiler le martyr des Gaules à l'Athénien cité par les Ecritures. A cette époque (814) Hilduin, abbé de saint Denis, écrivit une Vie du patron de son monastère[1], et, soit qu'il se fît l'écho d'une tradition courante, soit plutôt que son imagination seule lui ait fourni les bases de son récit, il représenta le premier évêque de Paris comme venu d'Athènes à Rome, puis envoyé dans le nord de la Gaule vers le milieu du premier siècle afin d'évangéliser les habitants encore païens de cette contrée. Autant que les connaissances actuelles nous permettent de l'affirmer, la légende ne remonte pas plus haut[2] ; comme d'ailleurs il serait tout à fait invraisemblable que la Vie de sainte Geneviève en fût l'origine, nous devons conclure que notre abrégé n'a pas été composé avant le temps où vivait l'abbé Hilduin.

Le fait que la seconde Vie renferme ce passage relatif à la mission de saint Denis en Gaule au premier siècle, est une preuve de plus que l'auteur a eu pour modèle la première Vie. Les mêmes renseignements se lisent en effet dans le plus grand nombre des manuscrits de ce dernier texte. On ne comprendrait guère comment cette légende, qui n'est en somme qu'un hors d'œuvre dans la Vie de sainte Geneviève, aurait pu se trouver répétée à peu près avec les mêmes termes dans deux écrits indépendants l'un de l'autre. Il est inadmissible que sur ce point la deuxième Vie ait été plus tard copiée par la première et soit ainsi cause de l'interpolation.

Un autre passage nous fournira le moyen de déterminer, mais avec moins de certitude, une seconde date.

1) Surius, *Vitae Sanctorum*, 9 octobre, t. V, pp. 718 à 744 ; voir aux pp. 733 à 744.

2) Jean Scot Erigène, *Versio operum S. Dionysii Areopagitae*, Dédicace adressée à Charles le Chauve (Migne, *Patrol. lat.*, t. CXXII, col. 1032). Cet auteur nous apprend que de son temps, c'est-à-dire au milieu du IXe s., la légende était d'invention récente.

Nous lisons en effet au paragraphe 42, relativement à l'église des saints Apôtres commencée par le roi Clovis I : « Clovis ayant été ravi par une mort prématurée, cette « église fut continuée par Clotilde, qui la décora de por- « tiques, de cours et d'entrées. Elle est un témoignage « perpétuel des vertus de la jeune fille, elle brille pour « sa gloire devant le Christ qui règne avec le Père dans « les siècles des siècles ». A supposer que l'auteur ne soit pas tombé dans l'erreur, fréquente d'ailleurs chez les écrivains du moyen-âge, qui consiste à regarder toujours comme l'œuvre de leur premier fondateur des édifices souvent reconstruits, il ressortirait du contenu de ces quelques lignes qu'à l'époque où il vivait, l'église de sainte Geneviève, ou, pour mieux dire, des saints Apôtres, existait encore telle qu'elle avait été bâtie par Clovis et sa femme. Or, nous savons par divers documents, qu'en l'année 857, les Normands, après avoir dévasté les rives de la Seine, se ruèrent sur Paris et livrèrent aux flammes la basilique de sainte Geneviève[1].

Ce serait donc dans l'espace de temps qui sépare les années 814 et 857 que la seconde Vie de sainte Geneviève aurait été composée.

Nous n'avons pas autre chose à dire de ce document qui n'offre aucun intérêt au point de vue historique ; nous nous bornerons donc pour finir à en signaler les manuscrits ou les reproductions de manuscrits parvenus à notre connaissance.

MANUSCRITS DE LA IIe VIE

1° Un manuscrit de D. Preudhom, chanoine de Cambrai, d'après lequel Rosweyd a publié une édition en 1626. Nous ne connaissons cette édition que par la reproduction qu'en donnent les Bollandistes. Elle doit se trouver

1) *Annales sancti Bertini* (Pertz, *Mon. Germ.*, *Scriptores*, I, pp. 450 et 451) ; — *Miracula S. Genovefe*, écrits par un témoin oculaire de l'invasion normande de 857 (*AA. SS. Boll.*, 3 janvier, I, pp. 149 et 150) ; — *Gesta Normannorum ante Rollonem* (Duchesne, *Hist. Normannorum* p. 2) ; — Dudon de saint Quentin, *De Moribus et actis Normannorum*. (Duchesne, *op. cit.*, p. 63).

sans doute dans les *Vitae sanctarum Virginum* (Antverp. 8°). Ce livre manque malheureusement à toutes les bibliothèques de Paris. — L'édition des Bollandistes, qui suit d'une façon générale le texte de Rosweyd, indique en outre les variantes de deux nouveaux manuscrits.

2° Un manuscrit du monastère de saint Maximin de Trèves.

3° Un manuscrit de l'église de Saint-Omer.

Les Bollandistes ne donnent de renseignements ni sur l'époque où ces manuscrits ont été exécutés, ni sur la valeur de chacun d'eux. S'ils ont indiqué toutes les variantes, les trois textes ne présentaient pas entre eux de divergences notables.

4° Un manuscrit qui se trouve à la Bibliothèque royale de Munich sous le n° 4618 (Bened. 118), (in-4°, X-XIII s., 223 fol.). La Vie de sainte Geneviève est au fol. 65. Le recueil est dû à plusieurs scribes, vivant à différentes époques. Celui qui a transcrit la Vie paraît être du XII° siècle [1].

5° Nous avons rencontré nous-même cet écrit dans le manuscrit latin 9741 de la Biblioth. nat. (grand format, XII° s., 2 colonnes). Le texte de ce recueil se rapproche sensiblement de celui du ms. de saint Maximin.

Il est inutile de signaler ici les points, d'ailleurs très peu nombreux, où ces cinq manuscrits diffèrent les uns des autres. Nous nous contenterons d'en mentionner un seul sur lequel le manuscrit 9741 de la Biblioth. nat. offre une variante assez intéressante. Voici comment se termine la Vie dans ce manuscrit : .... *et virtutibus* (S. Genovefæ) *in perpetuum praecelsum laudis praebitura* « *praeconium, ingentem virgini construxit* (Clotildis re- « gina) *basilicam ad laudem domini nostri Jesu Christi* « *qui vivit et regnat in saecula saeculorum* ». On voit donc que, dans ce document, rien n'indique que la basilique des saints Apôtres existât encore au moment où fut rédigée la 2° Vie ; l'auteur se contente de men-

1) Nous devons à l'obligeance de M. le docteur de Bezold, privat-docent à l'Université de Munich, les renseignements que nous possédons sur ce manuscrit.

tionner la construction de l'édifice. Je ne pense pas que ce fait puisse être présenté comme une objection à l'hypothèse que j'ai formulée sur l'époque de la composition de l'œuvre. Il est bien vraisemblable en effet que le texte des Bollandistes et du ms. de Munich est, tout au moins en ce qui concerne ce passage, le plus exact, les quatre manuscrits ne présentant aucune différence. Si le scribe du manuscrit 9741 ou l'un de ses devanciers a supprimé la phrase dans laquelle l'existence de la basilique de saint Pierre et saint Paul bâtie par Clovis et Clotilde était constatée, il en faut savoir gré à sa bonne foi, et, sans d'ailleurs affirmer catégoriquement que sur ce point le texte de ce dernier recueil s'écarte de l'original, adopter la leçon donnée par le plus grand nombre des manuscrits.

TEXTE

DE LA

VIE DE SAINTE GENEVIÈVE

D'APRÈS LES MANUSCRITS DE PARIS

Notre but n'est pas de donner ici une nouvelle édition de la vie de sainte Geneviève, car on peut regarder comme suffisamment correct le texte établi par les Bollandistes.

Ce que nous nous proposons de montrer, c'est la série des transformations subies par le texte primitif dans l'espace de trois siècles environ. — Voici la méthode que nous avons adoptée : nous avons tout d'abord établi un texte d'après les manuscrits de notre première famille seulement. Nous comparons ensuite avec ce texte celui que nous donnent les manuscrits des Bollandistes, les manuscrits de notre seconde [1] et ceux de notre troisième famille et nous transcrivons les variantes.

Le numéro d'ordre de la famille est indiqué en chiffres romains ; I. II. III.; le texte des Bollandistes est annoncé par la notation BOLL. L'indication de la famille est suivie de l'indication du manuscrit lorsque les manuscrits de la même famille ne présentent pas tous une leçon identique.

1) Nous aurions pu à la rigueur nous contenter d'un seul de ces manuscrits le 17625 ; mais le texte de ce recueil est rempli de fautes grossières, de solécismes qui dénotent chez le scribe une connaissance très imparfaite de la langue latine. Nous avons donc préféré ne pas le laisser représenter seul notre seconde famille et nous relevons aussi les variantes des manuscrits 5573 et 5311, incomplets tous deux, comme on l'a vu, mais incomplets de telle façon qu'ils peuvent se compléter mutuellement, les passages omis par l'un se trouvant toujours dans l'autre.

Lorsque les variantes constituent de très longues adjonctions nous n'avons pas voulu reproduire intégralement le texte tel qu'il se trouve dans chacun des manuscrits. Nous nous sommes contentés de donner *in extenso* le texte le moins altéré ou, à défaut de préférence possible, celui du manuscrit le plus ancien en indiquant en note les différences de leçons que présentent les autres avec celui-là.

Nous avons jugé convenable d'établir une distinction entre les variantes des manuscrits de la première famille qui naturellement ne consistent qu'en différences de forme et celles des Bollandistes, des manuscrits de la deuxième et des manuscrits de la troisième famille qui sont le plus souvent des différences de fond. Les renvois aux manuscrits de la première famille sont, pour une même page, tous réunis en tête de la série des variantes ; ils sont en outre faits au moyen de lettres anglaises minuscules (a. b. c. etc...) Quant aux trois autres familles (BOLL. II ; III.) nous ne les avons pas séparées ; pour un même mot ou une même phrase nous indiquons à la suite l'une de l'autre les variantes des manuscrits de chacune de ces familles en allant du texte le moins altéré à celui qui l'est le plus, c'est-à-dire en transcrivant tout d'abord la variante du texte des Bollandistes, puis celle des manuscrits de la deuxième famille, enfin celle des manuscrits de la troisième. Les renvois à cette seconde catégorie de variantes sont faits en chiffres arabes. Il va sans dire que nous n'avons pas relevé jusqu'aux plus minimes variantes ; nous pouvons affirmer cependant n'en avoir omis que d'absolument insignifiantes. Etant donné l'objet de notre travail nous n'avions pas à nous en préoccuper. Nous craignons même qu'on ne nous reproche trop de minutie ; en réalité nous avons été plus loin que le but ; l'indication de certaines variantes eût pleinement suffi à démontrer la marche suivie par les interpolateurs. Si nous avons procédé de cette façon, c'est afin qu'on ne soit pas tenté de croire que nous n'avons choisi dans les divers documents que les passages favorables à nos conclusions. — Des notes explicatives ont été nécessaires en divers endroits ; nous les plaçons toujours au bas de la page et nous annonçons le renvoi par les lettres de l'alphabet grec. (α, β, γ, etc....)

Quant au texte des manuscrits de notre quatrième famille, nous le donnons en entier d'après le plus ancien de ces manuscrits, le H²L de la bibliothèque sainte Geneviève Si nous ne nous sommes pas bornés à en indiquer les variantes, c'est afin de ne pas multiplier les difficultés typographiques déjà trop nombreuses et pour qu'il fût plus facile au lecteur de voir du premier coup d'œil combien la vie s'est amplifiée du sixième au neuvième siècle.

En résumé nous publions intégralement le texte le moins altéré et celui qui nous paraît s'éloigner le plus de la vie originale. Quant aux intermédiaires (mss. des BOLL.; et mss. de la deuxième famille) nous les comparons au texte de la première famille et nous n'en transcrivons que les variantes. Nous faisons de même pour les manuscrits de la troisième famille qui, nous l'avons dit plus haut, sont indépendants de ceux de la quatrième mais dont il était inutile de publier le texte tout au long puisque, en somme, ils se rapprochent beaucoup de ceux de la deuxième famille. On s'étonnera peut être que nous n'ayons pas, pour cette troisième famille, adopté un type unique, soit en fondant ensemble les deux manuscrits qui la composent, soit en nous tenant spécialement à l'un d'eux. Voici les raisons qui nous ont porté à ne pas suivre ce système : si nous voulions choisir l'un des deux manuscrits, lequel fallait-il prendre ? Celui qui se rapproche le plus des manuscrits de la deuxième famille et par conséquent du manuscrit original de la troisième famille ; ou le plus altéré, c'est-à-dire celui qui nous offre le type complet ? Les deux méthodes sont plausibles. Mais à supposer même que nous eussions préféré l'une d'elles, encore fallait-il savoir lequel des deux manuscrits est le moins altéré ; or rien n'est plus difficile à résoudre, car si parfois c'est le manuscrit 5280 qui se rapproche le plus des manuscrits de la deuxième famille, souvent aussi c'est le H.L.43. Ils sont en outre tous deux à peu près de la même époque, et, en pareil cas, rejeter l'un d'eux sous prétexte qu'il est de quelques années plus récent serait absolument arbitraire. Si nous avions voulu former un seul texte en fondant les deux manuscrits, les mêmes difficultés se présentaient. Il fallait, afin de pouvoir nous décider dans les cas douteux, en choisir un pour base. Lequel prendre? Enfin l'une des principales objections que nous ayons faites à l'hypothèse d'une source commune aux manuscrits de la troisième et de la quatrième famille repose sur le fait qu'en certains passages le manuscrit 5280 est analogue aux manuscrits de la deuxième famille tandis que le manuscrit H.L.43 est analogue à ceux de la quatrième. Nous avons déjà signalé quelques exemples de ce fait, mais nous tenions à ce que le lecteur pût au besoin les avoir tous sous les yeux.

VITA BEATE GENOVEFE

VIRGINIS [α]

TEXTE DES MSS. DE LA 1re FAMILLE ET VARIANTES DES MSS. DES BOLLANDISTES, DES MSS. DE LA 2me ET DES MSS. DE LA 3me FAMILLES.

CAP. I.

1. Beata Genovefa in Nemetodorense[1] parrochia nata fuit, que[2] septem fere [3] millibus a Parisio [4] urbe abest. Pater

1) BOLL.; Nemetodorensi. — II 17625; Igitur Genovefa in Nemotodese... rense parroechia (*sic*). — 5573 Igitur Genovefa in Nemetodorensi. — III 5280; Sancta igitur Genovefa in Nemetodorense. — H.L.43; Igitur Genovefa in Metodorense. — 2) II; III 5280; nata, que. — H.L.43; nata est, que. — 3) II; III H.L.43; ferme. — 4) II 5573; Parisius. — III; Parisii. —

α) Voici les « *titres* » des mss. de la 1re, de la 2me et de la 3me famille.

Ire Famille.

Mss. 5318; 16736; ..... Explicit passio sancti Theogenis martyris. — Item eodem die vita sancte Genovefe virginis.

Ms. 5292;..... Amen. — Item ipso die vita sancte Genovefe virginis.

Ms. 5341; ..... Explicit passio sancti Theogenis martiris. — Incipit vita sancte Genovefe virginis.

Mss. 17003; 5291; ..... Explicit passio sancti Theogenis martiris, — Item eodem die vita sancte Genovefe virginis.

Ms. 5319; ..... Explicit passio sancti Theogenis màrtiris. — Eodem die vita sancte Genovefe virginis.

IIme Famille.

Mss. 17625; Incipit vita sanctæ Genovefe virginis que est tertio nona Januarii. —

Ms. 5573; Incipit vita sancte Genovefe virginis. —

IIIme Famille.

Ms. 5280; Incipit vita sancte Genovefe virginis. —

Ms. H.L.43; Vita sancte Genovefe virginis. —

ejus[a] Severus, mater vero Gerontia[1] vocitata est. Sed primum ab ineunte etate ejus devotionem, tum demum gratiam[2] Dei que in ipsa collata est, fidelibus censui innotescere[3].

2. Proficiscentibus itaque[b] ad Britanniam sanctis ac venerabilibus viris Germano et Lupo pontificibus[4], ad pelagianam heresim que in illis finibus[5] imminebat superandam[6] (que heresis, zizania[7] super triticum seminans, asserebat natos[8] ex duobus baptizatis sine baptismo posse salvari, cum omnino predicatio divina tradat nullum posse habere vitam eternam nisi renatus fuerit ex aqua et spiritu sancto) hanc heresim et scripturarum[9] testimoniis et virtutum miraculis triumphantes, ab eadem provincia[10] pepulerunt[11]. Euntes, ut dixi, Britanniam[12], ad predictam parrochiam, manendi, vel maxime orandi gratia se contulerunt. Quibus cum vulgi multitudo haud procul ab ecclesia[13], benedictionem expetens, obviam[14] venisset, et catervatim uterque sexus virorum ac mulierum ac parvulorum occurreret[15], in medio cetu[16] occurrentium[c])

I. a) 5292; pater vero. — b) 5348; ita. — c) 5341; 17003; in medio ceni occurentium; — 5318 in medio occurrentium cetuum.

1) II; mater Gerontia. — III 5280; mater ejus Gerencia. — 2) II 17625; gratia. — 3) II; III H.L.43; innotesci (II 5573; innotesci *a été corrigé en* innotescere). — 4) II 17625; Proficiscentibus itaque ad Brittanniam sanctis ac venerabilibus Germano et Lupo pontificibus. — 5573; Proficiscebantur itaque ad Britanniam sancti ac venerabiles viri Germanus et Lupus pontifices. — III 5280; Proficicentibus itaque in Britanniam sanctis ac venerabilibus viris Germanus et Lupus pontificibus. — H.L.43; Proficiscentes itaque ad Britanniam sancti ac venerabiles viri Germanus et Lupus pontifices. — 5) II 17625; que in illis tunc finibus. — 5573; que tunc in illis finibus. — III. H.L.43; que in illis partibus. — 6) III; superandam, per Nemetodorum (H.L.43 Metodorum) carpebant iter dispositum; que heresis. — 7) BOLL.; II; III; zizaniam. — 8) II 5573; natum. — 9) II; hanc ergo heresim et scripturarum. — III; hanc siquidem heresim scripturarum. — 10) III; provincia, in vigilia pasche canentes voce excelsa alleluia. — 11) BOLL.; II; III; effugarunt. — 12) II 17625; III 5280; Euntes, ut dixi, in Britanniam. — II 5573; Euntes autem, ut dixi, in Britanniam. — III. H.L.43, Euntes ergo, ut dixi, in Britanniam. — 13) II 17625; procul ad ecclesiam. — 14) II 5573; in obviam. — 15) II 17625; utrique sexus virorum et mulierum ac parvulorum occurrerent. — 5573; uterque sexus et etas virorum et mulierum ac parvulorum occurerent. — III 5280; utriusque sexus virorum ac mulierum turbe occurerent. — H. L. 43; utriusque sexus virorum ac mulierum ac parvulorum turbe occurrerent. 16) BOLL.; II; III 5280; occurentium cetu. — III H.L.43; occurrentium cetuum. —

eminus sanctus Germanus intuetur [1] in spiritu sanctissimam fore [a]) Genovefam [2], quam [3] ilico ad se deduci [4] precepit. Cujus [5] caput deosculans [6], sciscitatur a turba nomen [7] puelle, cujusque [8] esset filia [9] interrogat [b]). Extemplo nomen Genovefe a circumstante populo indicatum [10] est et pater vel [11] mater acciti astiterunt [12]. Ad quos ait [13] sanctus Germanus [c]) : Hec infans vestra est filia [14] ? At illi : Nostra [15], inquiunt, domine. Quibus ait sanctus Germanus : Felices vos tam veneran de sobolis genitores. In hujus nativitate [16] magno gaudio et exultatione [17] celebratum [18] mysterium in celo noveritis [19] ab angelis. Erit enim [20] hec magna coram Domino et multi ejus vitam propositumque sanctum mirantes [21] declinabunt a malo [22] et ab improba atque impudica vita conversi ad Dominum, remissionem [23] peccatorum et premia vite a Christo percepturi erunt [24].

I. a) 5318 ; sanctissimam Genovefam. — b) 5292 ; *n'a pas* « cujusque esset filia interrogat. » — c) 5292 ; ad quos sanctus Germanus.

1) II 17625; intuitus est.— III; intuitus.— 2) II; III; in spiritu magnanimem Genovefam.— 3) III; *n'a pas* « quam ».—4) BOLL.; III H.L.43; adduci. — 5) II 17625 ; Cui. — 6) II 17625 ; III; osculans. — II 5573; exosculans. — 7) II ; et nomen. — 8) II; III; et cujus. — 9) II 17625; interrogans.— 5573 ; *n'a pas* « interrogat ».— III 5280 ; interroganti igitur nomen. — 10) BOLL ; II; III; edictum. — 11) II 17625; atque mater — 5573 ; III H.L.43; et mater.— 5280 ; materque.— 12) III H.L.43; exstiterunt.— 13) BOLL; II; III 5280 ; ait ad eos.— H.L.43; tunc ait ad eos..— 14) II 5573; III H.L.43; vestra filia est.— 15) II 17625; Nostram. — 5573; Nostra est.— 16) II 5573; nativitatem.—17) II 17625; magnum gaudium et exultationem.— 5573; magni gaudii et exultationis.— 18) II 17625; celebratumque. — 19) III 5280 ; noveritis in celo. — 20) II 5311 ; III 5280 ; *n'ont pas* «enim» α).—21) II 17625 : mirantes sanctum decl...— 5573; ammirantes. — 22) II 17625 ; malis.— 23) II ; dominum ac religiosi effecti et remissionem peccatorum. — III 5280 ; dominum ac religiosi effecti et peccatorum remissionem. — H.L.43 ; dominum ac religiosi effecti et remissionem peccatorum. — 24) II ; III ; premia Christi eam sectantes sunt percepturi.

α) A partir d'ici nous ajoutons aux variantes des deux manuscrits de la 2me famille (17625 et 5573) celles d'un troisième manuscrit de la même famille, le 5311 latin de la Bibliothèque nationale qui, nous l'avons dit plus haut, (V. notre classification des mss.) commence à ces mots : *Erit enim hec magna coram domino.*

3. Et paulo post ait[1] Genovefe [a]): Filia mi Genovefa [2]! At illa respondit: Audit[3] famula tua, pater sancte, que jubes edicito. Cui sanctus Germanus dixit: Queso ne verearis mihi profiteri si vis, in sanctimonio consecrata, Christo immaculatum et intactum corpus, quemadmodum sponsa ejus servare [4]. Cui Genovefa respondit: Benedictus tu mi pater, quia que desidero dignatus es, si velim, sciscitari [5], volo, inquit, sancte pater, et [6]oro [b]) ut devotionem meam dominus adimplere [7] dignetur. Ait ei sanctus Germanus: Confide filia et viriliter age et quod credis corde [8] et ore confiteris [9] operibus adimplere satage [10]. Dabit enim dominus virtutem et fortitudinem decori tuo.

4. Pervenientes [11] ergo [c]) ad ecclesiam, cursum spiritualem, nonam atque duodecimam [12] celebrantes [13], semper [14] sanctus Germanus manum suam super caput ejus tenuit. Et cibo sumpto ac hymno dicto, jussit Severum cum sua filia [d]) in [15] suo se [16] collocare receptaculo, eumque [e]), primo [17] diluculo ante sui profectionem [18], ad se reverti precepit. Que cum, lustrante [19] jam solis lampade [20]

I; a) Genovefe ait. — b) 5292; 5341; 17003; 16736; 5291; 5319; ora. — c) 5319; vero. — d) 5319; cum filia sua. — e) 5341; eamque.

1) II 5573; ait Germanus. — 5311; ait ad Genovefam: Filia. — 2) II 17625; Genovefa familia mi. — III 5280; Genovefa filia mea. — H.L.43; filia mea Genovefa. — 3) III. H.L.43; audi. — 4) III H.L.43; conservare. — 5) II 17625; quia que desidero sciscitaris et ambo adipisci. — 5573; qui que desidero sciscitaris si ambio adipisci. — 5311; quia que desidero sciscitaris si ambio adipisci. — III 5280; quia que desidero sciscitaris si potero (*au-dessus de la ligne*: vel cupio) adipisci. — H.L.43; quia que desidero sciscitas et quod ambio adipisci. — 6) BOLL. *mss. d'Utrecht et Larivour* II 5573; 5311; III H.L.43; ora. — 7) II; III; implere. — 8) II; III; corde credis. — 9) BOLL.; II 5573; et ore profiteris. — II; 17625; 5311; III; vel ore profiteris. — 10) II; III; operibus proba. — 11) II 5573; *corrigé en* « pervenientibus ». — 12) III H.L.43; decimam. — 13) II 17625; celebrantes horam. — 5573; *corrigé en* « celebrantibus ». — 14) III 5280; *n'a pas* « semper ». — H.L.43; et semper. — 15) II 17625; 5311; jussit Severo. (5311; Severum) cum filia in. — 5573; jussit sanctus antistes Severum cum filia ejus in — III; jussit Severum una cum filia in. — 16) III 5280; *n'a pas* « se ». — 17) II 17625; eamque primo. — 5573; temque eas primo. — III; cum qua primo. — 18) III H.L.43; perfectionem. — 19) BOLL.; II 17625; 5311; III; que cum fuisset lustrante. — II 5573; que cum fuisset illustrante. — 20) III 5280; jubare.

terras, ita ut jusserat, a genitore suo fuisset adducta [1], nescio quid in ea deinceps celeste [2] sanctus Germanus conspicatus, ait ad eam : Ave [3], filia Genovefa ! Reminisceris quid, de corporis [a]) tui integritate, hesterna die mihi sis pollicita [4]? Cui Genovefa respondit : Reminiscor quid tibi [5] deoque, pater sancte, promisi, quia castitatem mentis et corporis integerrimam [b]), deo me juvante, usque in finem servare [c]) desidero [6]. Cui sanctus Germanus nummum ereum, dei nutu allatum, habentem signum crucis, a tellure colligens pro magno munere dedit, inquiens ad eam [7]: Hunc transforatum pro memoria mei a [8] collo suspensum semper habeto [9], nulliusque metalli [10], neque auri, neque argenti, seu quarumlibet [11] margaritarum ornamento collum saltem digitosque tuos onerari patiaris [12]. Nam si seculi [13] hujus vel exiguus decor tuam superaverit mentem etiam [14] eternis et celestibus ornamentis [15] carebis. Et valedicens ei atque obsecrans ut, sui memor [16] tantum [d]), crebro in Christo [17] esset [e]), et com-

I. a) 5392; qui de corpori. — b) 5318, interrimam. — c) 5292; salvare. d) 5292; tantum memor. — e) 5318 in Christo crebro esset.

1) II 17625 ; 5311 ; III ; allata. — II 5573; ei exhibita. — 2) BOLL.; celeste deinceps. — 3) II 5311 ; « Audi » *au lieu de* « Ave. » —) 4 BOLL.; II; III; quid hesterna die de corporis tui integritate mihi sis pollicita. — 5) II 5311; quia tibi. — 6) II 17625 ; 5311; promisi quoniam vite hujus propositum avidissime (17625; audissime) desiderare me dico et teste deo profiteor. Cui sanctus. — 5573; promisi quoniam vite hujus propositum avidissime me desiderare te medio et teste deo profiteor. Tunc sanctus. — III; promisi quoniam vite hujus propositum avidissime (H.L.43; audissime) me desiderare dico et testem deum profiteor. Cui sanctus. — 7) II 5573; ei dicens. — 8) II; III H.L.43; et collo. — II 5280 ; mei, collo. — 9) III 5280 ; semper (*ce mot ajouté au-dessus de la ligne*) habeto tecum. — H.L.43; suspensum habeto. — 10) II 17625; 5311; nullius metalli. — 5573; nullo genere metallorum. — 11) BOLL.; II 17625; 5311; III; cujuslibet. — II 5573- quibuslibet. — 12) II 17625; ornamenti decore collum aut digitos tuos honerare patiaris. — 5573; ornamentis collum saltim aut digitos tuos honorari patiaris. — 5311; ornamento collum vel digitos tuos honerari patiaris. — 13) II 5573; Nam siculi (*sic*) hujus. — 14) II 5573; III 5280; *n'ont pas* « etiam. » — 15) II 17525 ; eterno et celesti ornamento. — 16) II 17625; III 5280; memoriam tantum crebro. — II 5573 ; memoriam crebro. — 5311; memor crebro. — 17) II) 17625; 5573 ; III 5280; haberet. — H.L.43 haberetur.

mendans eam genitori Severo [1] iter quod ceperant, auxiliante domino [2], perrexerunt.

CAP. II

5. Factum est autem [3] post dies aliquot [4], cum mater ejus, die solemni, ad ecclesiam pergeret, et Genovefam, quam domi remanere preceperat, nequaquam posset abigere [5], clamantem sibi [6] cum lacrimis et dicentem : Ego fidem, quam deo et [7] sancto Germano pollicita sum [8], servabo [a]) et ecclesie limina frequentabo, ut sponsa Christi esse merear, sicut ipse mihi beatissimus confessor repromisit [9] ; ilico mater ejus, felle commota [10], ut filie alapam dedit, statim oculorum percussa est cecitate [11]. Tribus namque [12] mensibus minus a biennio [13], nutu divine majestatis, ad manifestandam gratiam Genovefe, hanc perpessa est cecitatem. Tandem aliquando mater ejus, recordata [14] quale olim sanctus Germanus filie dederit testimonium [15], vocans eam ad se ait ei : Obsecro te, filia mi, accipe hauritorium et properans perge ad put-

I a) 5318, 5292; servare debeo.

1) BOLL.; II; III ; genitori suo Severo. — 2) II 5573; *n'a pas* « auxiliante domino ». — III; deo. — 3) III H.L.43; factum est ut post. — 4) II 17625; III H.L.43; aliquos. — II, 5311; aliquod. — 5) II 5573; nequaquam a se posset abigere. — 5311; nequaquam possit abigere. — III 5280; nequaquam a se abigere posset. — 6) III H.L.43; clamantem cum lacrimis sibi. — 7) BOLL.; II; III; *n'ont pas* « deo et ». — 8) BOLL.; II; III; sum, Christo me consolante servabo. — 9) II; III; merear quatenus margaritis ac vestibus ejus (5311 *n'a pas* « ejus ») digna reperiar; ilico. — 10) BOLL.; II; III ; iracundia repleta (*à la place* « de felle commota »). — 11) II 17625; statim lumine amisso percussa est cecitate. — BOLL.; II 5573; 5311; III; statim luminum percussa est orbitate. — 12) III H.L.43; tribus itaque. — 13) III 5280; mensibus et biennio. — 14) BOLL.; III; aliquando recordata mater ejus. — II 17625; 5311; aliquando recordata est mater ejus. — 5573; recordata est aliquando mater ejus. — 15) BOLL.; (*à la place* « de quale... vocans » : quid tunc testimonii de filia sua summus pontifex dederit, vocans. — II; quid tunc testimonii de filia sua (5573; *n'a pas* « sua ») sanctus (5311 ; summus) pontifex Germanus dedisset, vocans (17625; et vocans). — III; quid testimonii de filia sua summus pontifex (5280; summus pontifex Germanus) dedisset dudum, et vocans.

eum[1] ut exhibeas mihi aquam[2]. Cumque festinanter isset ad puteum[3] et super marginem putei fleret, eo quod mater ejus, propter eam, visu privata sit; impleto vasculo aquam detulit matri[4]. Mater vero ejus elevans[5] manus ad celum cum fide et veneratione, aquam a filia sua allatam[6], insuper ipsa suspirante[7], ab ea crucis virtute[8] signatam accepit. De qua fomentans[9] sibi oculos paululum videre[10] cepit. Cumque hoc bis terque[11] fecisset, lumen amissum integre recepit[12].

6. Contigit autem post hec[13] ut cum duabus puellis[14] multum se etate preeuntibus[15] ad consecrandum[16] [17] Vilico [a]) episcopo traderetur. Que cum juxta etatem[18] annorum ad consecrandum offerrentur[19], ut[20] comperit divinitus predictus pontifex Genovefam virginibus que[21] illi proponebantur multum esse sublimiorem[22] ait: Illa

I. a) 5318; 5319; Julico.

1) II, III; ei (5280 illi): Accipe hauritorium properans (II 5573; et properans) perge (II 5311, et perge) ad puteum. — 2) *au lieu de* « ut exhibeas mihi aquam » : II 17625; et exhibe aquam, obsecro te, filia mi! — 5573; et exhibe mihi aquam obsecro te, filia mi! — 5311; exhibens aquam obsecro te, filia mi! — III; exhibe aquam obsecro te, filia mea! — 3) BOLL.; II 5311; III H.L.43; Cum que summa festinatione ad puteum venisset. — II 17625; Que consumma festinatione ad puteum venisset. — 5573; III 5280; que cum summa festinatione ad puteum (5280; *n'a pas* « ad puteum ») venisset. — 4) BOLL.; II; III; eo quod propter eam mater ejus (II; *n'a pas* « ejus ». — III 5280; *n'a pas* « mater ejus ») lumen amiserat (II; amiserit) deinde (BOLL.; dein. — III H.L.43; *n'a pas* « deinde ») ut desiit (II 17625; 5573; destitit) flere impleto vasculo detulit aquam matri sue. — 5) II; expandens. — III; extendens. — 6) II 5573; aquam sibi a filia adlatam. — 7) II 17625; sperante. — 5573; petetnte (*sic*). — 8) III 5280; vexillo. — 9) II 5573; Et de eadem aqua fomentans. — 10) BOLL.; II; III; cernere, — 11) Boll.; terve. — 12) II; amissum pristinumque recepit. — III; amissum pristinumque usquequaque recepit (5280; resumpsit). 13) BOLL.: II; III; *n'ont pas* « post hec ». — 14) II 5311; *n'a pas* « puellis ». — 15) BOLL.; II 17625; 5311; III H.L.43; multum se senioribus. — II 5573; multum senioribus se. — III 5280; multum a se senioribus. — 16) III 5280; sacrandum. — 17) BOLL. *ms. de Bonnef.*; Illico. — II 17625; velum. — 5311; Ilico. — 5573; III 5280; sancto Vilico. — 18) II; III; numerum. — 19) II 17625; traderentur. — 5311; *n'a pas* « ad consecrandum offerrentur ». — III H.L.43; offerretur. — 5280 ad sacrandum offerrentur statim ut divinitus comperit. — 20) II 573; *n'a pas* « ut ». — 21) II 17625; Genovefam virginesque que. — 22) II 17625; multum sublimiores. — 5311; III; multum sublimiorem. — II 5573; multo sublimiorem.

que retro sequitur [1] anteponatur, quoniam hec celitus jam est sanctificationem adepta. Sic itaque [2] benedictionem consecute [3], a presentia episcopi recesserunt [4].

7. Denique, parentibus beate Genovefe defunctis [5], accersita a sua matre spirituali, [6] ad Parisium urbem commigravit [7]. Et, ut virtus Domini in infirmitate etiam ipsius [8] probaretur et gratia Christi in ea collata plus luceret [9], tempore aliquo [10], ita est corpus ejus obsessum paralysi, ut, laxatis artubus, nulla compago [11] adherere suo crederetur loco. De qua infirmitate nimium [12] afflicta [13], triduo [14] corpus ejus velut examine,solis paululum genis ejus rubentibus [15], custodiebatur. Que, dum postmodum sanitati pristine fuisset reddita [16], profitebatur ductam se esse in spiritu ab angelo in requiem justorum [17] et ibi se vidisse diligentibus deum premia [18] que incredibilia apud infideles habebantur [19]. Pluribus dehinc [20] in hoc seculo viventibus secretas conscientias [21] liquido [22] declarabat. [23]

1) II; III 5280; post tergum sequitur. — H.L.43; post sequitur. — 2) II 5373 ; ibique. — 3) II 5311; consecuuta est. — 4) BOLL.; II; III; ab obtutu pontificis discesserunt. — 5) *au lieu de* « denique... defunctis » : II; III; parentibus (II 5573; parentibus ejus) defunctis. — 6) BOLL., II; III; matre sua. — 7) II 17625; in Parisio urbe migravit. — 5314; in Parisium urbem migravit. — II 5573; III H.L. 43; in Parisius urbem (II 5573; urbe) migravit. — 5280; in Parisii urbem transivit. — 8) BOLL.; II; III; in infirmitate ejus (II 17625; ea). — 9) BOLL. *mss. de Lariv. et Bonnef.;* II; III; cresceret. — 10) II 5573; tempus per aliquod. — III 5280; quodam tempore. — H.L.43; tempore aliquanto. — 11) III; nulla (5280; nullo) compagō membrorūm. — 12) II 17625; De qua nimium infirmitate afflicta. — 13) III 5280; profligata.— 14) BOLL.; triduo jam corpus. — II; III; triduo corpus ejus jam exanime. — 15) BOLL.; II; III; genis rubeptibus. — 16) BOLL.; II; III; que cum denuo (II 5573; dei nutu) corporalem fuisset adepta sanitatem (III 5280; corporalem sanitatem fuisset adepta).—17) BOLL.; profitebatur se in spiritu ab angelo in requiem justorum deductam. — *Ms. d'Utrecht*; II; III; profitebatur se in spiritu ab angelo (5280; ab angelo in spiritu) in requiem justorum et (5280; vel) supplicium impiorum (II 5573; justorum (*sic*) deductam. (II 5573; deducta). — 18) II 17625; et ibi vidisse diligentibus se deum premia largientem que. — 19) BOLL.; habeantur. — II; III; habentur.— 20) II; III; Pluribus namque in.— 21) II 17625; secreta conscientiæ. — 5573; secretam conscientiam. — III; 5280 secreta conscientia.— 22) II; III; manifestissime.— 23) BOLL.; II; III; declarabat (II 17625; declarare .— 5573; declaravit). Quod (II 17625; Quid. — 5573;

8. Adveniente post hec denuo sancto Germano Parisium ac secunda vice in Britanniam [1] proficiscente [a]), universus populus egressus est a civitate obviam ei. At ille continuo [2] sollicitus de Genovefa quid ageret inquisivit [3]. Sed vulgus, qui paratus est potius ad [4] derogandum bonis quam ad imitandum [b]), asserebat eam inferiorem quam opinabatur esse. Quorum iniquam vocem omnino despiciens sanctus pontifiex, in civitatem ingressus, ad hospitium [5] Genovefe usque pervenit. Quam cum tanta humilitate salutavit ut omnes mirarentur. Et, oratione facta, ostendit his quibus despectui habebatur, in secreto cubiculi [c]) ejus [6], terram madidam de suis lacri-

I. a) 5341, 17003, 16736, 5291, 5319; proficiscenti. — b) 5292; ad ero gandum bonis quam ad imitandum. — 5341, 17003, 16736, 5291, 5319; ad derogandum quam ad imitandum. — 5318 qui paratus est ad derogandum quam ad imitandum. — c) 5318, 5319; cubili.

III 5280; Que) propter arrogantes silere satius, quam (II 17625; 5311; ratius quam. — 5573; satius fuit, quam. — III H.L.43 satius proposui, quam. — 5280; satius est, quam.) emulantibus (II 17625; immolantibus) innotescere qui (II 5311; innotescere malui qui) ingentem devotionem habent detrahendi (III H.L.43; ingentem semper devotionem habent detrahendi. — 5280; ingentem detrahendi habent devotionem) nam (III H.L.43; et) dum bonis (III 5280; « aliis » *au lieu de* « bonis ») invident suam (II 17625; *n'a pas* « suam ») superstitiosam indicant conscientiam. (III 5280; superstitiosam suam demonstrant conscientiam.) Adveniente. 1) II 17625; Adveniente sancto Germano Parisium secunda vice a Britannia. — 5311; adveniente sancto Germano Parisium ac secunda vice in Britanniam. — 5573; III; adveniente sancto Germano Parisius secunda vice in Britannia. (III; Britanniam). — 2) BOLL.; II; III; populus in occursum (II 5573; III 5280; occursione) ejus ab urbe egressus est (II; III H.L.43; egressus ab urbe est. — 5280; egressus est ab urbe.). At ille illico (II 5573; *n'a pas* « illico »). — 3) II; 17625; 5573; requisivit. — III 5280; *n'a pas* « inquisivit ». — 4) II 17625; 5311; III; sed vulgus qui paratior est ad. — II 5573; sed illi qui paratiores sunt ad. — 5) II; III; ad derogandum bonis potius quam ad imitandum, adserebant eam inferiorem sibi (II 5311; se). Quam blasfemantes potius predicabant quam reprobarent (II 17625; probarent. — 5311; improbarent). Nam sicut non justificabitur quis aliena laude, ita nec ledetur (II 17625; 5311; III 5280; leditur) infamia. Quorum garrulam vocem (III 5280; vocem garrulam) despiciens sanctus Germanus in civitatem ingressus, ad (III H.L.43; ingressus est et ad) hospitium. — 6) II; III; *n'ont pas* « in secreto cubiculi ejus ». —

mis[1] irigatam. Et, commendans[2] eam populo, in viam quam a) ceperat iter direxit[3].

CHAP. III

9. Exeunte sono Attilam, Chunorum regem, Galliam sevissime vastaturum[4], terrore perculsi Parisiorum cives bona ac stipendia facultatum suarum in alias tutiores civitates deferre nitebantur[5]. Quorum matronas convocans Genovefa suadebat ut jejuniis et orationibus ac vigiliis insisterent quatenus possent, sicut Judith et Hester, superventuram cladem evadere[6]. Consentientes ergo Genovefe, dies aliquot[7] in baptisterio vigilias[8] exercere b) jejuniis[9] et orationibus, sicut Genovefa suaserat, deo vacaverunt. Viris quoque earum suadebat[10] ne bona sua a Parisio auferrent; nam illas civitates quas tutiores

I. a) 5292; via qua. — b) 5341; exercere *corrigé en* « exercuere ». —

1) III; habebatur, terram aridam de suis (H.L.43; aridam ejus) lacrimis 2) BOLL.; II; III; irrigatam. Et residens (5280; sedens) disposuit (II 5573; III; exposuit) eis vite ejus (II 5311; hujus) exordium quemadmodum Nemotodoro (II 5311; Nemetodero. — III H.L.43; Nemetodore) palam cunctis edixerat (III 5280; ostenderat atque edixerat), simulque commendans. — 3) II 17625; per via qua ceperat gressum direxit. — 5311; in viam quam ceperat gressum direxit α) — 5573; III; via qua (5280; quam) ceperat gressum direxit. — 4) II 17625; Exeunte sono Attila Hunorum rege sevitia superatam Galliam provintiam cepisset vastare, itaque (*v. suite note* 5). — 5573; Exeunte vero sono de Atila rege Chunorum quod sevicia ejus superatam Galliæ provinciam cepisset vastare, terrore. — III 5280; Exeunte quidem sono Atthilam Chunorum regem sevitia sua superaturum Gallie provincias cepisse vastare, terrore. — H.L.43; Exeunte sono quod Atila Hunorum rex sevitia superatus Gallie provinciam cepisset vastare, terrore. — 5) II 17625; itaque perculsi Parisiorum cives bona stipendia facultatum suarum in alias tutiores civitates deferre nitebantur. — 5573; terrore perculsi Parisiorum cives bona sua ac stipendia facultatum suarum in alias tutiores civitates deferre nitebantur. — III 5280; terrore itaque perculsi Parisiorum cives bona facultatum suarum in alias tutiores civitates deferre nitebantur. — 6) III 5280; supervenientem repellere cladem. — 7) II 17625; III 5280; aliquos. — H.L.43; per dies aliquot. — 8) BOLL.; II; III; exercentes. — 9) II 5573; in jejuniis. — 10) BOLL.; III H.L.43; earum idem suadebat. — II 17625; earum eadem suadebat. — 5573; earumdem suadebat.

α) Le ms. 5311 omet les paragraphes 9 à 18. —

esse credebant [1] gens irata vastaret, Parisium vero [2] incontaminatam [3] ab inimicis Christo protegente esse [4] salvandam [a]).

10. Qua de re [5] insurrexerunt in eam [6] cives Parisiorum dicentes pseudoprophetissam suis temporibus apparuisse eo quod prohiberentur ab ea, utpote a [7] peritura civitate, in alias tutiores urbes bona sua transferre. Tractantibus ergo civibus ut Genovefam, aut lapidibus obrutam aut vasto gurgite mersam, punirent [8]; interea adveniente ab Autissiodorensi urbe archidiacono [9] qui olim audierat sanctum Germanum magnificum testimonium de Genovefa dedisse, invenit per loca cives conventicula facere ac de interemptione Genovefe concionari. Qui, cum consilium eorum cognovisset [10], dixit ad eos : Nolite, o [11] cives, tantum admittere facinus. Istam, de cuius interitu tractatis [12], referente sancto [13] Germano antistite nostro, audivimus ex utero matris sue a deo electam ; et ecce eulogias [14] a sancto Germano directas ei [15] exhibeo. Comperientes ergo Parisiorum cives Genovefam testimonio sancti Germani dei esse fidelissimam [16] famulam et videntes [17]

I. a) 5318 ; protegende salvandam. —

1) BOLL.; II; III; H.L.43; quas esse tutiores credebant. — 5280; in quas se tutiores credebant. — 2) BOLL.; vero urbem. — II 5573; Parisius autem incontaminatam. — 3) II 17625 ; incontaminata. — 4) BOLL.; protegente salvan dam. — III 5280 ; protegente salvandam, quod ita factum est ut asserebat. Insurrexerunt. — II 5573; Christus protegendo salvaret. — 17625 ; Parisius vero incontanimata ab inimicis, Christo protegende (*sic*) salvanda. — 5) BOLL.; II ; III ; *n'ont pas* « Qua de re ». — 6) BOLL.; autem in eam. — II 5573 ; igitur in ea. — 7) BOLL.; II 17625 ; III 5280 ; quasi a peritura. — II 5573 ; quasi deperitura. — III H.L.43 ; quasi non peritura. — 8) II 17625 ; Genovefa... obrutà... mersa... puniretur. — 9) II 5573; punirent. Contigit advenire ab Austissiodorensi urbe archidiaconum. — III H.L.43; punirent. Interea adveniens..... archidiaconus. — 10) III 5280 ; cives de interemptione. Genovefe concionari ac conventicula facere. Qui. — II 5573 ; dedisse. Qui cum inveniret cives per loca facere conventicula ac de interemptione Genovefe concionari, cognito eorum consilio. — 11) II; III : *n'ont pas* « o ». — 12) BOLL.; Istam de cujus interitu vos jam tractatis. — III 5280 ; Quia eam de cujus interitu tractatis. — 13) II 17625 ; *n'a pas* « sancto ». — 14) II ; III ; et ecce eulogias quas illi a sancto Germano. — 15) BOLL. *mss. de Lariv. et Bonnef.*; II; III; 5280 : relictas exhibeo. — H.L.43; directas exhibeo. — 16) III 5280; verissimam. — 17) BOLL.; III 5280; et videntes etiam. — II 5573; ac videntes. — 17625; III H.L.43; s etiam (*ou* « et jam ») videntes.

eulogias que illi, deferente archidiacono, fuerant allate, metuentes deum et hec que ab archidiacono [1] dicebantur mirantes, dissipato pravo consilio, insidiandi finem fecerunt.

11. Tunc impletum est [2] dictum apostoli qui [3] ait : Non enim omnium est [4] fides ; fidelis autem deus qui conservabit vos et custodiet [5] a malo. Summi [6] antistites Martinus et Anianus, pro virtutum suarum admiratione, valde laudati sunt, eo quod unus apud Vangionem [7] civitatem postera die inermis pugne inferendus [8], utriusque exercitus sevitia sedata, fedus obtinuit ; alter vero [9] Aurelianorum urbem [10] ab exercitu [11] Chunorum circumpseptam, juvantibus se Aetio [a]) patricio cum Gothis [12], meritis orationum suarum ne periret promeruit. Porro Genovefam nonne dignum est honorari [13], que itidem, orationibus [14] suis, predictum exercitum ne Parisium circumdaret procul abegit.

CAP. VI

12. A quinto decimo namque [15] usque ad quinquagesimum etatis sue annum, a die dominico usque ad quintam feriam [16] et a quinta feria usque ad diem dominicum [17],

I. a) 5292 ; 5341 ; 17003 ; 16736 ; 5291 ; 5319 ; Egetio.

1) II 17625 ; *n'a pas les mots :* « fuerant..... ab archidiacono ». — 5573 ; et ea que ab archidiacono. — III ; et his (H.L.43 ; pro his) que ab archidiacono. — 2) BOLL. ; II ; III ; Impletum est in die illa (II 17625 ; *n'a pas* « in »). — 3) II ; III 0280 ; quo. — H.L.43 ; quod. — 4) II 17625 ; est omnium. — 5) II 17625 ; conservavit vos et custodiet. — III 5280 ; conservat servos suos et custodit. — H.L.43 ; conservat vos et custodit. — 6) III 5280 ; summi revera antistites. — 7) II 5573 ; unus eorum apud Vangionum civitatem. — 8) BOLL. ; postridie inermis pugne offerendus. — II 17625 ; postriduum in bello inermis offerendus. — 5573 ; III H.L.43 ; post pridie in bello inermis offerendus. — 5280 ; post pridie in bello offerendus inhermis. — 9) III 5280 ; alter quoque. — 10) II 5573 ; civitatem. — 11) II 17625 ; exitu. — 12) BOLL. ; circumseptam, juvantibus se Egetio patricio cum Gothis. — II ; III ; circumseptam, auxiliantibus Gothis. — 13) II 17625 ; honorare. — 14) BOLL. ; II 17625 ; III ; que orationibus suis. — 15) III 5280 ; namque anno. — 16) BOLL ; in quintam feriam. — II 17625 ; a die dominico a quinta feria. — 5573 ; a die dominico in quinta feria. — III H.L.43 ; in die dominico et in quinta feria. — 17) II 17635 ; et a quinta id est die dominico. — 5573 ; et a quinta feria item die dominico. — III ; *n'a pas les mots* « et..... dominicum ».

jejunium nunquam dissolvit[1]. Nam illis solummodo duobus sacris in ebdomada diebus, id est dominica et quinta feria, aliquantulum cibi sumens, reliquis totius ebdomade diebus in abstinentia perdurabat[2]. Esca vero, si quando edebat, erat illi[3] panis ordeaceus[4] et faba quam post duas aut tres ebdomadas, in olla coctam [a]), recommiscens[5] edebat. Vinum autem vel quicquid inebriare[6] potest in omni vita sua non[7] bibit [b]). Post quinquagesimum autem[8] annum etatis sue, suadentibus episcopis, quibus contradicere sacrilegium fore suspicabatur[9], metuensque illud[10] domini dictum quo ait: Qui vos spernit me spernit[11], piscem et lac cum pane ordeaceo[12] edere cepit.

13. Quotiens celum[13] conspexit[14], totiens lacrimata est. Et cûm esset mundo corde[15] deum mente semper studebat aspicere, ut post eum palam cum angelis valeat semper videre, sicut ipse dominus ait : Beati mundo corde quoniam ipsi deum videbunt.

14. Duodecim enim virgines spirituales, quas Hermas qui et Pastor nuncupatus est in libro suo descripsit ei individue comites extitere. Que ita nominantur[16] : Fides,

I. a) 5292; faba que..... cocta. — 5318; 16736; 5291 ; 5319; faba quam ..... cocta. — b) 5292 ; potavit.

1) II; jejunium dissolvit. — III 5280; jejunium persolvit. H.L.43; jejunium solvit. — 2) II; *n'a pas les mots* : « Nam illis... perdurabat ». — 3) BOLL.; II; III; Esca vero, illi erat panis. — 4) III 5573; ordeacius. — 5) II 5573 ; reconsumens. — III 5280; commiscens. — 6) II; III; H.L. 43; inebriari hominem potest. — 5280; inebriare hominem potest. — 7) II; III; potavit. — 8) II; III H.L.43; quinquagesimum annum, suadentibus. — 5280; quinquagesimum vero annum, suadentibus. — 9) BOLL.; contradicere sacrilegium est. — II; III; contradici sacrilegium est. — 10) BOLL.; metuensque domini. — III H.L.43 ; metuens illud domini. — 11) II; III; ait : Qui vos audit me audit et qui vos spernit me spernit, piscem. — 12) II 5573; III H.L.43; ordeacio. — 5280 ; *n'a pas* « ordeaceo ». — 13) II 5573; celo. — 14) II 5573; prospexit. — 15) BOLL.; II; III; corde, quemadmodum Lucas Evangelista descripsit (II 5573; describit) de beatissimo (II 17625; III H.L.43; beato) Stephano, ita et hec credebatur (II 5573; videbatur) celos apertos videre, et dominum nostrum Jesum Christum stantem ad dexteram dei, quoniam irritum non est (II 5573; erraticum non est. — III 5280 ; non est irritum) promissum domini quo ait : Beati mundo corde quoniam ipsi deum videbunt. Duodecim. — 16) II 17625; Duodecim virgines sunt quas Hieremias descripsit qui et Pastor nun-

Abstinentia, Patientia[1], Magnanimitas, Simplicitas, Innocentia, Concordia, Caritas, Disciplina, Castitas, Veritas et Prudentia. He fuere individue et indissociabiles Genovefe comites[2].

15. Quanta vero[3] veneratione et amore dilexit Catholacensem[4] vicum in quo sanctus Dionysius cum sociis suis Rustico et Eleutherio[5] passus est[6] nequaquam silendum esse arbitror[7]. Nam fervens devotio erat ipsi beatis-

cupatus est, nequaquam ab ea discesserunt et sine quibus sive virgo, sive penitens, in Hierusalem que edificabitur ut civitas coaptari non potest et jam (*ou* « etiam ») que nominantur ita : Fides. — 5573; Duodecim enim virtutes spiritales quales Hermaes qui et Pastor nuncupatur nequaquam ab ea discesserunt, sine quibus sive virgo, sive penitens, in Hierusalem que edificatur ut civitas coaptari non potest, que nominantur ita : Fides. — III ; Duodecim autem (H.L.43; enim) virtutes (H.L.43 ; virgines spirituales) quas Hermes descripsit qui et Pastor nuncupatur (H.L. 43; nuncupatus est) nequaquam (H.L.43 ; que nequaquam) ab ea discesserunt, sine quibus sive virgo, sive penitens, (5280 ; sive penitens, sive virgo,) in Jerusalem que edificatur ut civitas coaptari non potest, que nominantur ita : Fides.—1) II 17625 ; *n'a pas* « Patientia ».— 2) BOLL.; II ; III ; He fuere (III ; fuerunt) indissociabiles et indivise Genovefe.— 3) BOLL.; II ; III ; H L.43; *n'ont pas* « vero ». — 5280 ; Quanta denique.—4) BOLL. *ms. Utrecht ;* III H.L.43 ; Catholiacensem.—II 5573 ; « Catollacensem ». — III 5280; Catulacinsem.— 5) II ; *n'a pas les mots :* « cum sociis suis Rustico et Eleutherio. » — 6) BOLL.; II ; III ; passus est et sepultus nequaquam. 7) Boll. *ms. Utrecht* α), II β); III; nequaquam comprehendere queo. Sanctus[1] Dionisius primus episcopus civitatis[2] Parisiorum[3] a[4] persecutoribus in quarto miliario ab eadem urbe[5] martyrium consummavit. Et comperi[6] juxta

1) II 17625 ; Utique sanctus Dyonisius. — III 5280 ; Namque sanctus Dionisius. — H.L.43 ; Qui utique sanctus Dyonisius. — 2) III H.L.43 ; *n'a pas* « civitatis ». — 3) II 17625; III H.L.43 ; Parisiorum fuit.— 5280; Parisiorum extitit. — 4) III H.L.43 ; et a. — 5) II 17625 ; ab ea urbe. — III 5280 ; in quarto ab eadem urbe miliario. — 6) III ; Et (5280 ; *n'a pas* « et ») ut compertum videtur (H. L. 43 ; videretur) juxta.

α) Le ms. d'Utrecht employé par les Bollandistes devait contenir cette même disgression sur la prétendue mission de saint Denys l'Aréopagite en Gaule. (V. la note b du chap. IV de la Vie de sainte Geneviève dans les Acta sanctorum : *Hic interserit ms. Ultraj. multa de missione S. Dionisii in Gallias, quæ cum absint ab aliis mss. omittimus*). Les éditeurs ne donnent ni dans le texte même de la Vie, ni en note, le texte de cette digression.

β) Nous empruntons au ms. lat. 5573 de la bibl. nat., plus correct que le ms. 17625, le récit de la mission de saint Denys en Gaule, et nous donnons ensuite les variantes des autres mss. pour ce même fragment.

sime Genovefe[1] ut[2] in honorem[3] sancti Dionysii episcopi et martyris basilicam construeret[4]. Sed facultas deerat[5]. Cui[6] cum solito quadam die presbyteri civitatis occurrissent[7] ait ad eos: Venerabiles in Christo sancti patres et seniores[8], obsecro vos ut faciatis in unum collationem[9] et[10] edificetur in sancti Dionysii honorem[11]

1) *Au lieu de...* « Nam fervens..... Genovefe » : II 17625; III H.L.43 ; Devotio erat erat sancte Genovefe. — II 5573 ; Devotio erat Genovefe. — III 5280; Erat namque beate Genovefe devotio. — 2) III 5280; *n'a pas* « ut ». — 3) II 17625; III H.L.43; honore. — 4) III 5280; construere. — 5) II; III H.L.43 ; sed virtus deerat. — 5280; sed virtus ei deerat. — 6) III 5280; Cui ergo. — 7) II; III H.L.43 ; solito presbyteri occurrissent. — 5280 ; solito more presbyteri occurrerent. — 8) BOLL.; sancti patres ac seniores. — II; III H.L.43; sancti patres ac seniores mei. — 5280; sacratissimi patres ac seniores mei. — 9) II ; ut faciat unusquique vestrum conlationem et edificetur. — III ; quo (H.L.43; ut) faciat unusquisque vestrum collationem et. — 10) BOLL.; ut. — 11) II; III; honore.

traditionem seniorum vel relationem passionis sue a sancto[7] Clemente filio[8] in baptismo sancti Petri apostoli[9] Rome episcopus ordinatus et[10] in hac provincia ab eo[11] directus est. Docet nos lectio quod primus episcopus Rome Linus, secundus Anacletus[12] fuit; utrique[13] a sancto[14] Petro apostolo[15] ordinati sunt[16] quatinus illi, sicut scriptum est, episcopatus curam gererent[17], porro sanctus Petrus apostolatus impleret officium[18]. Tercius vero Clemens quem[19] ante dies aliquot passionis sue ipse in sua cathedra[20] collocavit, qui etiam certamen ipsius[21] sancti Petri Apostoli[22] cum Simone mago gestum[23] et virtutes ac mirabilia[24] passim[25] a sancto Petro facta[26] plene[27] descripsit. Ergo quia de sancto Clemente successore predicti apostoli ac de sancto Dionisio ab eodem in Gallias[28] destinato,[29] disserui, ad propositum redeam.[30] — Devotio erat.

7) III 5280; sancto quoque Clemente. — 8) III; filiolo. — 9) III 5280; sancti Petri apostoli in baptismo. — 10) III 5280 ; atque. — 11) III 5280; n'a pas eo ». — 12) III H.L.43; Cletus. — 13) II 17625; utique. — 14) III H.L.43 ; utrique tamen a sancto. — 15) III 5280 ; apostolo Petro. — 16) II 17625: III; *n'ont pas* « sunt ». — 17) II 17625; III H.L.43; agerent. — 18) III 5280; gererent, sanctus quoque Petrus apostolus apostolatus sui curam gereret atque officium impleret. — H.L.43 agerent; porro sanctus Petrus impleret officium. — 19) II 17625; que. — III H.L.43 ; qui. — 20) II 17625; III; in sua ipse cathedra. — 21) II 17625; III; *n'ont pas* « ipsius »; — 22) III 5280; certamen apostoli Petri. — 23) II 17625; III H.L.43; apostoli, in Cesarea gestum cum Symone mago. — 24) III 5280; ac virtutes et miracula. — 25) II 17625; passi. — 26) II 17625; III H.L. 43; *n'ont pas* « facta ». — 5280; passim ab eo perpetrata. — 27) III 5280; plane. — 28) II 17625; III; *n'ont pas* « in Gallias ». — 29) II 17625, Dyonisio idem destinatum. — 30) III 5280 ; revertamur.

basilica; nam terribilem esse et metuendum locum ejus nemini ambigendum est[1]. At illi responderunt : Forsitan deerunt parvitati nostre vires edificandi, nam coquende[2] calcis[3] copia deest. Quibus Genovefa, spiritu sancto repleta, claro vultu, mente preclariori[4] vaticinans, manifestum dedit eloquuim[5], dixitque ad eos : Egrediatur, queso, sanctitas vestra et deambulate[6] per pontem[7] civitatis, et[8] que[9] audieritis renuntiate mihi.

16. Qui cum egressi essent stabant[10] prestolantes si quid congruum sacre virginis voluntati audirent[11]. Et ecce duo custodes porcorum[12] non longe ab eis stantes, cum inter se ad invicem sermocinarentur[13], ait unus ad alterum : Dum suis vestigium ob pastum[14] vagantis[a]) legerem, inveni furnum calcis mire magnitudinis. Cui alter pastor e contrario[15] respondit : Item et ego[16] inveni in silva arborem radicitus a[17] vento evulsam, et sub radicibus ejus similiter furnum calcis, de[18] quo nec quidquam credo aliquando[19] esse sublatum[20]. Hec audientes presbyteri, porrectis ad ethera vultibus[21], oculisque in celum[22] pre

I. a) 5318; ob partum vacans. — 5292; ob partum vagantis.

1) terribilem esse et metuendum locum ipsum, nulli habetur ambiguum. — III 5280; terribilem nec non metuendum esse locum nulli habetur ambiguum. — H.L.43; terribilem esse et metuendum nulli habetur ambiguum. — 2) BOLL.; coquendi. — II 17625; Erit forsitan parvitatis nostre vires edificandi nam coquende. — 5573; Erant forsitan parvitati nostre vires nam coquende. — III 5280; Essent, domina, forsitan parvitati nostre vires edificandi, sed coquendi. — H.L.43; Essent forsitan parvitatis nostre vires edificandi sed coquendi. — 3) II 5280; calces. — 4) II 17625; menteque preclariore. — 5) II 17625; eloquium dedit. — 6) II 17625; III 5280; deambulantes. — 7) II 5573; portam. — 8) II; III 5280; *n'ont pas* « et ». — 9) III H.L.43; que vero (*au lieu de* « et que »). — 10) BOLL.; egressi fuissent in plateam stabant prestolantes si. — II; III; egressi fuissent in plateam (III; platea) stupore repleti stabant attoniti. Et ecce. — 11) II; III; *n'ont pas les mots :* « si quid..... audirent ». — 12) III 5280; porcorum custodes. — 13) BOLL.; II; III; inter se sermocinarentur. — 14) BOLL. *mss. Larivour et Bonnef.;* ob partum vacantis. — II 17625; ab partu vacantes. — III H.L.43; ob partum vagantis. — 15) II; III; magnitudinus. Alter (II 5573; alter vero. — III 5280; alter quoque) pastor e contrario. — 16) III 5280; Et ego quidem. — H.L.43; Idem et ego. — 17) III H.L 43; *n'a pas* « a ». — 18) II 17625; *n'a pas* « de ». — 19) III H.L.43; *n'a pas* « aliquando ». — 20) III 5280; sublatum fuisse. — 21) II 17625; porrectos... vultus. — 22) III 5280; celo.

gaudio fixis, Deum benedixerunt, qui tantam gratiam famule sue Genovefe dignatus est conferre [1]. Comperientes ergo loca in quibus siti erant furni calcis de quibus custodes porcorum [2] concionabantur, regressi presbyteri que [3] a pastoribus didicerant renuntiaverunt [4]. At illa extemplo [5] pre gaudio sinum lacrimis implevit [6], egressisque presbyteris de domo sua [7], poplitibus inclinatis, genibusque in terra fixis [8], noctem totam in oratione et lacrimis consummavit, obsecrans sibi a domino auxilium [9] conferri quemadmodum [10] posset [11] in honorem [12] summi antistitis [13] ac martyris sancti Dionysii [14] basilicam construere.

17. Que [15], luce prima, vigiliis confecta [16], ad Genesium presbyterum properans direxit [17], imploravitque [18] eum quatinus basilicam, in suprascripti martyris honore construerent [19]. Cui et de calcibus, quas deus providerat, indicavit. Etenim Genesius [20] presbyter, ubi de calcibus [21] audivit, metu superatus [22], Genovefam pronus [23] in terra [24] adoravit ac repromisit [25] in dies noctesque [26] se obnixe que jusserat impleturum [27]. Universis denique [28] civibus, Genovefa implorante, auxilium ferentibus, in honorem sepe-

1) III 5280; Genovefe famule sue conferre dignatus est. — 2) BOLL.; porcorum custodes. — 3) II 5573; regressi ad eam, que. — 4) III 5280; Genovefe retulerunt. — 5) II 5573; *n'a pas* « extemplo ». — 6) II 5573; III 5280; implevit obortis. — 7) Boll.; II 5573; III H.L.43; Egressisque de domo sua presbyteris. — II 17625; Egressis presbyteris de domo sua. — III 5280; et egressi de domo sua presbyteri. — 8) II; III H.L.43; poplitibus inplicatis genibusque in terra (III H.L.43; terram) fixis. — III 5280; poplitibus in terra inplicatis genibusque fixis. — 9) BOLL.; II; III; opitulationem atque auxilium. — 10) III 5280; quatinus. — 11) BOLL., III H.L.43; possit. — II 5573; *n'a pas* « posset ». — 12) BOLL.; II; III; honore. — 13) BOLL.; summi pontificis ac martyris. — 14) III 5280; sancti videlicet Dionysii. — 15) III 5280; Que siquidem. — 16) II 17625; vigiliis confecit. — III 5280; in vigiliis confecta. — 17) II 5573; gressum direxit. — 18) II; III; lacessivitque que (II 5575; lacersivitque.) — 19) II 17625; construeret. — 20) III 5280; Genesius etenim presbyter. — 21) II 5573; III 5280; at ubi de calcibus audivit. — III H.L.43; ubi de calcis copia audivit. — 22) II 5573; arreptus. 23) II 17625; III H.L.43; protinus. — 24) II 16625; terra. — 25) BOLL.; II; III; *n'ont pas* « in ». — 26) II 5573; repromisit dicens noctesque. — III 5280; diebus noctibusque. H.L.43; die noctuque. — 27) III 5280; se obnixe laboraturum quousque opus basilice consummaretur. — 28) III H.L.43; Universisque denique. — 5280; Universis deinde.

dicti martyris Dionysii ad fastigium usque basilica constructa est[1].

18. Opere pretium etiam illud indicare estimo[2] quid miraculi per eam[3] dominus fecit. Cum, collectis carpentariis qui[4] ad crebrodictum[5] edificium[6], que[7] de lignis[8] opus erant[9], in saltu alii inciderent ac dolarent, alii in plaustra[10] conveherent[a]), contigit ut potus[11] deficeret. Et Genovefe erat incognitum quod potus deesset[12]. Tunc cepit Genesius presbyter suadere Genovefe ut opifices[13] cohortaretur[14] quousque ille[15] ad civitatem pergeret potumque velociter[16] exhiberet. His auditis, Genovefa vas in quo potus ante delatus fuerat deferri sibi jubet quod cupam nuncupant. Quo sibi allato, jubet a se omnes seorsum secedere[17]. Et[18] illa, genibus in terra positis[19],

I a) 5292 ; « veherent » *corrig. en* « conveherent. »

1) BOLL.; II; III; in honorem (II 17625; III H.L.43; honore) sepedicti martyris ad fastigium usque (III 5280; usque ad fastigium) basilica constructa est.— 2) BOLL.; *n'ont pas* « estimo ». — 3) II 5573; Opere precium est etiam illud indicare quid miraculi dominus per eam fecit. — 17625; III; Opere precium (5280 ; precium est) etiam illud indicare quid miraculi tunc per eam dominus fecit (5280; gessit). — 4) II 17625; quod.— 5573 ; his que ad.— 5) III 5280; crebro dicti. — H.L.43; crebrum dictum.— 6) III 5280; edificii. — 7) II; III; *n'ont pas* « que ». — 8) II 17625 ; III ; ligno. — 9) II 17625; erat. —III 5280; *n'a pas* « erant ».—10) III 5280; in saltu convenerant, alii inciderent, alii dolarent, alii in plaustra conveherent. — 11) II 17625; potum. — 12) II; III; H.L.43; sed Genovefe quod potus (II 17625; potum) deesset erat incognitum. — 5280; Genovefe vero quod potum defecisset incognitum existebat. — 13) *à la place des mots* « Tunc.... opifices » : BOLL.; II 5573; Affari Genesius presbyter Genovefam cepit ut (5573; quatenus) opifices. — 17625; Afferri Genesius presbyter coepit quatinus opices (*sic*).—III 5280; Tum vero Genesius presbiter affari beate Genovefe cepit ut opifices. — H.L.43; Affarique Genesius presbyter Genovefe cepit quatenus opifices. — 14) III 5280; exhortaretur.— 15) III 5280; ipse.— 16) III 5280 ; quantocius.—17) BOLL.; delatus fuerat, quod cupam nuncupant, deferri sibi jubet. Quæ cum fuisset allata jubet a se omnes discedere. — II; III H.L.43; vas in quo potum delatum (II 5573; potus delatus) fuerat quod cuppam (II 5573 ; cupam) nuncupamus (III H.L.43 ; nuncupant) sibi petiit monstrari (II 17625; monstrare). Que cum fuisset ostensa, expostulavit a se omnes seorsum discedere. — III 5280; vas in quo potum delatum fuerat quod cuppam nominamus sibi monstrari jussit. Que cum ei fuisset allata expostulavit a se omnes seorsum discedere. — 18) II 5573; Tunc. — III 5280; At.—19) BOLL.; II; III; in tellure (II 17625; tellurem) fixis (5573; defixis.)

lacrimas fundens [1], ubi sensit se [2] obtinuisse quod precabatur, surgens, oratione completa, signum [3] crucis super vas poculi [4] fecit. Mirabile [5] dictu, statim cupa usque ad summum poculo [6] impleta [7] est. Et ex eo qui ad operandum acciti fuerant [8], quamdiu omne opus basilice consummatum est, uberrime potantes, maximas deo gratias retulerunt.

CAP. V.

19. Fuit illi devotio ut omnem noctem sabbati [9] que lucescit in primam sabbati [a]), juxta traditionem domini, quemadmodum servus [10] prestolans dominum suum quando redeat [11] de [12] nuptiis, totam [13] pervigiliem duceret. Vice [14] quadam post [15] intempestam noctem [16], jam proximum diem dominicum gallorum plausu vel cantu indicante [17], egreditur [17] de receptaculo suo ut ad basilicam sancti Diônysii pergeret. Et contigit [18] ut cereus, qui ante eam [b]) deferebatur, extingueretur [19], turbateque sunt [20] virgines que cum ea erant ob [21] horrore [c]) tetre noctis et a ni-

I a) 5341 ; 17003; 5291 ; 5319; in prima sabbati. — b) 5292; eum. — c) 5318; « orrore » *corrig. en* « torrore ».

1) II 17625; fudit.— 2) BOLL.; II 17625; se sensit obtinuisse. — III H.L.43; et ubi se sensit obtinuisse.—3) II 5573; precabatur, surrexit ab oratione et signum.—III 5280; oratione autem completa signum.— 4) III 5280; *n'a pas* « poculi ». — 5) II; Mirum. — 6) III 5280; cupa ad summum usque poculo. — II 17625; III H.L.43; cupa (II 17625; cuppa) usque ad summum poculum. — 7) III 5280; completa est. Ex eo quippe omnes qui ad. — 8) II 5573; adsciti fuerant ad operandum. — 9) II 17625; 5573; III H.L.43; Fuit illi devotio ut noctem (H.L.43; nocte) sabbati que lucessit in prima. — II 5311 [α]); Fuit igitur beate Genovefe maxima devotio ut nocte sabbati que lucescit in prima. — III 5280; Fuit denique eidem virgini devotio ut noctem sabbati que lucescit in prima sabbati. 10) III 5280; *n'a pas* « servus ». — 11)III 5280; revertitur. — H.L.43; redit.— 12) II 5573; 5311; III; a.— 13) II; III; *n'ont pas* « totam ». — 14) III 5280; Vire siquidem quadam.— 15) II 5573; cum.— 16) II; III; intempesta nocte.—17) II 17625; gallui (*sic*) cantu indicante.—17) 5573; egrederetur.— 18) BOLL.; pergeret. Contigit autem ut. — II; III H.L.43; pergeret. Contigit ut. — 5280; proficisceretur. Contigit ut. — 19) II 17625; extingueret. — 20) II 5573; Turbate ergo sunt. — III 5280; Turbate vero fuerunt.—21) III; errore.

[α]) Le ms. 5311 qui omet les paragraphes 9 à 18 reprend avec le commencement du paragraphe 19.

mio [a]) ceno vel imbre [1] qui nimius nubibus defluebat [2]. Ilico [3] Genovefa cereum extinctum sibi dari jubet [4]. Quem cum manu cepisset [5], statim reaccensus est [6]. Eumque in manu gestans pervenit usque ad basilicam [7]; et ibi [8] ante eam cereus [9] ipse igne consumptus est [10].

20. Similiter [11], eodem [12] tempore, ingressa in [13] ecclesiam [14], cum, diutissime solo recubans [b]), oratione completa, a pavimento surrexisset [15], cereus necdum ab [16] igne contactus [17], divino nutu succensus, in manu ejus illuminatus est [18].

21. Item [19] in [20] cellula [c]) sua aiunt cereum in manu ejus sine succensione ignis illuminatum [21]. De quo etiam [22] cereo plures [23] infirmi, fide instigante [24], aliquid [25] cum reverentia auferentes [26] pristinam receperunt [d]) sanitatem [27].

I. a) 5318; animio (*le second* I *rajouté au-dessus de la ligne*).—5292 « animo » *corrig. en* « animio ». — 5319; animo. — b) 5292; 5341; 17003; 16736; 5291; 5319; recumbens. — c) 5341; in cella. — d) 5341; 17003; 16736; 5291; 5319; recepere. —

1) III; H.L.43; et ea nimio imbre qui. — 2) II 17625; qui in itinere fundebatur. — 5341; qui ab itinere fundebatur. — II 5573; III H.L.43; qui ab ethere fundebatur. — 5280; qui diffundebatur illic. — 3) III 5280; *n'a pas* « ilico ».— 4) BOLL.; II; III; petiit —5) BOLL.; II 5280; accepisset.— 6) BOLL.; II; III H.L.43; continuo illuminatus est (*au lieu de* « statim reaccensus est »). — 5280; accepisset, eumque manibus gestans accensus est. — 7) BOLL.; II; III H.L.43; ad basilicam usque pervenit. — 5280; accensus est et ad basilicam usque ita pervenit. — 8) III 5280; ibique. — 9) II; III H.L.43; lucens cereus. — 10) II 5573; cereus igne consumptus est. — III H.L.43; cereus consumptus est. — 5280; cereus ardens et lucens consummatus est. — 11) III 5280; *n'a pas* « similiter »). — 12) III 5280; Eodem denique tempore. — 13) II 17625; III 5280; *n'ont pas* « in». — 14) II 5573; ecclesia. 15) II 17625; 5311; surrexit: — 5573; surgeret. — III 5280; surrexit a pavimento.— 16) III 5280; *n'a pas* « ab ». — 17) III H.L.43; contractus. — 18) II 17625; *n'a pas* « in manu ejus » —5573; divino manu susceptus *au lieu de* « divino nutu succensus ». — III 5280; contactus, in manu ejus accensus est divino nutu illuminatus. — 19) II 17625; Ipse vero in. — 20) II 5573; in cella. — 21) III 5280; *au lieu des mots* « Item..... illuminatum » : Rursus exinde aiunt in cellula sua sine succensione ignis in manu ejus cereum illuminatum. — 22) III 5280; nanque (*sic*).—23) III 5280; perplures. — 24) III 5280; fide repleti.— 25) II; III; paululum. — 26) III 5280; secum auferentes. — 27) II 17625; pristinas receperunt sanitates.

22. Quedam femina furtim [1] abstulit ejus [2] calciamenta. Que ut ad domum suam pervenit, continuo oculorum [3] lumen [a]) amisit. Ergo ut [4] cognovit furuncula celitus in se ulcisci injuriam beate virginis [5], alterius ad eam [6] ducatu reportans [7] calciamenta ruensque ad pedes ejus [8], ignosci sibi pariter et lumen amissum reddi precabatur [9]. Genovefa vero, ut erat benignissima, manu [10] eam ab humo subridens levavit et, signans oculos ejus, pristinum lumen [11] restituit.

23. In Lugdunensi [12] oppido [13] quid miraculi per eam dominus fecit [14] edicere [b]) series lectionis expostulat [15]. Adveniente siquidem [16] Genovefa, haud procul ab ipso oppido maxima pars populi in occursum ejus venit [17], inter quos et [18] parentes cujusdam puelle que novem annis ita erat [19] paralysis [20] egritudine [21] afflicta ut nulla valeret se movere compage membrorum [22]. Supplicantibus [23] ergo [c]) parentibus puelle [24] vel [25] senioribus populi, ad

I. a) 5318; lumen oculorum. — b) 5292; dicere. — c) 5292; autem.

1) II 5573; furto. — 2) III 5280; Quedam interea femina furtim ejus abstulit calciamenta. — 3) II 17625; 5311; III; lumen oculorum. — 4) III 5280; ubi. — 5) BOLL.; II; III; injuriam Genovefe. — 6) III 5280; *n'a pas* « ad eam ». — 7) II 17625; evectans. — 5573; III; revectans. — II 5311; vectans. — 8) II; III H.L.43; pedes Genovefe. — 9) II 17625; 5311; III H.L.43; ignosci sibi pariter et illuminari ululans exorabat. — II 5573; ignosci sibi crimen pariter et lumen restitui ululans exorabat. — III 5280; ignosci sibi pariter et lumen restitui ululans exorabat. 10) II 17625; ut a benegnissima manu. — 11) II; pristinum visum. — III 5280; ei pristinum lumen. — H.L.43; pristinum ei lumen. — 12) II 5311; III H.L.43; Laudunensi. — 13) III 5280; deinde oppido. — 14) BOLL.; II 5573; III H.L.43; fecerit. — III 5280; egit. — 15) III 5280; exposcit. — 16) II; III H.L.43; *n'ont pas* « siquidem ». — 5280 « igitur » *au lieu de* « siquidem ». — 17) II 5573; in occursione ejus venit. — III 5280; in occursionem ei convenit. — H.L.43; in occursum venit. — 18) III 5280; inter quos erant parentes. — 19) III H.L.43; erat ita. — 20) BOLL.; II 17625; 5311; III H.L.43; paralisi. — 21) BOLL.; *n'ont pas* « egritudine ». — 22) BOLL.; *ms. Utrecht*; II 5573; 5311; III; ut nequiret (II 5573; 5311 nequiverit. — III H.L.43; nequiveret) quisquam (II 5311; III H.L.43; cujusque. — II 5573; III 5280; cujusquam) indicare: (II 5573; judicari. — 5311; judicare. — III H.L.43; indicari); compagem (II 5573; III; compage) membrorum (III 5280; quorumdam membrorum). — BOLL.: *ms. Bonnef.*; ut nequiret cujusquam membri compage juvari. — II 17625; ut nequiverit aliquam solvere compagem membrorum. — 23) III 5280; igitur. — 24) III; « ejus » *au lieu de* « puelle ». — 25) III 5280; « ac » *au lieu de* « vel ». —

domum puelle [1] pervenit. Oratione facta [2], contrectansque [3] dissolutos artus [4] propriis manibus, eam [5] se vestire vel [6] calciare [7] precepit. Et ita, a lecto surgens, ad ecclesiam cum populo incolumis perrexit. Quod [8] miraculum populi videntes [9], benedixerunt dominum nostrum Jesum [10] qui tantam gratiam prestare dignatur diligentibus se [11]. Et remeantem Genovefam [12] ab ipso oppido, psallentes et exultantes populi [13] deduxerunt [14].

CAP. VI

24. Cum esset insignis Childericus [15] rex Francorum [16], venerationem [17] qua eam dilexit effari [18] nequeo. Adeo ut [19], vice quadam, ne [20] vinctos, quos interimere idem rex [21] cogitabat, Genovefa abriperet [22], ingrediens [23] urbem Parisiorum, portam [24] firmari [25] precepit [26]. At ubi ad sanctam Genovefam [27] per fidos internuntios [28] regis deliberatio [29] pervenit [30], confestim ad liberandas [31] animas prope-

1) III 5280; jamdicte puelle beata Genovefa pervenit. — 2) II; Et oratione facta. — III 5280; Oratione que idem facta. — 3) III 5280; itaque contrectans. — 4) III 5280; artus puelle. — 5) II 5573; ei. — 6) III 5280; et. — 7) III H.L.43; se vestire precepit. — 8) III 5280; Quod vero. — 9) BOLL.; II; III; miraculum cum vidissent turbe. — 10) BOLL.; II 5573; 5311; III; Jesum Christum. — II 17625; dominum deum nostrum Jesum Christum. — 11) Boll.; II; III; gratiam diligentibus se (5280; se diligentibus) prestare dignatus est. — 12) II 17625; 5311; III; remeante Genovefa. — 13) II 5311 psallentibus et exultantibus populis. — 14) II 17625; deduxerunt eam. — 5311 eam duxerunt. — III 5280; eam deduxerunt. — 15) BOLL. *mss. Bonnef. et Larivour;* II 5311; Cum esset ingens Childericus (5311; Hildericus). — II 17625; Cum esset Childericus. — 5573; Cum esset gentilis Childericus. — III 5280; Cum esset nanque gentilis Hildericus. — 16) BOLL. *mss. Bonnef. et Larivour;* II 17625; 5573; III H.L.43; Francorum rex. — 17) II; III H.L.43; veneratione. — 18) II 5311; affari. — 19) III H.L.43; *n'a pas* « ut ». — 20) II 5573; *n'a pas* « ne ». — 21) BOLL.; II; III; *n'ont pas* « idem rex ». — 22) 5573; eriperet. — 23) BOLL. *ms. Utrecht*; II 17625; 5311; III 5280; egrediens. — 24) II 17625; porta. — 5311; *n'a pas* « portam ». — 25) II; III; claudi. — 26) BOLL.; præceperit. — II 17625; rex precepit. — 27) II 5573; 5311; III; At ubi ad Genovefam. — II 17625; Ad (*sic*) ubi Genovefa. — 28) BOLL.; II 5311; perfidum internuntium. — 17625; III 5280; perfidus internuntius. — H. L. 43 *n'a pas* « per fidos internuntios ». — 29) II 17635; deliberatione. — 30) II 17625; advenit. — 31) III H.L.43; deliberandas.

rans direxit [1]. Non minimum populi admirantis [2] fuit spectaculum [3] quemadmodum porta [4] civitatis inter manus ejus sine clave reserata est [5]. Sicque, regem consecuta [6], ne vinctorum capita amputarentur obtinuit.

25. Fuit quidam sanctus in partibus Orientis valde contemptor seculi, nomine Symeon [7], in Syria Cilicie, eminus ab Antiochia manens [8] in columna annis fere quadraginta; quem aiunt negotiatores [9] illuc [10] euntes ac redeuntes sedule de Genovefa interrogasse, quam etiam veneratione profusa [11] salutasse, et ut ejus [12] in orationibus suis memor esset obnixe poposcisse [13] ferunt [14].

26. Puella quedam [15] jam [16] nubilis [a]) et jam desponsata [17], nomine Cilinia, ut comperit gratiam Christi [18] Genovefe collatam, petiit sibi ab ipsa [19] vestem [20] mutari [21]. Quod cum adolescens cui fuerat promissa [22] audisset, protinus, indignatione repletus, Meldis urbem ubi Cilinia morabatur [23] pervenit [24]. Mox Genovefa [25] cum [b]) Cilinia [26],

I. a) 5292 ; « nubilis ». — b) 5318 ; una cum.

1) III 5280; iter direxit. — 2) BOLL.; admirantis populi. — II 17625; 5573; populi mirantis. — 3) II; expectaculum. — III H.L.43 ; aspectaculum. — 4) BOLL.; II; III; se porta. — 5) BOLL.; II; III; reseravit. — 6) III; regis gratiam consecuta. — 7) II 17625 ; Symeonis. 8) II; III ; constitutus. — 9) BOLL.; II ; III ; sedule (II 17625 ; sedulo) negotiatores. — 10) II ; III ; *n'ont pas* « illuc ». — 11) II 5573 ; profusa veneratione. — 12) II 5573 ; 5311 ; III ; eum. — 13) II 17625 ; 5311 ; memoriam haberet poposcisse ferunt. — 5573 ; memorem haberet poposcisse. — III ; memorem haberet poposcisse ferunt. — 14) II ; III ; ferunt (II 5573 ; *n'a pas* « ferunt »). Admirabile istud apud nos (II 5311 ; Admirabile studium apud nos. — III 5280 ; admirabile istud miraculum apud nos. — H.L.43 ; Admirabile est istud miraculum apud nos) nec (III ; quia nec) calidus nec frigidus christianus (II 5573 ; calidos nec frigidos christianos habetur) quod (III ; qui) ita scientia (III ; scientiam) Dei Christi (III ; et Christi) fidelissimi famuli, veluti sensum Domini (II 17625 ; *n'a pas* « Domini ») cognoscentes tantas inter se positas (II 17625 ; *n'a pas* « positas ») provincias semet ipsos ab administratione sua (II 5573 ; *n'a pas* « sua ») comperiant. Puella. — 15) II 5573; III ; *n'ont pas* « jam ». — 16) II 17625 ; 5573 ; III : nobilis. — 17) II 17625 ; disponsata. — 18) II 17625; Christo. — 19) II 5573 ; ab ea. — 20) II 5573 ; III; veste. — 21) II 17625 ; mutare. — 22) II 5311 ; disponsata. — 23) II ; III ; Cilinia cum Genovefa morabatur. — 24) BOLL.; II; III ; advenit. — 25) BOLL.; II ; III; una cum. — 26) III H.L.43 ; Licinia.

ubi [1] advenisse adolescentem comperit, summa cum [2] festinatione ad ecclesiam confugit [3]. Magni miraculi res fuit quemadmodum, eis [a]) fugientibus [4], baptisterium quod interius [5] erat sponte se reseravit [6]. Sic itaque predicta puella, ab hujus mundi contagionibus [7] liberata, usque ad consummationem [8] in abstinentia et castitate perseveravit.

27. Per idem tempus eadem dicta [9] Cilinia obtulit Genovefe puellam de ministerio suo cui biennio [10] fere [11] egrotanti etiam pedum fuerat usus [12] ablatus. Quam ut manibus Genovefa [13] contrectavit, confestim sanitatem consecuta est.

28. Factum est ut in Parisio propria urbe [14] offerrentur ei [15] inter viros ac [16] mulieres duodecim anime que [17] a demonibus gravissime vexabantur. Ilico Genovefa, Christum sibi in auxilium invocans [18], ad orationem recurrit; continuoque inergumeni [19] suspenduntur in aera ita ut nec manus eorum cameram [20], nec pedes [b]) terram tangerent. Que, cum ab oratione surrexisset [21], jussit eos ad

I. a) 5292; eisdem. — b) 5292; pedes eorum. —

1) BOLL.; II; III « ut » *au lieu de* « ubi ». — 2) BOLL.; II 17625; 5311; III; cum summa. — 3) BOLL.; II; III; perrexit. — 4) II 17625; fuit pro eisdem ad se confugientibus ecclesia simul et baptisterium. — II 5573; fuit quemadmodum easdem fugientes ecclesia simul et baptisterium. — II 5311; III; fuit quemadmodum se easdem fugientes ad ecclesiam simul et (III; *n'a pas* « et ») baptisterium. — 5) III 5280; intus. — 6) II 17625; 5311; III; erat reseravit. — II 5573; erat se reserans recepit. — 7) BOLL.; II; III; mundi naufragio vel contagione. — 8) BOLL.; II 17625; 5573; III; in. — 9) II 5573; consummatione vite. — 10) BOLL.; III; supradicta. — II 17625; 5573; sepedicta. — 5311; sua dicta. — 11) II 5573; biennium. — 12) III 5280; febre. — 13) BOLL.; II; III; usus fuerat ablatus. — 14) III 5280; ut beata virgo Genovefa manibus. — 15) II 17625; ut in Parisio propria offerrentur. — 5573; ut in Parisio propria urbe offerrentur. — 5311; ut in patria propria offerrentur. — III 5280; ut in propria domo apud Parisium offerrentur. — H.L.43; ut in Parisio propria domo offerrentur. — 16) II 17625; *n'a pas* « ei ». — 17) BOLL.; II; III; et. — 18) II 5311; III; qui. — 19) II 5311; III H.L. 43; sibi obsecrans in auxilium, ad. — II 17625; 5573; sibi obsecrans in auxilium exsurgere, ad (17625; in). — III 5280; sibi deprecans in auxilium, ad. — II 17625; continuo inergumeni. — 20) II 5311; camera. — 21) II 17625; ab oratione levasset, jussitque. — 5573; ab oratione se levasset, jussit. — 5311; se ab oratione levasset, jussit. — III H.L.43; ab oratione levasset.

sancti Dionysii [1] basilicam pergere [2]. E contra [3] inergumeni clamabant nequaquam sibi gradiendi facultatem concedi [4], nisi ab ea dissolverentur [5]. Et ita, a Genovefa signati, vinctis post tergum manibus ac silentes [6], ad basilicam predicti [7] martyris perrexerunt. Illaque, post duas fere horas [8], eos subsecuta [9], ad crebro dictam [10] basilicam [11] pervenit [a]). Que cum orare, ut moris [12] sibi erat, adherens pavimento cum fletu cepisset, vociferabantur [13] inergumeni cum ingenti clamore prope jam esse eos quos advenire [14] sibi in solatium [15] Genovefa precabatur. Forsitan, ut opinor, angeli aut martyres vel sancti quique eidem in auxilium [16] conveniebant [17], vel ipse dominus [18] Jesus qui prope est omnibus invocantibus se [19] in veritate presens aderat [20], quique voluntatem timentium [21] se facit [22] et deprecationes [23] justorum exau-

I. a) 5318 ; pervenit basilicam. —

1) BOLL.; II ; III ; Dionysii martyris. — 2) II 17625 ; pervenire. — III 5280; ducere. — 3) *au lieu de* « E contra »: BOLL.; Continuo. — II 17625 ; Contrario. — II 5573; E contrario. — 4) II 17625 ; nequaquam gradiendi sibi esse facultatem. — 5573 ; clamabant nequaquam sibi concidi nisi. — 5) II 5573 ; solverentur *corrigé en* « dissolverentur ». — 6) II 17625; Et ita Genovefa signat aere vinctos positis post tergum manibus ac silentes ad. — 5573 ; Et ita a Genovefa signati revinctis post tergum manibus ac silentes ad. — 5311 ; Et ita Genovefa signat ire vinctis postergo (*sic*) manibus ac silentes ad. — H.L.43 ; Et ita Genovefa signat ire junctis post tergum manibus silentes ad. — 5280 ; Et ita Genovefa sinit (vel signat) eos ire ad basilicam beati Dyonisii martyris manibus post tergum vinctis. Illaque post. — 7) II 5573 ; 5311 ; predictam. — 8) II 17625; post duabus fere horis. — 9) II ; III H.L.43 ; subsecuta eos. — 5280 ; subsecuta est eos. — 10) III 5280 ; *au lieu de* « crebro dictam »: memoratam. — 11) II 17625 ; pervenit basilicam. — III 5280 ; *n'a pas* « pervenit ». — 12) II 5573 ; sibi moris. — III 5280 ; mos sibi. — H.L.43 ; more sibi. — 13) II ; III ; vociferabant. — 14) II 17625 ; esse quos advenisse. — 5573 ; esse quos advenire. — 15) II 17625 ; 5311 ; solatio. — 16) II ; III ; aut (H.L.43 ; an) martyres vel justi eidem in auxilium (II 5573 ; auxilio). — 17) BOLL. ; II 5573 ; 5311 ; III ; conveniebant, saltim ipse. — II 17625 ; conveni adque ipse. — 18) II ; III ; dominus noster Jesus Christus. — 19) BOLL. ; cum. — 20) II 17625 ; 5573 ; *n'ont pas*, « presens aderat ». — 5311 ; III ; in veritate adfuit. — 21) II 17625 ; voluntatem mentibus (*sic*) se fatiet. — 5311 ; voluntatem timentibus se faciet. — 22) II ; III ; faciet. — 23) II 5573 ; deprecationem.

dit [1] ut [2] salventur ab eo. Et exsurgens [3] Genovefa ab oratione et signans unumquemque eorum [4] [5] singulatim [a], omnes continuo obsessi a spiritibus immundis [6] curati sunt. Moxque [7] omnium adstantium nares fetor [8] gravissimus perculit [9], videlicet ut [10] omnes [11] crederent animas [12] a vexatione demonum [13] emundatas [14]. Et magnificavit omnis cetus dominum [15] in tali signo [16].

29. Adveniens [17] quedam [18] puella a Bituricense [19] urbe Parisium [20] que post consecrationem [21] suam [22] corpus suum violaverat, sed [23] ab hominibus [b]) immaculata credebatur, interrogatur a Genovefa utrum sanctimonialis an vidua esset [24]. At illa respondit se in sanctimonio [25] consecratam [26], intacto corpore, dignum Christo [27] prebere famulatum. E contrario Genovefa locum ac tempus vel hominem eumdem qui corpus ejus [28] violaverat exposuit. At illa que incassum se [29] Christi sponsam [30] profitebatur [31],

I. a) 5344 ; 1703; 16736; 5291 ; 5319; singillatim. — b) 5292; omnibus.

1) II, III; exaudiet. — 2) II 17625 ; 5311; « ac salvantur » *au lieu de* « ut salventur ». — 3) BOLL.; II 5573 ; 5311; Elevansque se Genovefa. — 17625 ; Elevansque Genovefa. — III 5280; Surgensque beata Genovefa. — 4) II 17625; *n'a pas* « eorum ». — 5) II ; III ; singulariter. — 6) II 5573 ; *n'a pas* « immundis ». — 17625 ; III H.L.43 ; omnes continuo ab obsessis spiritibus immundis curati sunt. — II 5311 ; omnesque continuo ab obsessis corporibus spiritus immundi recedentes curati sunt. — II 5280 ; omnes continuo ab obsessis spiritibus curati sunt. — 7) II 17625; Mox omnium. — 8) II ; III ; nares nidor ac fetor. — 9) II 17625 ; replevit. — 5573; 5311 ; III ; attigit. — 10) II 5573 ; ut videlicet. — 11) II ; III ; cuncti. — 12) II 5573 ; *n'a pas* « animas ». — 13) II 17625 ; demonis. — 14) III H.L.43; emundas. — 15) II 5311 ; III ; deum. — 16) II 17625 ; in tale signum. — III 5280 ; in tali facto. — 17) II 5311 ; Adveniens igitur quedam. — 18) II 17625 ; quadam. — 19) II 5573; a bitorensi (*sic*). — III H.L.43 ; ab ituricensi (*sic*). — 20) II 5573 ; *n'a pas* « Parisium ». — 21) II 17625 ; consecratione. — 22) II; III ; *n'ont pas* « suam ». — 23) III H.L.43 ; *n'a pas* « sed ». — 24) III H.L.43 ; sanctimonialis esset an vidua. — 25) II 5573 ; sanctimonia. — 26) II 17625; consecrata. [α]). — 27) BOLL. ; II ; III ; Christo dignum. — 28) II 17625; ac tempus hominis ejusdem qui corpus illic violaverat. — 29) III 5280 ; *n'a pas* « se ». — 30) III 5280 ; sponsam se. — 31) II ; confitebatur.

α) Le ms. 5573 s'arrête à ces mots : *Se in sanctimonia consecratam.*

conscientia convicta [a]), protinus ad pedes. Genovefe corruit. Multa de hujusce modi hominibus narrare possem [1], sed propter longam narrationem silentio pretermisi [2].

CAP. VII

30. Post non longi [3] temporis spatium erat mulier cum ea [4] que ab ipsa fuerat a vexatione diaboli [5] emundata, cui filius annorum erat [b]) quatuor [6] qui casu cecidit [7] in puteum et post tres fere horas demersus jacuit. Exinde sublatus [8] a matre sua, cum fletu et gemitu ante pedes Genovefe, vultu contrito, expositus est [9]. Quem [10] ut accepit Genovefa et pallio suo cooperuit, prostrata [11] in orationem [12], tunc flere cessavit cum [13] puerulum mortuum mors dimisit. Erant eodem tempore dies quadragesime, et infans ipse jam catecumenus [14] factus, fide imbuebatur catholica [15]. Quin imo, in Pasche vigilia baptizatus, Cellomeris [16] nuncupatus est [17] eo quod in cella [18] sepedicte Genovefe vitam quam amiserat recepisset.

I. a) 5318; convincta. — b) 5341; 5318; 17003; 16736; 5291; 5319; uerat.

1) II 5341; III; potui. — 2) II 17625; hominibus deserui, que propter longa narratione silentium pretermisi. — 3) II 17625; non longum temporis. — III 5280; non longum vero temporis. — H.L.43; non longum vix temporis. — 4) II; III; cum ea mulier. — 5) III 5280; demonis. — 6) BOLL.; filius annorum quatuor fuerat qui. — II 17625; filius annorum quatuor qui. — 5341; filius annorum quatuor erat qui. — III; filius annorum fuerat quatuor qui. — 7) BOLL.; II; III; ruit. — 8) II; et post tribus fere horis exinde sublatus (17625; ablatus). — III; et tribus fere horis demersus ibi jacuit (H.L.43; demersus ejacuit). Exinde sublatus. — 9) BOLL.; III H.L.43; vultus contrito depositus est. — II 17625; vultu contritus depositus est. — 5573; positus est vultu contrito. — III 5280; Genovefe virginis vultu contrito depositus est. — 10) III H.L.43; que. — 11) II 17625; prostrata est. — 12) II; III; oratione. — 13) BOLL.; tunc flere non cessavit usque dum puerulum. — III; tum (H.L.43; dum) flere cessavit, tunc puerulum. — 14) III 5280; caticumenus jam factus. — 15) II 17625; induebatur fide catholica. — 5341; effectus fide inbuebatur catholica. — III 5280; fide induebatur catholica. — 16) BOLL. *ms. Utrecht;* III; Cellomerus. — 17) II 5341; nuncupatus fuerat. — II 5280; nomen accepit. — 18) BOLL.; cellula. — III; cellulam.

31. In Meldorum urbe occurrit ei homo cubito tenus [a]) cum brachio manum aridam habens [1], obsecrans sanitatem per eam sibi [2] restitui. Apprehensam igitur [3] manum illius aridam ac compagem [4] digitorum brachiumque contractum [5] vexillo crucis muniens, in semi hora manus ejus restitua est [6].

32. A die sancto Epiphanie, usque natalem [7] calicis diem, qui est domini cene, erat mos beate Genovefe ut sola in cellula [b]) sua [8] reclusa [c]) maneret, quatinus liberius soli deo orationibus et vigiliis deserviret. Quadam die advenit quedam femina [9], curiositate potius quam fide permota, quidnam ageret sancta virgo in cella sua cognoscere [10] volens [11]. Que ut ad fores ejus pervenit, mox oculorum lumine caruit [12]. Nescio quid procul dubio dolose cogitantem [13] eam [14] ultio divina damnavit. Cujus oculos

I. a) 5291 ; cubitotenus. — 5341 ; «cubitutenus» *corrig. en* « cubitotenus ». — 5318; 5292; 17003; 16736; 5319 ; cubitutenus. — b) 5318; 5341; 17003; 16736 ; 5291 ; 5319 ; cella. — c) 5318 ; 5341 ; 17003 ; 16736 ; reclausa.

1) II 17625; homo acubitutenus cum brachium manum habens aridam. — 5341 ; homo cubito tenus cum brachio manum habens aridam. — III ; homo acubitutenus (H.L.43 ; accubitutenus) cum brachio manum habens aridam. — 2) BOLL. ; sibi per eam. — II 17625 ; III ; *n'ont pas* « sibi ». — II 5341 ; obsecrans eam sanitati restitui. — 3) BOLL. ; ergo. — 4) II 17625 ; aridam cum compagis. — 5341 ; aridam compages. — III H.L.43 ; illius aridam ac compages. — 5280 ; ejus aridam ac compages. — 5) II 5341 ; brachioque contracto. — 6) II 17625 ; restituta est pristine sanitati. — 5341 ; restituta est pristinam sanitatem. — 7) BOLL. ; usque ad natalem. — 8) BOLL. ; reclausa. — 9) II ; usque natalem (17625 ; natale) calicis diem qui (17625 ; calicis quod) est Domini cene (17625 ; cena), sola in cellula reclusa soli deo orationibus et vigiliis vacabat. Adveniens quedam religiosa femina curiositate. — III 5280 ; usque in natalem calicis diem que Domini cena vocatur sola in cellula reclusa soli deo orationibus et vigiliis vacabat. Adveniens quedam religiosa femina curiositate. — H.L.43 ; usque in natalem calicis diem que Domini cena vocatur sola in cellula vacabat. Adveniens quedam religiosa femina curiositate. — 10) BOLL. ; II 5341 ; III ; quidnam Genovefa in cellula sua ageret clam cognoscere. — II 17625 ; quidnam ageret Genovefa in cellula clam cognoscere. — 11) II ; III ; voluit. — 12) BOLL. ; II ; III ; mox lumen oculorum (II 17625 ; oculorum lumen) amisit. — 13) II 17625 ; nescio que proculdubio dolose cogitantem. — III 5280 ; nescio quid ea proculdubio cogitante dolose. — 14) BOLL. ; II ; III ; *n'ont pas* « eam ». —

consummatione quadragesime [1] procedens Genovefa e cella [2] sua oratione et signo crucis [3] illuminavit.

33. Tempore igitur quo obsidionem Parisius quinos per annos, ut aiunt [4], perpessa est a Francis [5], pagus [6] ejusdem urbis ita inedia [7] afflictus est [8], ut nonnulli fame periisse [9] dicantur [10]. Factum est autem ut Genovefa in Arciacense oppidum [11] navali evectione [12] ad comparandam annonam proficisceretur. Que [13] cum pervenisset ad locum in amne Sequane ubi erat [14] arbor que naves mergebat, paululum Genovefa navigantes [14] ad ripam appropinquare precepit. Et, oratione facta, arborem incidi jussit [15]. Quam cum ictibus securium, navales ejusdem socii cepissent incidere, ultro orante Genovefa, radicitus avulsa est [16]. Protinus, ut ferunt, duo monstra [17] teterrimi coloris [18] de eodem loco egressa sunt [19]. De quorum [a]) fetore per duas fere horas [20] navigantes fetidissimo non modice flatu gravati sunt [21].

I. a) 5292 ; decorum.

1) II 17625 ; Cujus consummatione oculos quadragesime. — 2) BOLL.; e cellula sua. — II 17625 ; ad cellulam suam. — 5311 ; III ; in cellula sua. — 3) II 5311 ; facto illuminavit. — 4) BOLL. *mss. Utrecht et Bonnef.*; obsidionem Parisius per quinos, ut aiunt, annos. — II 17625, Tempore igitur illo quo obsidionem Parisius bis quinis, ut aiunt, annis. — 5311 ; III H.L.43 ; obsidionem (H.L. 43 ; obsidione) Parisius per bis quinos, ut aiunt, annos. — 5280 ; quod obsidionem Parisius urbs quinos, ut aiunt, annos. — 5) BOLL. ; *mss. Utrecht et Bonnef.* ; II ; III ; a Francis perpessa est. — 6) BOLL. *mss. Utrecht et Bonnef.* ; II ; III ; pagum. — 7) II 17625 ; pagum ejus ita de morbis inedia. — 8) BOLL. *mss. Utrecht et Bonnef.*; II ; III ; afflixerat. — 9) II ; III ; interisse. — 10) BOLL. ; noscantur. — II ; noscuntur. — III 5280 ; cernerentur. — H.L.43 ; noscerentur. — 11) II 17625 ; III ; oppido. — 18) II 17625 ; afectione (*sic*). — 12) II 17625 ; Quem. 13) BOLL. II ; III ; ad locum ubi erat in amne Sequane (II 17625 ; Sequana) arbor. — 14) III 5280 ; navigans. — 15) II 17625 ; incidere jussit — III H.L.43 ; incidi fecit. — 16) II ; III H.L.43 ; orante Genovefa ruit avulsa. — 5280 ; orante beata Genovefa ruit avulsa. — 17) II ; III Protinus duo monstra fertur (II 17625 ; fuerunt. — III ; ferunt) — 18) BOLL. *mss. Utrecht et Bonnef.* ; II ; III ; vario colore. — 19) BOLL.; II; III; ab eodem loco egressa. De. — 20) BOLL.; fetore, duabus fere horis. — 21) II 17625 ; De quorum nidore, cum duabus fere horis navigassent, fetidissimo fetore percussi sunt. — 5311 ; III ; De quorum (II 5311 ; Decorum) nidore duabus (III H.L.43 ; duobus) fere horis navigantes fetidissimo flatu percussi sunt.

Nullusque deinceps[1] in eodem loco naufragium passus est[2].

34. Deinde cum Arciacum oppidum fuisset ingressa, occurrit ei quidam tribunus, nomine Pascivus, ac deprecabatur eam[3] ut[4] uxorem suam, longo jam tempore paralysis langore depressam[5], sua[6] visitatione[a]) salvaret[7]. Obsecrante ergo tribuno vel senioribus loci[8] illius, domum[9] ejusdem ingressa[10], ad lectum egrotantis femine accessit. Statimque, ut sibi semper[11] moris erat, in oratione[b]) se dedit[12]. Completaque[13] oratione, sanitati redditam mulierem[14] signaculo crucis de lectulo consurgere[15] jussit[16]. Confestimque[17] mulier, que, ut asserebant[18], annis fere[19] quatuor nequaquam vehi[20] propriis viribus aut gressibus quiverat, jubente beata Genovefa[21], ilico[22] de[23] lectulo[c]) surrexit incolumis. Pro cujus incommune

I. a) 5341 ; 17003 ; 5291 ; visitatione sua. — b) 17003 ; in orationem. — c) 5341 ; 17003 ; 16736 ; 5291 ; 5319 ; lecto.

1) II ; III ; nullus deinceps. — 2) BOLL. ; II ; III H.L.43 ; in eodem loco naufragium passus ex navigantibus (II 5341 ; passus navigantium. — III H.L.43 ; passus navigantibus) fertur. — 5280 ; deinceps naufragium passus in eodem loco a navigantibus fertur. — 3) II 17625 ; Pascivos (*sic*) ; deprecabatur eam. — II 5341 ; Pascivus et deprecabatur eam. — III ; Pascivus, deprecans eam. — 4) II 17625 *n'a pas* « ut ». — 5) BOLL. ; II ; III ; detentam (H.L.43 ; detantam). — 6) II 17625 ; vitationem (*sic*). — 7) II ; III ; sanaret. — 8) II 17625 ; coetuve illius. — 9) BOLL. ; II 5341 ; III ; in domum. — 10) II 17625 ; domum ejus egressa, ad. — 11) II 17625 ; sibi intermissionem moris. — 5341 ; III ; sibi sine intermissione moris. — 12) BOLL. ; in orationem se dedit. — II 17625 ; erat, reseravit. — 5341 ; III ; erat, oravit. — 13) II ; III H.L.43 ; Com pleta oratione. — 5280 ; Completa autem oratione. — 14) *au lieu de* « san... lierem » : BOLL. ; II 17625 ; roboratam mulierem. — 5341 ; roboratamque mulierem. — III ; roborataque muliere. — 15) III H.L.43 ; surgere. — 16) III 5280 ; eam jussit. — 17) BOLL. ; III ; Confestim mulier. — 18) II 17625 ; que adserebat. — 5341 ; que asserebatur. — 19) II 17625 ; *n'a pas* « fere ». — 20) II 17625 ; nequicquam vehendi. — 5341 ; nequaquam vehendi. — III 5280 ; nequaquam propriis viribus vehementi. — H.L.43 ; nequaquam vehemendi. — 21) BOLL. ; II ; III H.L.43 ; propriis viribus pre egritudine vel dolore quiverat (II 17625 ; quivisse. — III H.L.43 ; quieverat), jubente Genovefa. — 5280 ; propriis viribus vehementi pro egritudine vel dolore quieverat, jubente Genovefa. — 22) II ; III ; *n'ont pas* « ilico ». — 23) BOLL. ; II ; III ; lecto.

miraculo omnes mirabilem deum laudaverunt in sanctis suis [1].

35. Cumque ad civitatem Trecassium [2] pervenisset [3], occurrit ei multitudo populi offerentis [4] infirmos. Quos illa signans et benedicens incolumes reddebat. Tunc oblatus est [5] ei in eadem urbe homo quem, dominico die operantem, ultio divina excecaverat nec non et puella annorum fere [6] duodecim similiter ceca [7]. Quorum illa oculos, facto signo crucis [8], invocata [9] individua trinitate, illuminavit.

36. Quidam subdiaconus, ut vidit tanta mirabilia per eam fieri, obtulit ei filium suum quem bis quinis mensibus febrium frigora vehementer afflixerant [10]. Mox Genovefa aquam sibi exhibere [11] jussit [a]). Quam ut accepit, invocato nomine Domini et vexillo [12] crucis signatam, infirmo [13] potandam dedit. Tunc [14], propiciato [15] domino [16] Jesu Christo, confestim sanus factus est.

37. Plures ea tempestate, fide repleti, auferentes fimbrias vestimenti ejus a diversis infirmitatibus sunt [17] sanati. Plerique obsessi demonibus [18] per eam mundati sunt.

38. Regrediens vero ab Arciaco [19] ubi dies aliquot

I. a) 5292 ; jubet.

1) BOLL. ; deum omnes magnificaverunt mirabilem in sanctis suis.— II; III; incolumis. Et (II 17625; III; *n'ont pas* « et ») omnes astantes (II 17625; stantes) magnificaverunt mirabilem deum (II 17625 ; deum mirabilem) in sanctis suis. — 2) BOLL. *mss. Bonnef. et Lariv.*; Tricassim. — II ; III; Trecasium. — 3) III H.L.43 ; perveniret.— 4) BOLL. ; II 5344 ; III; offerentes. — 5) BOLL. ; II; III 5280 ; reddebat. Oblatus est ei. — H.L.43; reddebat. Oblatus ei. — 6) II 5344; fere annorum. — 7) III 5280 ; puella similiter ceca annorum fere duodecim. — 8) II 17625 ; oculos crucis signo. — 5344 ; oculos, facto crucis signo. — 9) II 17625 ; invocato. 10) II; III; mensibus frigora (III; frigore) vehementer afflixerant (II 17625 ; III; afflixerat). — 11) BOLL. ; II 5344 ; III 5280 ; exhiberi. — 12) II 17625 ; et ut vexillo.— 13) II ; III H.L.43 ; signatam, puerulo infirmo.— 5280 ; signatam ut puerulo infirmo.— 14) II; III; *n'ont pas* « Tunc ». — 15) II 17625; III; propitio.—16) II; 17625; III; domino nostro Jesu Christo. 17) III 5280; sunt gratia dei sanati.— 18) BOLL.; obsessi a demonibus. — II; III; ab obsessis demonibus.—19) *au lieu de* « ab Arciaco : » BOLL. *mss. Bonnef. et Lariv.*; Archiacum. — II 5344 ; Arciacum. — III 5280 ; Arciacham.—H.L.43 ; Arciacam.—II 17625; Regredientem vero Arciaca.—

commorata[1] est et inde[2] rediens[3] ad suam civitatem, uxor tribuni que[4] per eam fuerat sanitatem[5] consecuta, quousque navem ascenderet[6] eam prosecuta est. Navali igitur evectione remeantibus, contigit ut naves eorum, vento flante[7], ita[8] inter scopulos vel arbores periclitarentur, ut, in latere verse, etiam aqua implerentur[9]. Ilico Genovefa, ad celum manibus expansis,[10] auxilium a Christo postulavit[11]. Confestimque naves in suo cursu directe sunt[12]. Sicque per eam deus ac dominus noster[13] undecim naves oneriferas[a]) frugum[14] salvavit. Hec ut vidit Bessus presbyter, cujus pre timore calor ossa reliquerat, letitia repletus, voce clara precinebat dicens[15]: Adjutor et protector factus est nobis Dominus[16] in salutem. Pariterque omnes, cum eo in celum[17] clamore sublato[18], canticum exodi in modum celeume[19] concinentes, magnificaverunt deum per quem sunt, famula ejus Genovefa[b]) deprecante, salvati.

39. Regressa[20] itaque Parisium urbem[21], unicuique, prout potuit, annonam largita est[22]. Nonnullis etiam[23] quibus virtus pre inopia deerat panes integros preerogabat[24].

I. a) 5292; honoriferas. — b) 5318; famula ejus (Genovefa) deprecante (« *Genovefa* » *ajouté plus tard*).

1) III H.L.43; commemorata. — 2) III 5280; est exinde. — 3) II 17625; redientem. — 4) II 17625; qui. — 5) II 5311; sanitatem fuerat. 6) III; ascenderat. — 7) III 5280; flante vento. — 8) II 17625; *n'a pas* « ita ». — 9) BOLL.; II; III; periclitarentur ut castellae (BOLL. *ms. Bonnef.*; II; castellatim. — III; castellamina) in quibus fruges (II; III; frugem) exhibebant (II 5311; exhibebat) in (II 17625; *n'a pas* « in ». — III; et in) latere verse (II 17625; verso) etiam naves aqua implerentur. — 10) BOLL.; II; III; opitulationem. — 11) BOLL.; II; III; flagitavit. — 12) BOLL.; II 5311; III; in suo sunt cursu directe. — II 17625; in suum sunt cursum directae. — 13) II; III; dominus ac deus noster. — 14) II; III; *n'ont pas* « oneriferas frugum ». — 15) BOLL.; II; III; clara voce cecinit dicens. — 16) II 17625; factus es Domine nobis. — 17) II 17625. — III H.L.43; in celo. — 18) III 5280; clamore in celum sublato. — 19) III H.L.43; scemate. — 20) III; Ingressa. — 21) II 17625; *n'a pas* « urbem ». — III; itaque exinde Parisiorum (H.L.43; Parisius) urbem. — 22) BOLL. *mss. Utrecht et Bonnef.*; prout opus fuit annonam largita est. — II; III; prout opus fuit (II 17625; *n'a pas* « fuit ») frugem dispersit. — 23) II 17625; *n'a pas* « etiam ». — 24) II 17625; panes integerrimos erogavit. — 5311; III; panes integerrinos erogabat.

Adeo ut sepe puelle [1] que in ejus obsequio [2] erant, recurrentes ad clibanum, partem de pane quem in eo posuerant non [3] reperirent [4]. Pars enim [5] maxima [6] ab ea [7] clam [8] pauperibus fuerat [9] erogata. Quod tunc demum [10] a quo esset panis de clibano [11] sublatus [12] reperiebatur [a]) cum panes calidos [13] per civitatem post paululum cernerent egenos deferentes [14], et nomen Genovefe benedicentes ac magnificantes audirent. Erat namque illi spes [15] non de his que videntur sed que non videntur [16].

CAP. VIII

40. Defensor quidam ex Meldorum urbe, nomine Frunimius [17], annis quatuor clausos habens aurium meatus [18], Parisius Genovefam expetiit [19]. Cujus cum aures manu [20]

I. a) 5318; 5292; reperire nequiverant.

1) II 5311 ; *n'a pas* « puelle ». — 2) II 17625 ; III H.L.43; in obsequium ejus. — II 5311 ; III 5280 ; in obsequio ejus. — 3) II 17625; *n'a pas* « non ». — 4) II ; III ; reperiebant. — 5) II ; III 5280 ; *n'ont pas* « enim ». — 6) BOLL. ; maxima fuerat ab ea. — 7) II 5311 ; ab eadem. — 8) II 5311 ; III 5280 ; *n'ont pas* « clam ». — 9) BOLL. ; *n'ont pas* « fuerat ». — 10) III H.L.43 ; Quod cum a quo. — 11) III H.L.43 ; clinano. — 12) II ; III ; sublatus, reperire nequiverant. — 13) III ; reperire nequiverant, tum demum panes calidos. — 14) II 17625 ; disserentes. — 15) BOLL. ; II 17625 ; III H.L.43; Erat illi spes. — II 5311 ; Eratque illi spes. — III 5280 ; Erat enim spes non. — 16) BOLL. *mss. Utrecht et Bonnef.* ; II ; III ; videntur. Erat enim verum dictum (II 17625 ; Erat enim verum esse dictum. — III 5280 ; Eratque verum dictum. — H.L.43 ; Erat enim verbum dictum) prophete qui (III 5280 ; quem) dicit (II 17625; *n'a pas* « qui dicit ») : Quoniam qui pauperibus erogat deo fenerat. Cui etiam (II 17625 ; *n'a pas* « etiam ») patria illa, in qua feneratores egentium (III H.L.43 ; gentium) requirunt thesaurum suum, olim per revelationem spiritus sancti (II 17625 ; *n'a pas* « sancti ») fuerat ostensa, et idcirco sine intermissione flere (II ; III ; orans, flere) consueverat quandoquidem (II ; III ; quoniam quidem) sciebat se in corpore positam peregrinari (II 17625 ; peregrinare) a Domino. Defensor. — 17) II 17625; Frunimus. — 18) II 17625; quatuor clusos habens meatus aurium. — 5311 ; quatuor surdus nec habens meatus aurium. — III ; quatuor claudus nec habens aurium meatus. — 19) II ; III ; expetiit, obsecrans sibi tactu (II 5311 ; tactum) manuum suarum auditum restitui. Cujus. — 20) II ; III ; Cujus aures cum manu.

contrectans [1] signasset, continuo, auditu recepto [2], benedixit domino Jesu Christo.

41. In Aurelianensi urbe quid miraculi per eam gestum sit ordo lectionis narrare [3] exposcit [4]. Nam cum in eadem urbe cuidam [5] pro famulo culpabili supplicaret et ille [6], superbia et pertinacia [7] obduratus, nequaquam famulo ignosceret, his eum verbis alloquitur beata virgo [8] : Si tu me supplicantem despectui habes, non me despicit domi-

1) II 17625 ; tractans. — 5311 trectans. — 2) II 17625 ; signasset, continuo capax auditus redditi benedixit. — 5311 ; signasset, continuo capax audituque reddito benedixit. — III 5280 ; signasset, continuo capax gressuum audituque reddito benedixit. — H.L.43; signasset, continuo gressu pedum audituque reddito benedixit. — 3) II ; III ; *n'ont pas* « narrare ». — 4) BOLL. ; II, III α) ; exposcit. Cujus cum Fraternæ matris familiae[1], que super filiam suam Claudiam[2] in transitu positam[3] deflebat, adventus delatus[4] fuisset, pro filia rogatura continuo ad Genovefam properans direxit[5]. Quam[6] cum in basilica[7] S. Aniani antistitis orantem reperisset, cadens ad pedes ejus, ejulans[8] hoc tantum deprecata[9] fertur : Redde mihi domina Genovefa filiam meam ! Genovefa ut vidit fidem ejus respondisse dicitur : Desine ab injuria ac molestia mea[10] ; filiae tuae redintegrata est[11] incolumitas. Post hoc[12] responsum Fraterna laeta[13] surrexit, una cum Genovefa rediit ad tabernaculum suum[14]. Mirabilis dei potentia, Claudiam ex faucibus inferi revocatam ita extemplo sanavit, ut sospes Genovefe in auditorio[15] domus occurreret. Et magnificavit universa turba dominum pro repentina incolumitate meritis Genovefae, Claudiae reddita. — Factum est[16] in eadem urbe cum cuidam[17]. — 5) II 17625; *Au lieu de* « Nam.... cuidam » : Factum est in eadem urbe ut quendam pro. — 6) II 17625; III 5280 ; cumque ille H.L.43 ; cum ille. — 7) II ; III ; calliditate. — 8) BOLL. ; II ; III ; verbis allocuta dicitur : Si tu.

1) II 17625 ; materne fratris filie. — III ; Fraterna matrifamilias. — 2) II 17625 ; filia sua Claudia. — 3) II 17625 ; posita. — 4) II 5311 ; III ; dilatus. — 5) III 5280 ; continuo iter properans direxit ad Genovefam. — 6) I 17625 ; III H.L.43 ; Que. — 7) III 5280 ; ad basilicam. — 8) II ; III ; ululans. — 9) II ; III ; deprecasse. — 10) II 5311 ; injuria mea ac molestia ; filie. — 11) II 17625 ; reddenda est. — III ; integrata est. — 12) II 17625 ; hanc. — III 5280 ; hunc. — 13) II 17625 ; letitia. — III 5280 ; *n'a pas* « leta ». — 14) III 5280 ; surrexit, simulque cum Genovefa leta rediit ad domum suam. — 15) II 17625 ; adjutorio. — 5311 ; auditorium. — 16) III 5280 ; Factum est autem in. — 17) II 17625 ; urbe ut quendam.

α) Comme on le voit, un très long passage a été omis ici par les mss. de la 1re famille ; nous le transcrivons d'après le texte des Bollandistes et nous rejetons en note les variantes des mss. de la 2me et de la 3me famille.

nus Jesus Christus qui [1] clemens et pius [2] est [a]) ad ignoscendum. At ubi in domum suam [3] homo ille rediit, mox ita [4] febre accensus est, ut, tota nocte [5] estuans et anhelans [6], requiescere nequiverit. Quin etiam in crastino primo diluculo [b]) [7] ad pedes Genovefe [8] provolutus, veniam quam [9] famulo pridie [c]) non dedit [10] sibi dari [11] precabatur [12]. Sancta vero Genovefa [13] signans [14] eum, omnis amaritudo febris [15] discessit et ita sanum mente ac corpore [16] dominum et servum [17] reddidit excusatum [18].

I. a) 5292 ; clemens est et pius. — b) 5318 ; in crastino (primo) diluculo (« *primo* » *ajouté plus tard*). — c) 5318 ; pridie famulo.

— 1) BOLL. ; II ; III ; dominus meus Jesus Christus quoniam (II 17625 ; quem) clemens (II 5311 ; pius). — 2) II 17625 ; *n'a pas* « et pius ». — 5311 ; quoniam pius et clemens est. — 3) II ; 17625 ; III ; domo sua. — 4) II 17625 ; *n'a pas* « ita ». — 5) II ; III ; nocte tota. — 6) II ; III ; anhelans et estuans. — 7) BOLL. ; crastinum, primo diliculo, etiam aperto ore, morbo, qui quotidianus bos interpretatur, lingua salivam distillans, ad pedes. — II ; crastino primo diliculo etiam aperto ore secuturus [α]) (5311 ; sequuturus) qui cotidiano bos interpretatur, lingua saliva distillans, ad pedes. — III ; crastino primo diliculo, etiam aperto ore secuturus qui bos salvaticus interpretatur, lingua salivam distillans ad pedes. — 8) III 5280 ; sancte Genovefe virginis. — 9) II 5311 ; qui. — 10) BOLL. ; II ; III ; pridie famulo (II ; famulo pridie) non dederat. — 11) II 17625 dare. — 12) III 5280 ; dari supplex exorat. — 13) II ; Sancta Genovefa vero. — 14) II 17625 ; signante. — 15) BOLL. ; II ; III H.L.43 ; eum, omnis ab eo febris et (II ; III H.L.43 ; « ita » *au lieu de* « et ») egritudo (II 17625 ; egritudinis) discessit. — 16) III 5280 ; Genovefa cum eum signaret, et illum mente et corpore sanum. — 17) III 5280 ; et illum mente et corpore sanum et servum reddidit excusatum. — 18) BOLL. ; II ; II ; excusatum. Sine dubitatione (III 5280 ; sine dubio vero ang.) angelus Domini eum affligebat (II ; adfligebat eum), quemadmodum Anicianum (II ; III ; Abicianum) judicem pertinacissimum, ante cujus januam S. Martinus intempesta nocte pro vinctis (II 17625 ; provinctus) rogaturus advenisse legitur, quem etiam colafizatum ab angelo lectio tradit, ut ante fores domus sue S. Martino occurrisse (II 5311 ; occurrisset) ; et omnia que (III H.L.43 ; omnes quos) peteret prestitisse feratur (II 17625 fertur). Et inde.....

α) Le texte des manuscrits de la 4me famille a : « *Sicut urus* », ce qui est évidemment la bonne leçon. —

CAP. IX

42. Et inde [1] navigio Turonis profecta, nulla discrimina Ligeris fluvii [2] perpessa est. Sunt vero ab [3] Aurelianorum urbe usque [4] Turonorum civitatem [5] quasi stadia sexcenta. Et cum [a]) ad portam [6] Turonice urbis venisset [7], occurrit ei de basilica sancti Martini inergumenorum multitudo clamantes, nequissimi spiritus, se a sancto Martino et Genovefa [8] flammis exuri. Quin et pericula que [9] in Ligere fluvio perpessa fuerat [10] se immisisse fatebantur [11]. Interea Genovefa [12], basilicam sancti Martini ingressa, plures obsessos a demonibus [13] signo crucis et oratione [b]) purgavit [14]. Verum illi, a quibus [15] divina virtute nequam spiritus pellebantur [16], fatebantur in hora exitus [17] sui quod digiti manuum beate [18] Genovefe [19] singulatim [c]), velut cerei, divinitus [20] celesti igne flagrarent et ab his se incendi debachando clamabant [21].

I. a) 5318 ; dum. — b) 5318 ; 5291 ; 5319 ; plures ab obsessis demonibus... oratione. — 5292 ; plures ab obsessis demonibus signo sancte crucis et oratione. — c) 5292 ; singillatim.

1) III 5280 ; « Exinde » *au lieu de* « Et inde ». — 2) III H.L.43 ; fluvii Ligeris. — 5280 ; *n'a pas* « fluvii ». — 3) II ; III ; Distant vero ab. — 4) II 17625 ; usque ad. — 5) BOLL. ; II ; III ; civitatem, que Tertia Lugdunensis nuncupatur, quasi. — 6) II ; III ; portum. — 7) II ; III 5280 ; advenisset. — 8) BOLL. ; II ; III ; se (III 5280 ; *n'a pas* « se ») inter S. Martinum et Genovefam flammis exuri. — 9) II 5311 ; Quin ex periculo quod in. — 10) II ; III ; in Ligere Genovefa habuerat. — 11) BOLL. ; fuerat, ad emulationem sui se profitebantur immisisse. — II ; III ; in Ligere Genovefa habuerat ob emulationem (II ; ab immolatione) sui se profitebantur perpetrasse. — 12) III 5280 ; sancta Genovefa. — 13) II ; III ; plures ab obsessis demonibus. — 16) BOLL. ; II ; III ; oratione et signaculo crucis (II 17625 ; *n'a pas* « crucis ») emundavit. — 14) II 17625 ; aliquibus *au lieu de* « a quibus ». — 15) BOLL. ; II ; III ; a quibus immundi spiritus exibant (II 17625 ; reddebantur. — 5311 ; rediebant. — III 5280 ; recedebant. — H.L.43 ; redibant). — 16) BOLL. ; II ; III ; cruciatus sui. — 17) BOLL. ; II ; III ; *n'ont pas* « beate ». — 18) BOLL. ; II ; III ; singillatim. — 19) II 17625 ; diffinitus. — 20) BOLL. ; II 5311 ; III ; flagrarent, et circa se (II 5311 ; *n'a pas* « se ») ardere fetidissime debaccantes clamabant (II 5311 ; III ; clamarent). — II 17625 ; flagrarent et idcirco ardere fetidissime debachantes clamabant.

43. Tunc [1] [2] adierunt [a]) eam tres viri quorum conjuges in domibus eorum clam a demonibus vexabantur [3] obsecrantes ut, visitatione sua, eas a [4] nequissimis spiritibus emundaret. At illa, ut erat benignissima [b]), secuta est eos et, ingressa uniuscujusque [5] domum, matronas [6] eorum oratione et benedicti olei unctione [7] a vexatione demonum, Christo favente, purgavit [8].

44. Post perendie, cum sancti Martini interesset vigiliis [9], in angulo basilice orans ac benedicens ac laudans deum, et in media, incognita, staret caterva [10], unus ex psallentibus arreptus a diabolo [11] et [12] lanians proprios artus quos [13], mente captus, a se alienos esse [14] credebat [c]), ab absida ad Genovefam properavit. Cumque Genovefa spiritum [15] immundum a corpore hominis juberet exire et spiritus nequam per oculum se progredi minitaretur [16]; feda [17]

I. a) 5319; audierunt.—b) 5318; benissima *corrig. en* « benignissima ». c) 5318; 5292; 5319; *n'ont pas :* « quos, mente captus, a se alienos esse credebat ».

1) BOLL.; II; III; *n'ont pas* « Tunc ». — 2) II 5311; III H.L.43; audierunt. — 3) II; quorum matrone in domibus eorum clam demonibus vexabantur. — III; quorum matrone in (H.L.43; eorum in) domibus clam demonibus (H.L.43; a demonibus) vexabantur. — 4) II; III; ut visitatione (II 17625; visitationem) sua (II 17625; sui — III; *n'a pas* « sua ») conjuges eorum ab obsidentibus se nequissimis spiritibus emundaret. — 5) II 17625; eos. Ingressa est uniuscujusque. — 5311; eos. Ingressa igitur uniuscujusque. — III 5280; eos. Ingressa uniuscujusque. H.L.43; eos. Ingressa cujusque. — 6) BOLL.; II; III; matrone. — 7) BOLL.; II 5311; III H.L.43; oratione et benedictione olei (III H.L.43; olei benedictione) uncte. — III 5280; oratione et benedictione oleique unctione. — 8) BOLL.; II; III H.L.43; per eam a vexatione demonum sunt emundate. — 5280; a demonum vexatione per eam sunt emundate. 9) II 17625; « inter eos vigilia » *au lieu de* « interesset vigiliis ». — 10) BOLL.; et laudans dominum et in media caterva staret incognita. — II 17625; III H.L.43; et laudans deum in media incognita staret caterva. — II 5311; et laudans dominum et in medio incognita staret caterva. — III 5280; ac laudans deum in mediaque incognita staret caterva. — 11) II; demonio. — III; demone. — 12) BOLL.; II; III; *n'ont pas* « et ». — 13) III H.L.43; que. — 14) II 17625; mente captius esse alienos credebat. — 5311; mente captus a se esse alienos credebat. — III; mente captum se esse alienus credebat. — 15) II 17625; *n'a pas* « spiritum ». — 16) BOLL., II; III H.L.43; minaretur. III 5280; minaretur se exire. — 17) II; III; imperante Genovefa, feda.

relinquens vestigia, fluxu ventris egestus est [1]. Nec mora, dicto [2] citius ejecto demone, persona mundata est [3].

45. Per idem tempus, stans in [4] aditu [a]) domus sue, vidit quamdam [5] puellam pretereuntem [6] ampullam in manu gestantem. Quam cum ad se vocasset, interrogat quid ferret [7]. At illa inquit: Ampullam [8] ac [b]) liquamen quod mihi nuper [9] a negotiatoribus venumdatum [10] est [c]). Porro Genovefa conspicata generis humani hostem [11] in ampulle ore residere [12] comminans insufflavit in eam [13] statimque pars de ore ipsius ampulle fracta cecidit [14]. Tunc demum, signata ampulla, abire puellam jussit [15]. Hec [16] videntes multi mirati sunt quod nequaquam se eidem diabolus occultare valuerit [17].

CAP. X

46. Puerulus quidam, nomine [18] Maroveus [d]), oblatus est Genovefe a [19] parentibus [e]) suis cecus, surdus, mutus

I. a) 5341; 17003; 16736; 5291; aditum.— 5319; auditum.— b) 5318, 5292; 17003; 16736; 5291; 5319; ad. — c) 5292; venumdatum est a negotiatoribus. — d) 5318; Mauroveus. — e) 5292; apparentibus.

1) II 5341; III; ejectus est. — II 17625; egestatem (*sic*). — 2) III; dictum (*corrigé en* « dictu » *dans le ms.* 5280). — 3) BOLL.; II; III; mundata est. Multis honoribus tum eam euntem (II 17625; *n'a pas* « euntem ») ac redeuntem universi honoraverunt. Per idem. — 4) BOLL.; II 5341; aditu. — 17625; adjutorio.— III 5280; abdito.— H.L.43; auditu. — 5) II 17625; *n'a pas* « quandam ». — 6) III; pretereuntem puellam. — 7) III 5280; interrogabat quid fieret. — 8) BOLL.; ad. — 9) II; ampullam apud liquamen quod mihi paululum ante a negotiatoribus. — III; ampullam cum liquamine olei quod mihi paululum antea (5280; antea paululum) a negotiatoribus. — 10) II 17625; venundatus est. 11) II; III; adversarium.—12) II; III; « sedentem » *au lieu de* « residere ». — 13) II; ea.— III 5280; eum. — 14) II; III H.L.43; ampulle fregit ac cecidit. — 5280; ampulle cecidit quia confrācta est. — 15) II; III; Tunc enim demum signata creatura abire hominem jussit.— 16) III H.L.43; hoc. — 17) BOLL.; videntes valde mirati sunt quod nequaquam ei diabolus se occultare quiverat. — II 17625; videntes valde mirati sunt quod nequaquam se diabolus ei occultare quiverit. — 5341; videntes valde mirati sunt quod nequam qui se diabolus eidem occultare quiverat.— III 5280; videntes valde mirati sunt quod nequaquam diabolus se eidem occultare quiverit. — H.L.43; videntes, mirati sunt quod nequaquam sese diabolus eidem occultare quiverat. — 18) II 5341; Varovechus. — 19) II; III; genitoribus.

et claudus, quem, oleo [1] benedicto delibutum, signaculo etiam crucis [2] communivit. Sicque [3], roboratis [4] cruribus [5], gressum [6] direxit incolumis ac, recepta visione, integre auditum et eloquium [a]) adeptus est [7].

47. Item [8] in territorio Meldensium urbis, congregatis messoribus, cum propriam messem meteret sepedicta jam virgo [9], valde turbati sunt messores [10] propter imbrem repentinum qui cum turbine imminebat [11]. Confestimque Genovefa ingressa tentorium, solito more [12] solo adherens [13], cum fletu orare cepit. Tunc [14] admirabilem cunctis intuentibus [15] Christus ostendit virtutem, nam cum in circuitu omnium segetes [16] pluvia rigaret [17], nec messores nec messem [18] Genovefe saltim ullus guttarum humor illapsus contigit [19].

48. Factum est deinceps cum per amnem Sequane navali deveheretur [20] itinere, ita ut solitum est [21] fieri, insperate celi mutata serenitate, hinc orta [22] tempestate, navicula ejus vento collisa pene fluctibus operiebatur [23]. Protinus [24] Genovefa aspiciens [25] in celum, manibus expansis, auxilium a domino precabatur [26]. Talis continuo [27]

I. a) 5318; « et eloquium » *ajouté plus tard au-dessus de la ligne.*

1) II; III; cum oleo. — 2) II; signaculo crucis. — III; signaculum crucis. — 3) II; III; *n'ont pas* « sic que ». — 4) II 5311; delibutum signaculo crucis cui in roboratis. — 5) II; III; basibus. — 6) II 17625; III; gressus. — 7) II 17625; visione, reddentigratum gressum atque auditum elocutus est et integram adeptus est sanitatem. — 5311; visione redintegrataque capatie auditum eloquutionis integram adeptus est sanitatem. — III; visionis dono, redintegrataque capacitate auditus et locutionis (H.L.43; elocutionis) organo, integram adeptus est sanitatem. — 8) II 17625; eadem. — 5311; III H.L.43; Idem. — 9) II; III; *n'ont pas* « sepedicta jam virgo ». — 10) II; III; operarii. — 11) II; eminebat. — 12) II; III; tentorium, quod sine intermissione facere consueverat, solo. — 13) II 17625; solo adherens pavimento. — 14) BOLL.; II; III; *n'ont pas* « Tunc ». — 15) II 5311; III; mentibus. — II 17625; mensibus. — 16) III; segetum. — 17) II; III; rigaret, porro nec. — 18) BOLL.; II; III; nec messem (II 17625; mensem. — 5311; messe) nec messores. — 19) II; III; humor contingeret. — 20) II; III; proficisceretur. — 21) BOLL.; II; III; solet. — 22) II; III; fieri, celi decepta fraude serena (II 17625; sereni), orta tempestate, navicula. — 23) II; III; operiretur. — 24) III H.L.43; Porro. — 25) BOLL.; II; III; suspiciens. — 26) III; auxilium liberationis Dominum precabatur (5280; deprecabatur). — 27) III 5280; talis itaque contrario. — H.L.43; talis itaque continuo.

facta est tranquillitas, ut sine dubio Christus [1] affuisse et ventis [2] ac fluvio [3] imperasse [4] crederetur [5].

49. Egros vero [6] jugiter [a]), oleo sacro delibutos, sospites reddebat [7]. Factum est ut quemdam a demonio vexatum vellet oleo perungere [8]. Cui cum, secundum preceptionem sui, ampulla que oleum benedictum habuerat sed jam [9] vacua fuerat [10] allata, vehementissime sancta dei famula [b]) Genovefa turbata [c]) quidnam faceret [11] hesitabat. Nam pontifex qui oleum ei [12] benediceret aberat [13]. Interea, solo recubans, auxilium sibi affore de celo ad absolvendum infirmum sacris precibus implorabat [14]. Mox, ut ab oratione surrexit, ampulla in manibus ejus oleo repleta est [15]. Et [16] ita demum gemine in una hora virtutes, Christo operante [17], apparuerunt; ut et [18] ampulla que oleum non habebat [19] inter manus ejus vacua repleretur [20] et ab ipso oleo inergumenus delibutus [21] a vexatione demonum incolumis redderetur [22]. Post ter senos namque [23] ab obitu [24] ejus annos, quo ad describendam [25] ejus vitam [d]) animum apposui, cum ipsa ampulla oleum quod [26] in oratione [27] creverat vidi [28].

I. a) 5318 ; egros vero oleo.— b) 5292; sancta dei Genovefa.— c) 5318 ; « turbata » *ajouté plus tard au-dessus de la ligne*.— d) 5292 ; vitam ejus.

1) II ; III ; Christum. — 2) II 17625; vento. — 3) II 5311 ; fluctibus. — 4) II 17625 ; imperare. — 5) II ; III ; crederent. — 6) II ; Egros jugiter oleo benedicto. — II 5280 ; Egros exinde jugiter oleo benedicto. — H.L.43 ; Egros jugiter exinde oleo benedicto. — 7) III H.L.43 ; delibutos, reddebat ire ad propria alacres. — 8) BOLL. ; II ; III ; oleo vellet perungere. — 9) BOLL. ; II ; III ; *n'ont pas* « sed jam ». — 10) BOLL. ; II ; III ; fuisset. — 11) BOLL. ; II ; III ; ageret. — 12) II ; III ; *n'ont pas* « ei ». — 13) II ; III ; deerat. — 14) II ; III ; recubans, opitulationem sibi de celo ad absolvendum infirmum conferri (III ; conferre) precabatur. 15) BOLL. ; II ; III ; surrexit, in manibus ejus (5280 ; suis) ampulla oleo repleta est (II 17625 ; III ; impleta est). — 16) II 17625 ; *n'a pas* « et ». — 17) II ; III ; cooperante. — 18) III ; *n'a pas* « et ». — 19) II ; III ; que oleum benedictum habuerat, inter. — 20) II ; III ; impleretur. — 21) BOLL. ; II 5311 ; inergumeno delibuto. — 17625 ; inergumenos delibutos. — 22) II 17625 ; incolumes redderet. — III H.L.43 ; incolumis redderetur. DE TRANSITV EIUS. — 23) II 5311 ; ter senos quoque annos ab obitu ejus. — 24) II 17625 ; obpido. — 25) II 17625 ; scribandam. — 26) II 17625 ; vitam animum apuli, oleo cum ipsa ampulla quod. — 5311 ; vitam ad imum ampulle oleum cum ipsa ampulla quod. — 27) II ; III ; oratione ejus. — 28) III ; vidi. Nos igitur tandem pauca de multis ac innumerabilibus refe-

CAP. XI.

50. Verumtamen de excessu vite ejus [1] et honore [2] funeris, brevitatem secutus, silere studui. Que transiit in senectute bona plena virtutibus ampliusque quam decies octonos annos manens in corpore vixit in seculo peregrinata a Domino humataque est [a]) in pace tertio [3] nonas Januarii [4].

51. Quidam puer [5], nomine Prudens, qualiter remedium ac medelam ad ejus sepulcrum [6] adeptus sit [7], non absurdum fidelibus innotescere pro reverentia loci ipsius [8] existimo. Quem [9] cum, ab [10] infirmitate calculi [11] nimium afflictum [12], parentes [13] sui [14] vivere desperarent et

I a) 5344, 17003, 5291 ; humata est.

rentes (H.L.43 ; deferentes), compendium secuti miraculorum, que in vita mirabiliter gessit, calcem arripere curavimus, ut (H.L.43; *n'a pas* « ut ») et legentibus fieret lectio grata, desidiosis quoque non generaret tedium. A Domino siquidem in corpore, amplius quam octonis decies annis peregrinata, vinculis fidei spei ac caritatis vixit inretita et orationibus referta, parsimonie studiis jugiter intenta, in misericordie operibus larga, in fovendis pauperibus sedula, in expulsione demonum ac tolius sanitatis reparatione potentissima, in omni honestate preclara , non solum principibus sed etiam regibus veneranda, in populis coronanda. Et sicut jam olim per revelationem spiritus sancti in requiem sanctorum audierat et viderat, prophetie (H.L.43 ; prophete) spiritu plena, de sua remuneratione (H.L.43 ; remuratione) certissima, corporali febre correpta, devictis seculi erumnis, confusis tartareis legionibus, agminibus quoque celicolarum plaudentibus, ovans evolavit (5280 ; elevavit) ad celum, lampadis sue ferens inextinguibilem lucernam ante sponsum suum dominum nostrum Jesum Christum. Cujus denique corpusculum est humatum in monte Locutio (H.L.43 ; Leutitio) sancti Petri ecclesia, sub die tertio nonas Januarias (H.L.43 ; Januarii). — Bina siquidem miracula que post obitum ejus claruerunt, sancto huic opusculo proposuimus invehenda. Quidam. — 1) II 5344 ; ejus vite. — 2) II 17625 ; hore. — 3) BOLL. ; die tertio. — 4) II 17625 ; Que in senectute bona amplius quam LXXX annos in corpore habens, est ad deum peregrinata de seculo, humata est in pace die III nonas Januarii.— 5344 ; Quia in senectute bona amplius quam octenos annos in corpore est a Domino peregrinata in seculo, humataque est in pace die tertio nonas Januarii. — 5) BOLL. *mss. Utrecht et Bonnef.* ; III ; vir. — 6) II; III; super sepulcrum ejus. — 7) II ; III ; adeptus est. — 8) II 5344 ; illius. — 9) II 5344 ; Qui. — 10) II 17625; *n'a pas* « ab ». — 11) II 5344 ; III H.L.43 ; cauculi. — 12) II 17625 ; III ; profligatum. — II 5344 ; profligato. — 13) BOLL. ; II ; III ; genitores. — 14) II 17625 ; *n'a pas* « sui ».

ad tumulum sancte virginis Genovefe[1] cum fletu et gemitu [2] medelam ejus [3] egritudinis implorassent, ipsa die lapis ab eadem infirmitate generatus ab eodem egressus est, ulteriusque [4] eum predicta infirmitas non vexavit.

52. Cuidam Gotho die dominico operanti manus utreque contraxerant [5]. Hic cum ad sepulcrum Genovefe sanitatem sibi reddi nocte tota implorasset, in crastinum recepta manuum sanitate, incolumis abcessit [6].

53. Nam et gloriose memorie Clodoveus rex bellorum jure tremendus crebro, pro dilectione sancte virginis [7], in ergastulum retrusis indulgentiam tribuit et pro criminum animadversione sepē etiam culpabiles immunes a suppliciis [8], Genovefa [9] supplicante, dimisit. Quin etiam honoris [10] ejus gratia [11] basilicam edificare ceperat, que post discessum ejus, studio precellentissime [12] Crotechildis regine [13], celsum extulit edificata fastigium. Cujus [14] est porticus applicata triplex necnon et patriarcharum et prophetarum et martyrum [15], veram vetusti temporis fidem [16], que sunt tradita hystoriarum libris pictura refert [17].

1) BOLL. ; II; III H.L.43 ; ad tumulum Genovefe. — 5280 ; ad tumulum sancte Genovefe. — 2) BOLL. ; cum gemitu et fletu. — III 5280; cum fletu et lacrimis. — 3) BOLL. ; II 5311 ; III; *n'ont pas* « ejus ». — II 17625 *n'a pas* « medelam ejus ». — 4) BOLL. ; III; et ulterius. — 5) II ; manus itaque contraxerant. — III ; manus contraxerant. — 6) BOLL. ; II ; III ; in crastinum ab oratorio super sepulcrum de ligno contextum (III; contexto) recepta manuum suarum (III H.L.43. ; *n'a pas* « suarum ») sanitate, incolumis egressus est. — 7) II 17625 ; pro dilectione ejus, in. — 5311 ; pro dilectione sibi, in. — III; pro dilectione sui, in. — 8) BOLL. ; culpabiles incolumes a suppliciis. — II 17625 ; culpabiles porro inexempto mense incolumes. — 5311 ; culpabiles porro inexemptum ense incolumes. — III; culpabiles incolumes. — 9) III 5280 ; virgo Genovefa. 10) BOLL. *ms. Bonnef.* ; corporis. — 11) III; gratia et exortatione sepissima basilicam. — 12) II 5311 ; decessum suum studium precellentisssima. III ; discessum suum studiosissime praecellentissima. — 13) II 17625 ; Crothildis reginae sue celsitudinis protulit aedificata fastigium. — 5311 ; Clotildis regina sua celsum protulit edificata fastigium. — III ; Chrodoechildis (H.L.43 ; Crodechildis) regina sua celsum usque protulit edificata fastigium. — 14) BOLL. ; II ; III ; Cui. — 15) II ; III ; et martyrum atque (II 5311 ; et) confessorum. — 16) III 5280 ; veram denique fidem vetusti temporis observantes, que. — H.L.43 ; veram vetusti temporis fidem observantes, que. — 17) BOLL. ; tradita libris et historiarum paginis pictura refert. — II ; tradita libris et historiarum pectora refert. — III ; tradita libris et historiarum scriptis referimus.

Atque ideo [1], universi qui patrem et filium et spiritum sanctum secundum substantiam deitatis unum [2] et unitatem in trinitate confitemur [3], incessanter obsecremus fidelissimam dei famulam Genovefam [4] ut supplicet pro preteritis malis nostris veniam, quatinus reconciliati magnificemus dominum Jesum [5] Christum [a]) cui est cum deo patre et spiritu sancto una et sempiterna deitas per infinita secula seculorum [6]. Amen. *Explicit vita sancte Genovefe virginis* α).

I a) 5292; dominum nostrum Jesum Christum.

1) II 5311 « ut leo » *au lieu de* « ideo ». — 2) BOLL. ; II 5311; III ; deitalis adoramus et. — II 17625; dignitatis adoramus et. — 3) II ; et unitatem in trinitate, quia tota regalis est in unitate confitemur. — III ; et unitatem in trinitate, et trinitatem in unitate veneramur et (H.L.43; *n'a pas* « veneramur et ») confitemur. — 4) II 17625 ; confitemur sine intermissione orantes sepenumerum nuncupata fidelissima dei famula Genovefa obsecramus ut. — 5311 ; confitemur, sine ntermissione orantes sepenumerum nuncupatam fidelissimam dei famulam Genovefam obsecramus ut. — III 5280 ; confitemur, sine intermissione orantes sepe nuncupatam fidelissimam ac benegnissimam dei omnipotentis famulam obsecremus Genovefam ut. — 5) II ; III ; malis que gessimus, impetret (II 17625 ; imploret) mortalibus cibum angelicum, quatinus reconciliati, individue trinitati (III ; individua trinitate), exultantes in splendoribus sanctorum magnificemus dominum nostrum Jhesum Christum. — 6) BOLL. ; Christum, cui est gloria et honor et imperium et potestas in saecula saeculorum. Amen. — II ; III H.L.43 ; Christum, cui est gloria, honor, imperium (H.L.43 ; et imperium) et potestas in secula seculorum. — III 5280 ; Christum, cui est gloria, honor, imperium et eterna potestas. Amen.

α) Voici les « *Explicit* » des manuscrits de la 1re, de la 2me et de la 3me famille. —

Ire famille.

Mss. 5318 ; 5341 ; 17003 ; 16736 ; 5291 ; 5319 ; Explicit vita sancte Genovefe virginis. — Gregorius Turonensis.... (*suit le texte du chapitre* 91 *du* « De Gloria Confessorum » *de Grégoire de Tours*) Explicit. — Incipit vita sancti Symeonis.

Ms. 5292; Amen. Gregorius Turonensis episcopus.... (*Suit le texte du chapitre* 91 *du* « De Gloria Confessorum »). — Explicit vita S. Genovefe virginis. —

IIe famille.

Mss. 17625 ; 5311 ; Explicit vita sancte Genovefe virginis. —

IIIe famille.

Ms. 5280 ; Explicit vita sancte Genovefe virginis, II (*sic*) nonas Januarii.

*Ms. H.L.*43 ; n'a pas d' « *Explicit* ».

VITA BEATE GENOVEFE

VIRGINIS

(TEXTE DES MS. H.2,L. IN-8° DE LA BIBLIOTHÈQUE S. GENEVIÈVE[1])

Nous donnons ici le texte du plus ancien des manuscrits de notre quatrième famille, le ms. H.2,L. in-8° de la bibliothèque sainte Geneviève. On a vu plus haut les raisons qui nous portent à le publier intégralement. Quant aux autres manuscrits de la même famille, nous avons regardé comme inutile d'en mettre les variantes sous les yeux du lecteur. Ces variantes sauf une ou deux dont nous avons parlé dans notre étude sur ces divers manuscrits (*voir par ex. le ms. H. L. 42, bibl. de l'Arsenal*), sont toutes de très minime importance, elles consistent uniquement en différences de mots et ne portent jamais sur le fond même du récit. Il est hors de doute que ces manuscrits sont la reproduction d'un texte unique; leur parenté est indiscutable, et les différences de leçons qu'ils présentent entre eux ne nous apprennent rien sur l'origine du manuscrit type. D'ailleurs le ms. H.2,L. s'il n'est pas ce manuscrit même, doit en être au moins la reproduction très fidèle.

Pour qu'il soit plus facile de comparer les divers récits de ce texte avec ceux du texte de la première famille, nous avons donné à chaque paragraphe un double numéro. Le numéro en chiffres romains représente la division telle qu'elle est faite dans le ms. H.2,L.; le numéro en chiffres arabes indique le paragraphe correspondant du texte des manuscrits de la première famille.

1) Nous transcrivons le texte du ms. H.2,L. sans en corriger ni les fautes de grammaire, ni même les fautes d'orthographe. Ces imperfections peuvent servir, dans une certaine mesure, à fixer l'époque où ce texte fut rédigé.

CAP. I.

In Christi nomine Incipit libellus de vita et moribus sive conversatione beatissime virginis Genovefe que obiit III nonas Januarii.

I. (1) Tempore quidem quo ad describendam beate virginis Genovefe vitam accessi, opere precium duxi ut tempus locumque nativitatis ac nomen patris ejus et matris quin etiam gratiam dei que ipsi a primeva etate prestita est brevi stilo notarem. Licet enim certum diem nativitatis ejus ignoremus, tamen conicimus (*sic*) ex hystoriis veterum quod tempore imperatorum Honorii videlicet imperantis in occidente et Theodosii minoris in oriente, in nametodorense parroechia ubi pater ejus, nomine Severus, ac mater, nomine Gerontia, morabantur, felicissime nativitatis diem assecuta est. Nec post multo a sancto Germano antistite autissiodorense proficiscente in Britanniam dei nutu patefactum est multis quod Christo, inviolato corpore nec non mente, perpetuum exhibitura esset famulatum. Mansit vero cum parentibus crescens tam corpore quam rectis moribus a tempore supradicto usque Valentiniano quo romanum imperium in finibus Gallie rapuit, sumentibus Francis dinastiam in ea per tyrannidem nomenque patrie de suo nomine dantibus. —

II. Deinde nempe jam adolescentula, consecrata a Vilico episcopo carnotonensi (*sic*), claruit innumeris virtutibus ac miraculis, adhuc vivente Nicasio[1]) qui sub Hunorum tyrannide martyrio coronatus est, Remigioque deinde presulibus sanctis Durocordarum sub regibus Francorum videlicet Childerico, Clodoveo, usque ad tempus Clotharii regis et Childeberti quando meruit deposita fragilis sarcina corporis ejus anima paradysi januam penetrare.

III. (2) Omnis antistitum Gallie decreto proficiscentes in Britanniam sancti ac venerabiles viri, scilicet jam dictus Germanus et Lupus pontifices, transmarinam sub im-

1) S. Nicaise, év. de Reims, mort non à l'époque de l'invasion des Huns, mais dans une invasion des Vandales en 407 (Cf. *Gallia Christiana*, t. IX, c. 6).

peratoribus taxatis ad pelagianam heresim que in jam dictam insulam maxime pullulabat superandam, ad basilicam, Nammetodoro vico sitam, manendi vel maxime orandi gratia se contulerunt. Quibus cum vulgi multitudo haud procul ab ecclesia benedictionem expectans obviam venisset et catervatim uterque sexus virorum ac mulierum et parvulorum occureret, in medio occurrentium cetu eminus sanctus Germanus intuitus in spiritu magnanimem Genovefam, ilico ad se deduci precepit. Cui caput osculans sciscitabatur a turba nomen puellę et cujus esset filia diligenter investigabat. Extimplo nomen Genovefe a circumstante populo edictum est et pater et mater acciti astiterunt. Vidensque eos vir apostolicus ait: Hec infans vestra est filia? At illi: Nostra, inquiunt, domine. Quos idem sic affatus est: Felices vos tam venerande sobolis genitores. In hujus nativitate magno gaudio et exultatione celebratum misterium in celo noveritis ab angelis. Erit enim hec magna coram domino et multi ejus vitam propositumque sanctum mirantes declinabunt a malo, atque, postposita improba conversatione, conversi ad Dominum ac religiosi effecti et remissionem peccatorum et premia Christi erunt percepturi.

IV. (3) Nam allocutus patri et matri ejusdem misterio nativitatis ipsius in celo ab angelis celebrato, confestim ait Genovefe: Filia mea! Que respondit: Audio pater sancte et quecumque jubes mente sagaci percipio. Cui sanctus Germanus dixit: Queso ne verearis mihi profiteri, si vis in sanctimonio consecrata Christo, usque ad tue mortis diem, immaculatum et intactum corpus quemadmodum sponsa ejus conservare. Cui Genovefa respondit: O benedicte mi pater, quia quod desidero inquiris, quod et ambio adipisci solum hoc superest ut devotionem meam, intercedentibus tuis orationibus, Dominus adimplere dignetur. Ait ei dehinc beatus pontifex: Confide filia, viriliter age et quod corde credis et ore profiteris operibus comprobare studeto. Dabit enim Dominus fortitudinem et virtutem decori tuo.

(4) Quo dicto prefatus presul tamdiu manum super caput ejus tenuit quoad usque ad jam dictam basilicam pervenerunt. Ibique, benedictione populo data et manus

celebrata missione que solis episcopis competit, de qua Cyprianus martyr[1]) et Cornelius apostolicus[2]) altercati primum deinde sibi consentientes, evicit Cyprianus secundum auctoritatem evangelicam, manus missio post baptismum celebraretur. Cursuque spiritali celebrato, nona vel duodecima, necnon, secundum morem, cibo sumpto ac imno dicto quieverunt, jubens prescius futurorum Germanus Severum una cum filia sua in suo se collocare receptaculo primoque diluculo ad se reverti. Que cum fuisset lustrante jam solis jubare terras, ita ut jusserat, a genitore suo adducta, nescio quid in ea deinceps celeste sanctus Germanus conspicatus ait ad eam : Ave filia Genovefa ! Reminisceris quid hesterna die de corporis tui integritate mihi sis pollicita ? Cui Genovefa respondit : Reminiscor quid tibi deoque, pater sancte, promisi quoniam vite hujus propositum me avidissime desiderare dico, deoque cernente molimina cordis profiteor. Cui statim antistes nummum ereum dei nutu allatum habentem signum crucis a tellure colligens, pro magno munere dedit inquiens ad eam : Hunc transforatum pro memoria ejus et collo suspensum semper habeto, nulliusque metalli neque auri neque argenti seu libet margaritarum ornamento collum digitosque tuos onerare patiaris. Nam si seculi hujus vel exiguus decor tuam superaverit mentem, profecto eternis et celestibus carebis. Et valedicens ei obsecransque ut sui memor tantum in Christo esset, ac commendans eam genitori suo Severo, proficiscentes, suffragante Christo, in Britanniam perrexerunt.

V. Nam supradicta heresis zizania super triticum disseminans inter alia contra fidem catholicam asserebat natos ex duobus baptizatis sine baptismo posse salvari, cum omnino divinum eloquium clara voce per Johannem intonet dicens nullum posse habere vitam eternam nisi renatus fuerit ex aqua et spiritu sancto. Hanc scripturarum testimoniis et virtutum miraculis triumphantes, sed etiam Scothorum ac Pictonum infestinationem (*sic*), que illi regioni

1) S. Cyprien, év. de Carthage, mort en 258. (Cf. *AA. SS. Boll.* 14 Sept. IV. p. 191 et s.)

2) S. Corneille, pape, mort en 252. (Cf. *AA. SS. Boll.* 14 Sept. IV. p. 143 et s.)

instabat, in pasche festivitate, quando adhuc in albis erant quos baptizaverant, in nomine sancte et individue trinitatis canentes voce excelsa alleluia effugarunt. His ergo pretermissis ordo deposcit ut prosequamur de Genovefa.

CAP. II

VI. (5) Factum est autem post dies aliquot cum mater ejus ad ecclesiam die sollemni pergeret et Genovefam quam domi remanere preceperat nequaquam posset retinere clamantem cum lacrimis et dicentem : Ego fidem quam sancto Germano pollicita sum adminiculante Christo servabo et ecclesie limina frequentabo ut sponsa Christi esse merear, quatinus margaritis ac vestibus ejus digna repperiar. Ilico mater ejus, iracundia repleta, ut filie alapam dedit, statim ultione divina videndi amisit pulchritudinem. Tribus namque mensibus minus a biennio, nutu divine majestatis ad manifestandam gratiam Genovefe, hanc perpessa est cecitatem. Qua nimium adtrita mater ejus, reduxit ad memoriam quid testimonii de filia sua summus antistes dedisset, vocans eam ad se ait ei : Accipe hauritorium et propere perge ad puteum ut exibeas aquam, obsecro, te filia mea. Cumque summa festinatione ad puteum venisset et super marginem putei fleret eo quod mater ejus lumen amiserat, impleto vasculo, detulit aquam matri sue. Mater vero ejus extendens manus ad celum cum fide et veneratione aquam a filia sua allatam et ab ipsa signo crucis notatam accepit. De qua abluens sibi oculos quamvis non integrum tamen aliquid luminis recepit. Cumque hoc bis terque fecisset lumen amissum pristinumque usquequaque resumpsit.

VII. (6) Deinde vero accidit ut cum duabus puellis, multum se majoribus, secundum etatem ad consecrandum Julico episcopo traderetur. Que cum juxta numerum annorum ad consecrandum offerrentur, mox, instar beati Germani, comperit divinitus predictus pontifex Genovefam virginibus que illi preponebantur sublimiorem, et ait : Illa que post sequitur ante ponatur, quoniam hec celitus jam est sanctificationem adepta. Sic itaque benedictionem consecute, ab optutu pontificis discesserunt.

VIII. (7) Parentibus defunctis accersita a matre sua spiritali in Parisium urbem transivit. Et ut virtus Domini in infirmitate ejus probaretur et gratia Christi in ea collata plus cresceret, per aliquod tempus ita est ibi corpus ejus obsessum paralysi ut, laxatis artubus, nulla compages membrorum adherere suo crederetur loco. De qua infirmitate nimium profligata triduo corpus ejus jam exanime solis paululum genis rubentibus, custodiebatur. Que cum denuo corporalem fuisset adepta sanitatem, profitebatur se in spiritu ab angelo in requiem justorum et supplicium impiorum deductam et ibi se vidisse parata diligentibus Deum premia que incredibilia apud infideles habentur. Pluribus namque deinceps in hoc seculo viventibus, velut edocta a sancto spiritu, secretas conscientias manifestissime declarabat. Quod propter arrogantes silere magis qui ingentem devotionem habent detrahendi, et dum bonis invident suam superstitiosam indicant conscientiam, quam propter bonos et humiles describere malui.

IX. (8) Proficiscente igitur sancto Germano secunda vice in Britanniam una cum Severo treverensi presule, imperante jam minore Valentiniano, filio Placidie, contigit recti linea callis itiner (*sic*) facere per Parisium. Quo audito, fere universus populus egressus ab urbe obvius ei hilari animo cucurrit. At ille ilico, postpositis omnibus, sollicitus de Genovefa quid ageret inquisivit. Sed vulgus qui paratior est ad detrahendum bonis potius quam ad imitandum asserebat omnibus studiis hanc sese inferiorem. Quam cavillantes potius dignam laude predicabant quam vituperatione. Nam sicut non justificabitur quis aliena laude ita nec leditur infamia. Quorum garrulam vocem parvi pendens sanctus Germanus, in civitatem ingressus, ad ospitium Genovefe usque pervenit. Quam cum tanta humilitate salutavit ut omnes mirarentur. Et, oratione facta, ostendit his quibus despectui habebatur terram aridam de suis lacrimis irrigatam. Et residens disposuit eis, quasi ignaris, vite ejus exordium et quemadmodum Nammetodoro primum deo electam divinitus compererat, commendansque eam populo viam cepti itineris peregit.

CAP. III.

X. (9) Fama divulgante que tam veri quam falsi nuntia refertur, quod Attila, Hunorum rex, sevitia superatus, Gallias decrevisset populari ac sue ditioni subicere, terrore perculsi parisiaci cives bona facultatum suarum in alias tutiores civitates deferre nitebantur. Quorum matronas convocans Genovefa, suadebat ut jejuniis et orationibus ac vigiliis insisterent quatinus possint, sicut Judith et Hester, superventurum inimicorum impetum evadere. Consentientes ergo Genovefe et per dies aliquot in baptisterio vigilias exercentes jejuniis et orationibus soli deo vacaverunt. Viris quoque earum pariter suadebat ne bona sua a Parisio auferrent, nam illas civitates quas esse tutiores credebant gens irata vastaret, Parisium vero incontaminatam ab inimicis Christo protegente salvandam.

(10) Insurrexerunt autem propter hoc in eam quidam cives Parisiorum dicentes pseudoprophetissam suis temporibus apparuisse eo quod prohiberentur ab ea, quasi a non peritura civitate, in alias tutiores urbes bona sua transferre. Tractantibus ergo civibus jam sepedicte urbis ut Genovefam aut lapidibus tunsam, aut vasto gurgite mersam punirent, defuncto jam sancto Germano, advenit ab autissiodorense urbe, annuente deo, archidiaconus qui olim audierat eum de ea magnificum testimonium dedisse. Nactusque est eos per diversa loca conventicula facere ac de interemptione ejusdem contionari. Qui cum consilium eorum cognovisset dixit ad eos: Nolite, o cives! tam nefandum admittere facinus, quia hanc de cujus interitu tractatis, didicimus, narrante sancto Germano antistite nostro, ex utero matris sue a deo electam et ecce eulogias illi ab eodem relictas exhibeo. Comperientes ergo supradicti cives Genovefam testimonio sancti Germani Dei esse fidelissimam famulam et jam videntes eulogias que illi, deferente archidiacono, fuerant allate metuentes deum et ea que ab archidiacono dicebantur mirantes, dissipato pravo consilio, insidiandi finem fecerunt.

(11) Impletumque est in die illa dictum apostoli quo

ait : Non enim omnium est fides, fidelis autem deus qui semper suos conservat et custodit a malo.

XI. Summi antistites Martinus et Anianus pro virtutum suarum admiratione valde laudati sunt eo quod unus eorum apud Vangionum civitatem post pridie in bellum inermis offerendus, utriusque exercitus sevitia sedata, fedus obtinuit. Alter vero Aurelianensium urbem ab exercitu Hunorum circumseptam, auxiliantibus Gothis, meritis orationum suarum ne periret promeruit. Porro Genovefam nonne dignum est laudibus honorari que predictum exercitum barbarorum ne Parisium populans intraret procul abegit.

CAP. IV.

XII. (12) A quinto decimo namque usque ad quinquagesimum etatis sue annum, ut crucifigeret juxta dictum apostoli membra sua cum vitiis et concupiscentiis, exemplumque foret imitabile per omne seculum jejuniis ac vigiliis deo dicatis, in die dominico tantum et in quinta feria jejunium solvebat. Nullusque tamen alius cibus ei erat omni tempore nisi panis ordeaceus et faba quam vel post duas vel tres ebdomadas in olla coctam pro omnibus deliciis recommiscens edebat. Vini vero necnon omnis liquoris usu quo inebriatur homo per omnem vite sue tempus abstinuit. Quinquagenta autem annis tali in abstinentia ductis, dein, suadentibus episcopis, quibus contradici execrabile reputatur, secundum illud domini dictum : « Qui vos audit me audit et qui vos speruit me spernit », piscem et lac cum pane ordeaceo, pro recreandis tam abstinentia quam senio fessis viribus, edere cepit. —

(13) Et quotiens hec edebat, totiens, celum conspiciens, lacrimas fundebat. Et cum esset mundo corde quemadmodum Lucas evangelista describit de beatissimo Stephano ita et hec credebatur celis apertis dominum nostrum Jesum Christum stantem a dextris dei videre, quoniam irritum non est promissum Domini quo ait : « Beati mundo corde, quoniam ipsi deum videbunt ».

(14) Duodecim enim virtutes perhibentur esse bonorum

quas Hermes qui et pastor nuncupatur describit ac virgines nominat, sine quibus nulla virginum nullusque penitentum (*sic*) Hierusalem supernam que edificatur ut civitas coaptari potest; que etiam nominantur ita: Fides, Abstinentia, Pacientia, Magnanimitas, Simplicitas, Innocentia, Concordia, Caritas, Disciplina, Castitas, Veritas et Prudentia. Quibus et hec, veluti sibi semper sotiatis, fruebatur tam opere quam verbo, faciendo scilicet et docendo.

XIII. (15) Multa quoque sub frequentatione egrediens Parisium pre omnibus adire solebat Catolocensem (*sic*) vicum, eo quod ibi primus episcopus Parisii, videlicet sanctus Dionysius cum sotiis suis Rustico et Eleutherio, a persecutoribus juxta dictum Salomonis: « Stultus serviet sapienti », martyrio coronatus et a piis habitatoribus ejusdem loci sepulture est traditus, distantem a sepedicta urbe miliariis sex. Qui Dyonisius ortus Athenis sacerdosque primum, more gentilium, Ariopagi effectus, deinde, abrenuntiatis idolis, conversus ad predicationem Pauli, credidit in Christum, amissoque civium consortio, nunc terre, nunc maris itinere perfunctus, per multa pericula Romam usque tetendit. Ubi statim, ut vir eruditus tam phylosophorum disciplinis quam etiam divinarum litterarum eloquiis, a sancto Clemente, successore beati Petri apostoli filioque secundum baptismatis gratiam conlati in remissionem peccatorum, super hanc provintiam que nullum veritatis preconem antea habuerat, quasi quasdam novales perficiendo, ad imbuendas nationes adhuc superstitionibus et ritibus paganorum deditas fidei dogmatibus, legationem indemptus est. Creberrimis dictis instituimur quod Petrus, veniens Romam, Linum et Cletum sacerdotii sotios assumsit, quatinus in urbe, multorum deorum cultibus dedita, suffragatores divine predicationis haberet. Ad ultimum, ante aliquot dies passionis sue, Clementem in omnibus studiis sui imitatorem in sua ipsa cathedra collocavit; qui certamen sancti Petri apostoli in Cesarea gestum cum Symone mago et virtutes ac miracula ab eodem perpetrata propter infideles pleniter descripsit. Ergo quia de sancto Clemente successore predicti apostoli ac de sancto Dyonisio ab ipso destinato breviter disserui cum multis aliis in Galliam, ad propositum redeam.

XIV. Devotio et intentio erat ipsi virgini dei Genovefe, ut in honore trium martyrum videlicet Dyonisii episcopi, Rustici presbyteri et Eleutherii diaconi basilicam construeret, sed virtus deerat. Cui cum solito presbyteri occurrissent, ait ad eos : Venerabiles in Christo sancti patres ac seniores mei, obsecro vos ut faciat unusquisque vestrum, prout potest, collationem tam de materia lignorum quam etiam calcis, quatinus edificetur ecclesia in honore supradictorum martyrum. Nam terribilem et metuendum esse locum ipsum, ubi requiescunt qui ante nostris dogmata fidei primum tradiderunt, nulli habetur ambiguum. At illi responderunt : Est nobis voluntas edificandi, sed inter alia que desunt maxime calcis copia deest. Quibus Genovefa, spiritu sancto repleta, claro vultu vaticinans, manifestum dedit eloquium dixitque ad eos : Egrediatur queso sanctitas vestra et deambulate per pontem civitatis, et que audieritis renuntiate mihi.

(16) Qui cum egressi fuissent in plateam, stupore et admiratione repleti stabant attoniti. Et ecce duo custodes porcorum, non longe ab eisstan tes, cum inter se sermocinarentur, ait unus ad alterum : Dum suis vestigium ob partum vagantis legerem, inveni fornum calcis mire magnitudinis. Alter vero pastor e contrario respondit : Item et ego inveni in silva arborem radicitus a vento evulsam et sub radicibus ejus similiter fornum calcis de quo nec quicquam credo aliquando esse sublatum. Hec audientes presbyteri, attoniti stupore et admiratione, deum benedixerunt qui tantam gratiam famule sue Genovefe dignatus est conferre. Perquirentes ergo loca in quibus siti erant forni calcis de quibus custodes porcorum sermocinabantur, regressi presbyteri que a pastoribus didicerant renuntiaverunt. At illa extimplo pre gaudio sinum lacrimis implevit, egressisque de domo sua presbyteris, poplitibus implicatis genibusque in terra fixis, noctem totam in oratione et lacrimis consummavit, obsecrans sibi a Domino opitulationem atque auxilium conferri, quatinus possit in honorem summi antistitis ac martyris sancti Dyonisii basilicam construere.

(1) Que luce prima, licet vigiliis afflicta, ad Genesium presbyterum celeri gressu perrexit, lacessivitque eum ut

aliquam domum in supradicti martyris honore construerent. Cui et de calcibus quas deus providerat indicavit. Etenim Genesius presbyter, ubi de calcibus audivit, metu superatus, Genovefam protinus terre prostratus adoravit, atque promisit tam die quam nocte obnixe que jusserat se impleturum. Universis denique civibus, Genovefa implorante, auxilium ferentibus, in honorem sepedicti martyris inchoata est basilica.

XV. (18). Opere precium duxi etiam illud indicare quid miraculi tunc per eam Dominus fecit, cum, collectis carpentariis qui ea, que a crebrodictum edificium de lignis opus erant, in saltu alii inciderent ac dolarent, alii in plaustra conveherent, contigit ut potum deficeret. Sed Genovefe incognitum erat quod defecisset. Affarique Genesius presbyter Genovefam cepit quatinus opifices cohortaretur, quousque ille ad civitatem pergeret potumque velociter exhiberet. His auditis Genovefa vas in quo potum delatum fuerat quod cupam nuncupamus sibi petiit monstrari. Que cum fuisset ostensa expostulavit a se omnes seorsum discedere. Et illa genibus in tellure fixis, lacrimas fundens, ubi se sensit obtinuisse que precabatur, surgens, oratione completa, signum crucis super vas pocula (*sic*) fecit. Mirabile dictu ! statim cupa usque ad summum potu impleta est, adeo (ut[1]) qui ad operandum acciti fuerant, quamdiu omne opus basilice consummatum est, uberrime bibentes, maximas deo gratias ferentes retulerunt.

CAP. V.

XVI. (19). Fuit illi devotio ut nocte sabbati que lucessit in prima sabbati, secundum consuetudinem et statuta antiquorum patrum, pervigilem duceret. Unde accidit ut vice quadam post intempesta noctis, jam proximum diem dominicum gallorum plausu et cantu indicante, egressa de receptaculo suo ad jamdictam basilicam sancti Dyonisii pergeret. Dum autem illuc properaret tota intentione cordis, contigit ut cereus qui ante eam deferebatur

1) « *Ut* » a été rajouté plus tard au-dessus de la ligne.

extingueretur. Turbatis itaque virginibus que cum ea erant ab errore tetre noctis et a nimio ceno et imbre qui ab ethere fundebatur. Cernensque hunc cereum extinctum statim sibi dari petiit. Quem cum manu accepisset, continuo illuminatus est. Eumque in manu gestans ad basilicam usque pervenit, et ibi ante eam lucens cereus ipse igne consumptus est.

(20). XVII. Similiter, eodem tempore, ingressa in ecclesiam, cum, more solito prostrata, orationem complesset, exin a pavimento surgens, cereus qui necdum ab igne contactus fuerat divino nutu succensus in manu ejus illuminatus est.

(21) Item in cellula sua aiunt cereum in manu ejus sine succensione ignis illuminatum. De quo etiam cereo multi infirmi, fide instigante, paululum cum reverentia auferentes, pristinam receperunt sanitatem.

XVIII. (22). Nam quodam tempore, instinctu diaboli qui semper bonis scandala preparat, quedam femina furtim abstulit ejus calciamenta. Que ut ad domum suam pervenit continuo oculorum lumen amisit. Ergo ut cognovit furuncula celitus in se ulcisci injuriam Genovefe, alterius ducatu ad eam revectans calciamenta, ruensque ad pedes ejus, ignosci sibi pariter et lumen restitui ululans exorabat. Genovefa vero, ut erat benignissima, manu eam ab humo subridens levavit, et, signans oculos ejus, pristinum lumen restituit.

XIX. (23). In Laudunense urbe, ubi presul Remigius sanctitate plenus preerat, quid miraculi per eam Dominus fecit, edicere series lectionis expostulat. Adveniente igitur Genovefa haud procul a jam dicta urbe, maxima pars populi in occursum ejus venit. Inter quos et parentes cujusdam puelle venerunt que novem annis ita erat paralysis egritudine afflicta ut nequiverit cujusquam (quisquam[1]) indicare compagem membrorum. Supplicantibus ergo eis et ceteris senioribus populi, ad domum puelle pervenit.

Orationeque (autem[2]) ibidem secundum consuetudi-

1) *Quisquam* dans le ms. se trouve entre deux lignes au-dessus de *cujusquam*.

2) Ce mot dans le manuscrit est placé au-dessus de la ligne.

nem peracta, contrectans dissolutos artus propriis manibus, eam vestire et calciare precepit, adeoque restituit sanitati ut incolumis cum populo ad ecclesiam pergeret. Quod miraculum cum vidissent turbe, benedixerunt dominum nostrum Jesum Christum qui tantam gratiam diligentibus se prestare dignatus est. Et remeante Genovefa ab ipsa urbe, psallentes et exultantes populi eam deduxerunt.

CAP. VI

XX. (24). Oportunum videtur inserere qua veneratione Childericus, rex Francorum, licet adhuc paganis ritibus deditus, pro miraculis que ab ea in nomine Christi perficiebantur, cum omnibus comitibus suis (eam [1]) dilexerit. Adeo (nempe [2]) ut vice quadam ne vinctos qui ab eo tenebantur multandi, exigentibus meritis, Genovefa abriperet, egrediens urbem Parisiorum portam claudi precepit. At ubi perfidus internuntius, videlicet regis deliberatio, aures Genovefe pulsavit, confestim ad liberandas animas concito gradu perrexit. Nec minimum populi admirantis fuit spectaculum, quod tunc porta civitatis inter manus ejus sponte sua sine clave patefacta est. Sicque regem consecuta, ne vinctorum capita amputarentur obtinuit.

XXI. (25) Fuit quidam sanctus in partibus Orientis valde contemptor seculi nomine Symeon, in Syria Cilicie eminus ab Antiochia constitutus in columna annis fere XL; quem aiunt sedulo negotiatores euntes ac redeuntes de Genovefa interrogasse, ac eam veneratione profusa salutasse, et ut eum in orationibus suis memorem haberet etiam poposcisse fertur. Admirabile istud apud nos celebratur, nam nec calidus nec frigidus christianus habetur qui ambigat quod fidelissimi famuli christiani, voluntatem ejus ex parte cognoscentes, semetipsos non comperiant ab administratione sua, licet multis regionibus inter se interjacentibus; quemadmodum Ambrosius et Severinus sancti autistites, quorum unus Mediolani consistens, alter vero Agripine,

1) Ce mot dans le ms. est placé au-dessus de la ligne.

2) Même remarque que pour le mot *eam*, cf. note 1.

noti Martino et in militia et post militiam, jam in episcopatu constituto, ejus transitum de hoc mundo meruerunt agnoscere, Ambrosius scilicet dum celebraret missam, Severinus autem, peractis matutinis[1]; necnon Benedictus abbas, cujus vita velut speculum emicat bonorum monachorum, cognovit exisse de corpore animam beatissimi Germani capuani episcopi, licet absens esset funeris ejus exsequiis.[2])

XXII. (26). Puella quedam jam nubilis et jam desponsata, nomine Cilinia, ut comperit gratiam Christi Genovefe conlatam, petiit sibi ab ipsa vestem mutari. Quod cum adolescens, cui fuerat promissa audisset, protinus, indignatione repletus, Meldis urbem ubi Cilinia cum Genovefa morabatur advenit. Genovefa autem ut advenisse juvenem furibundum didicerat, una cum Cilinia summa cum festinatione ad ecclesiam perrexit. Magni miraculi res fuit quod, eisdem fugientibus, baptisterium quod interius erat se sponte reseravit. Sic itaque predicta puella ab hujus mundi naufragio et contagione liberata usque ad finem vite sue in abstinentia et castitate perseveravit.

(27). Per idem tempus, supradicta Cilinia obtulit Genovefe puellam de ministerio suo, cui biennio fere egrotanti etiam pedum usus fuerat ablatus. Quam ut manibus Genovefa contrectavit confestim ex integro sanitati reddidit.

XXIII. (28). Aliquando vero contigit ut Parisius offerrentur ei inter viros et mulieres XII anime que a demonibus gravissime vexabantur. Super quibus indolens Genovefa, perfusa lacrimis ad orationem recurrit, postulans ut in nomine Christi a jam dicta peste liberarentur. Adhuc ea perseverante in oratione, inergumini mirum in modum suspenduntur in aera. Adeo ut nec manus eorum cameram, nec pedes terram trangerent. Que cum ab oratione surrexisset, jussit eos ad sancti Dyonisii martyris basilicam pergere. Econtrario inergumini querebantur nequaquam sibi gradiendi facultatem resumere nisi ab ea dissolverentur. Questibus vero quorum sancta dei adtrita, jussit

1) *Cf.* Gregor. Turon. *De Miraculis S. Martini*, l. I, c. 4 et 5. (Migne, *Patr. lat.*, LXXI, col. 918)

2) *Vita S. Benedicti abbatis*, auct. Gregorio Magno papa, c. 25. (Mabillon, *AA. SS. Ord. S. Bened.* Sæc. I, p. 25, 26).

ac permisit eos ire vinctis post tergum manibus[1] ad predicti martyris basilicam sub silentio. Ipsa nempe post duas fere horas subsecuta est eos, ad prefatam basilicam pervenit. Que cum illic orare more solito adherens pavimento cum fletu cepisset, vociferabantur inergumini cum ingenti clamore prope sibi jam esse eos quos advenire in solatium precabatur. Nec diffidendum est eum qui per fitonissam loquebatur et jam nunc cernentem expulsionem suam de jam dictis inerguminis fieri, ut vel sic adhuc a fatuis coleretur, significare voluisse quod apostoli et martyres et reliqui justi, tribuente Christo, qui prope est omnibus invocantibus eum in veritate et voluntatem timentium se facit, Genovefe in adminiculum venirent. His auditis, surgens ab oratione notansque singillatim eos signo crucis, omnes spiritibus immundis obsessos curavit. Subito vero omnium astantium nares nidor ac fetor gravissimus in tantum attigit ut nullus eorum dubitaret animas a vexatione demonum emundatas, benedicentes deum pro tali signo.

XXIV. (29). Percepta ejus opinione, nescio deinceps curiositate an zelo amoris permota, venit quedam puella a bituricense urbe Parisium cujus post consecrationem corpus violatum fuerat, sed adhuc ab hominibus sine criminis nevo esse putabatur, ut cumloqueretur (*sic*) cum Genovefa. Que mox interrogata ab ea utrum sanctimonialis an vidua esset, at illa respondit se in sanctimonio consecratam intacto corpore Christo dignum prebere famulatum. E contrario Genovefa locum ac tempus et hominem eundem qui corpus ejus violaverat exposuit. At illa que incassum se Christi sponsam profitebatur, conscientia convicta, protinus ad pedes Genovefe corruit exposcens

1) Dans les manuscrits de la première famille la phrase se trouve sous cette forme : *Et ita a Genovefa signati vinctis post tergum manibus*. On voit très bien, en se reportant au texte de quelques-uns des manuscrits intermédiaires, comment le changement s'est produit.

Le ms. 5573 de la deuxième famille a : *Et ita a Genovefa signati, revinctis post tergum manibus*.

Le ms. 5341 de la deuxième famille et le ms. H.L.43 de la troisième famille ont : *Et ita Genovefa signat ire vinctis post tergum* (5341 ; *pos-tergo*) *manibus*.

Le ms. 5280 de la troisième famille a : *Et ita Genovefa sinit* (*vel signat*) *eos ire ad basilicam beati Dyonisii martyris, manibus post tergum vinctis*.

veniam pro eis que deliquit sibi dari. Multa quidem de similibus jamdicte puelle convictis conscientia propria narrare potui, sed propter eos qui desidia torpentes plurima legere fastidiunt silentio cessi.

CAP. VII

XXV. (30) Postea vero, non longe intercapedine temporis acta, erat cum ea mulier que ab ipsa fuerat a vexatione diaboli emundata, cujus filius jam IIII[or] annorum etate percepta, casu decidit in puteum. Ex eo post tres fere horas sublatus a matre, crines lacerante, pectus mamillasque manu tundente, necnon lacrimarum fonte oculis madente, ad pedes ejus mortuus delatus est. Quo viso sacra Genovefa pallioque proprio cooperto ad orationem cum fletu recurrit. Miroque ordine illa cessante a fletu, morte fugiente, puer redivivus apparuit. Erant quippe eodem tempore observantie dies quadragesime et infans ipse jam caticuminus factus fide imbuebatur catholica. Qui et in proxima pasche vigilia baptizatus Cellomeris est nuncupatus, eo quod in cellula sepedicte Genovefe vitam quam amiserat recepit.

XXVI. (31). In Meldorum urbe occurrit ei homo a cubito manum habens aridam, optans sibi per eam sanitatem restitui. Apprehensa igitur Genovefa manum ejus aridam, attrectatisque digitorum compagibus ac munitis signo crucis, in semi hora, magistri instar qui suis sequacibus promisit quod majora horum facietis, omni sospitate reparavit.

XXVII. (32). Namque sciens quod dominus Jesus baptizatus a Johanne in sollempnitate que, greco sermone, Epyphania nuncupatur, confestim heremum expetivit, scilicet ut mortalibus documentum daret qui renati sunt ex aqua et spiritu sancto quod post baptismum jejuniis ac vigiliis assidue supplicare debent, ut perficiant opere quod perceperunt baptismo. Et ipsa a primo die dominico jam dictam festivitatem usque ad diem consecrationis chrismatis et calicis qui et Domini cena vocitatur, instar anachoritarum in cellula sua constituta, soli deo orationibus et vigiliis vacabat. Adveniens autem quedam femina curiositate potius quam fide permota, quidnam Genovefa in cellula sua ageret clandestine discere voluit. Que ut foribus ejus appropinquavit, mox, quia sine dubio plena dolo venit, ultione divina corporis lumine caruit. Cujus dehinc oculos in consummatione quadragesime procedens a cellula sua oratione et signo crucis illuminavit.

XXVIII. (33). Tempore igitur quod obsidionem Parisius per bis quinos, ut aiunt, annos perpessa est, ejusdem urbis (cives[1]) ita inedia afflixerat ut nonnulli fame interisse noscerentur. Quapropter Genovefa compulsa est ut in Arciacense oppidum navali evectione, ad emendam annonam, per fluvium Sequane proficisceretur. Que cum pervenisset ad locum ubi erat in jam dicto amne arbor que naves mergere solebat, paulum navigantes ad ripam appropinquare precepit. Et, oratione facta, arborem incidi jussit. Quam cum ictibus securium navigantes ejusdem socii cepissent incidere, ultro orante Genovefa, ruit avulsa. Protinus duo monstra fuerunt vario colore ab eodem loco egressa ; de quorum nidore, duabus fere horis navigantes fetidissimo flatu perculsi sunt ; nullusque deinceps in eodem loco naufragium passus e navigantibus fertur.

XXIX. (34). Deinde cum Arciacum oppidum fuisset ingressa, situm in pago tricasino, occurrit ei tribunus, nomine Passivus, deprecans ut uxorem suam longo jam tempore paralysis languore detentam sua visitatione sanaret. Perseverante ergo illo in obsecratione et senioribus loci illius, in domum ejusdem ingressa, ad lectum egrotantis femine accessit. Adprime vero, ut sibi moris erat, et ibi oratione expleta , roboratam mulierem solummodo signaculo crucis de lecto consurgere jussit. Illa vero que IIII^or^ fere per annos, ut asserebant, sic fuerat egritudinis dolore attrita, ut nequaquam se propris viribus vegetaret, surgente jam incolumi de lecto, omnes astantes magnificaverunt mirabilem deum in sanctis suis.

XXX. (35). Cumque ad civitatem Trecasium pervenisset occurrit ei multitudo populi offerens innumeros utriusque sexus homines diversis infirmitatibus afflictos. Quos illa signans et benedicens, absque ullo interstitio incolumes

1) Ce mot dans le ms. est écrit au-dessus de la ligne.

reddidit, mirantibus cunctis qui aderant. Oblatusque est ei in eadem urbe dein homo quem dominico die operantem ultio divina excecaverat, necnon et puella annorum fere XII similiter ceca. Quorum illa oculos, facto signo crucis, invocans individuam trinitatem, pristino lumini restituit.

XXXI. (36). Quidam subdiaconus ut vidit tanta miracula per eam fieri, obtulit ei filium suum quem bis quinis mensibus febris acerrima, modo frigore, modo calore, torquebat. Extimplo autem virgo dei Genovefa aquam sibi afferri jussit. Signatamque vexillo crucis, puero infirmo bibendam contulit. Mox ipse, propitiante domino nostro Jesu Christo, omni febre velociter fugiente, sanitatem indeptus est.

(37). Multi et illis diebus, febre repleti, auferentes fimbrias vestimenti ejus a diversis infirmitatibus sanati ; plerique etiam et a demonibus obsessi extiterunt mundati.

XXXII. (38). Incipiens vero regredi de jam dicto oppido Arciacense, ubi dies aliquot commorata fuit, Parisium, uxor tribuni que per eam sanitatem adepta extitit, quousque navem ascendit prosecuta est. Sicque, navali deinceps evectione Genovefa remeante ad propria, contigit ut naves ejus, vento flante, inter scopulos et arbores periclitarentur, et castellamina navalia, videlicet vasa quacumque materie compacta, in quibus annona deferebatur, in tantum a proprio statu inclinata et versa fuerunt, ut etiam naves aqua impleri fere cernerentur. Ilico Genovefa, manibus ad celum expansis, adeo opitulari promeruit a deo, ut naves ejus undecim numero, procul abeunte naufragio, pristinum cursum obtinerent. Quo facto Bessus presbyter hilaritati redditus, cujus pre timore paulo ante calor ossa reliquerat et omnes qui cum eo erant, laetitia referti, canticum exodi in modum celeume clara voce cecinerunt : « Adjutor et protector factus est nobis Dominus in salutem », magnificantes eum per quem sunt, famula ejus Genovefa deprecante, salvati.

XXXIII. (39) Perveniensque Parisium quibusdam annonam quibusdam panes integerrimos, nonnunquam vero, perficiens laudabile furtum, panes clanculo de clibano sublatos pauperibus tribuebat. Adeo ut puelle que in obsequio ejus erant recurrentes ad clibanum, cernentesque imminutum numerum panum quos in eo posuerant, nimium tristitia afficerentur nisi reperissent egenos panes calidos deferentes per urbem ac nomen Genovefe benedicentes que sibi eos contulerat. Erat enim illi spes non de his que videntur sed que non videntur, credens divinum eloquium quod ait : « Quoniam qui pauperibus erogat Deo fenerat ». Cui etiam patria illa in qua feneratores egentium requirunt thesaurum suum olim per revelationem spiritu (*sic*) sancti fuerat ostensa ; et idcirco, sine intermissione orans, flere consuevit quia sciebat se in corpore positam peregrinari a Domino.

CAP. VIII

XXXIV. (40) Defensor quidam ex Meldorum urbe, nomine Frunimius, annis IIII^{or} pedibus claudus carensque auditu [1], Parisium ubi Genovefa morabatur expetiit, obsecrans auditum sibi restitui tactu manu (*sic*) ejus. Cujus manu cum aures ejus essent contrectate ac signate, continuo gressus redditi auditusque capax, benedixit dominum nostrum Jesum Christum.

XXXV. (41) In Aurelianense urbe quid miraculi per eam Dominus gessit ordo lectionis scribere deposcit. Erat enim tunc temporis in jam dicta urbe mater familias, nomine Fraterna, cujus et filia, nomine Claudia [2], jam prope in limine mortis posita, mestitiam solummodo parenti

1) Ce Frunimius qui n'était que sourd dans les mss. de la première famille (*Frunimius, annis quator clausos habens aurium meatus*) se trouve être en outre boiteux dans ceux de la quatrième. La façon dont cette modification s'est produite est assez curieuse pour que nous la mettions sous es yeux du lecteur.

Ms. 561 de la bibl. de St-Gall, appartenant à la deuxième famille ; *Frunimius annis quatuor claudus habens aurium meatus.*

Mss. de la troisième famille : *Frunimius, aunis quatuor claudus nec habens aurium meatus.*

Le ms. 17625 de la deuxième famille a : *Frunimius, annis quatuor clusos habens aurium meatus.* — Le m. 5341 de la même famille a : *Frunimius annis quatuor surdus nec habens aurium meatus.*

2) Nous avons vu que le récit relatif à Claudia ne se trouve pas dans les manuscrits de notre 1re famille.

prestabat. Cui cum adventus Genovefe illuc venientis delatus esset, mox iter pro filia rogatura arripuit. Inveniensque eam in basilica sancti Aniani antistitis orantem ruit ad pedes ejus, prostrataque solo tali voce poposcit: Redde mihi domina Genovefa Claudiam filiam meam. Genovefa ut vidit fidem ejus constanter alloquens ei respondit : Parce injurie tue ac molestie quam pateris, nam filie tue redintegrata est incolomitas. Hoc audito Fraterna surrexit tripudians, certaque de salute filie rediit ad domum suam. Quam ita mirabili dei potentia ex faucibus inferi revocatam extimplo Genovefa sanaverat, ut sospes ei in auditorio domus occurreret. Magnificavitque ibi universa turba que aderat Dominum pro repentina incolomitate Claudie meritis Genovefe collata.

XXXVI. (41) Factum est exin (*sic*) eadem urbe cum cuidam pro famulo culpabili (Genovefa [1]) supplicaret et ille superbia et calliditate obduratus nequaquam famulo ignosceret, his eum verbis allocuta dixit: Si tu me supplicantem despectui habes, non me despicit dominus meus Jesus Christus, quoniam clemens et pius est ad ignoscendum. At ubi in domum suam homo ille rediit, mox ita febre accensus est ut nocte tota anhelans et estuans requiescere nequiverit. Quin etiam in crastino cum prima aurora mundum suo jubare inradiavit, aperto ore, sicut urus quem Germania bubalum vocat, cursu fatigatus, lingua salivam distillans, turpiter venit et ad pedes Genovefe provolutus, veniam quam pridie famulo non dederat sibi dari precabatur. Sancta vero dei, pietate mota, signans eum vexillo crucis, omnem febris egritudinem fugavit ab eo, redditque dominum mente et corpore sanum et servum excusatum. Absque dubio angelus Domini eum afflixit quemadmodum Avianum judicem pertinacissimum, ante cujus januam sanctus Martinus intempesta nocte pro vinctis rogaturus advenisse legitur, quem etiam colafizatum ab angelo lectio tradit, ut ante fores domus sue sancto Martino occurrisse et omnia que peteret prestitisse fertur.

1) « *Genovefa* » dans le manuscrit est placé au-dessus de la ligne.

CAP. VIIII

XXXVII. (42) Inde vero navigio Turonis profecta, multa Ligeris discrimina fluvii perpessa est. Ab Aurelianense quippe urbe usque Turonorum civitatem, que Tertia Lugdunensis nuncupatur, perhibentur esse stadia sexcenta, miliaria LXX^{ta}V^e, leuge, que adhuc veteri Gallorum lingua nuncupantur, quinquaginta. Perveniensque ad portum Turonice urbis occurrit ei de basilica sancti Martini inerguminorum multitudo per quorum ora clamabant nequissimi spiritus quod dignis sancti Martini meritis ac Genovefe exurerentur flammis. Quin etiam et pericula que in Ligere Genovefa habuerat ob emulationem sui se profitebantur perpetrasse. Interea loci Genovefa basilicam sancti Martini ingressa, multos demonibus obsessos oratione et signaculo crucis emundavit. Verum illi a quibus immundi spiritus exibant, in hora cruciatus sui quod digiti manuum Genovefe singillatim, velut cerei, divinitus celesti igne flagrarent et circa se arderent, fetidissine debachantes profitebantur.

XXXVIII. (43) Audientes etiam hoc tres viri quorum matrone in domibus eorum clam a demonibus vexabantur, continuo petierunt ut visitatione sua conjuges eorum ab obsidentibus eas nequissimis spiritibus emundaret. At illa, ut erat clementissima, secuta est eos. Ingressa uniuscujusque domum, matrone eorum oratione et benedictione olei uncte per eam a vexatione demonum sunt curate.

XXXIX. (44) Perendie denique, cum sancti Martini interesset vigiliis, in angulo basilice orans ac benedicens et laudans Dominum ac media incognita staret caterva, unus ex psallentibus areptus a demone, lanians proprios artus quos, mente captus, alienos esse credebat, ab absida ad Genovefam properavit. Cumque Genovefa spiritum immundum a corpore hominis juberet exire et spiritus nequam per oculum se progredi minaretur, imperante Genovefa, feda relinquens vestigia, fluxu ventris ejectus est dictuque citius persona mundata est. Multis honoribus tum eam euntem ac redeuntem quidam Turonici, licet ipsa nolente, sublimaverunt. Enimvero similis fuit meritis

Genovefa Evurtio peregrino, advenientis (*sic; l's exponctué plus tard*) de partibus Beneventi, necnon stantis (*sic*) in extrema parte ecclesie Aurelianensis urbis ea die qua post mortem prioris episcopi eligebatur a populo successor ejus. Jamjamque de clero duo coram altari assistebant, eo modo quatinus dei misericordia, invocante plebe, patefaceret quem eorum antistitem assumerent. Sed exaudita oratione eorum, duobus jamdictis scilicet repulsis, Evurtius sanctus, adveniente spiritu sancto ac residente in specie columbe super caput ejus, ab episcopis ibidem congregatis electus est presul, non solum christicolis sed etiam gentibus profuturus[1]. Ideoque suis operibus promeruit ut nullum in ecclesia sancti Martini spiritus immundos metueret, non scilicet episcopum, non presbyterum, non diaconem, non exorcistam, nisi ipsam ad quam perduxit hominem quem, quasi suo, male abutebatur.

XL. (45) Eodem tempore stans in aditu domus sue vidit quandam pretereuntem puellam ampullamque manu gestantem. Quam cum ad se vocasset, interrogavit quid ferret. At illa inquit : Ampullam cum liquamine olei quod mihi a negotiatoribus venundatum est. Genovefa vero conspicata generis humani adversarium in ampulle ore sedentem, cominanter insufflans in eam, statim pars de ore ipsius ampulle fracta ac dilapsa est. Signatoque dehinc signo crucis oleo, abire puellam jussit. Videntes hec qui aderant valde mirati sunt quod nequaquam se diabolus eidem occultare quiverit.

CAP. X

XLI. (46) Quidam puerulus dehinc, nomine Marovecus, a parentibus suis oblatus est eidem Genovefe cecus, surdus, mutus et claudus. Quem cum de oleo benedicto perunxisset, mox recepto visu auriumque meatu necnon loquela pedumque cursu, ex integro, discedentibus viciis, sanitati restitutus est.

XLII. (47) Quodam nempe tempore dum in territorio

1) Cf. *AA. SS. Boll.*, 7 Sept. III p. 52 et suiv. *Vita S. Evurtii Aurelianensis episcopi*, cap. I.

Meldensium, congregatis operariis, propriam messem meteret, accidit ut, imminente pluvia cum turbine, messores turbarentur. Illa autem ingressa tentorium, soloque adherens, quod sine intermissione facere consueverat, cum fletu orare cepit. Admirabilem tunc cunctis mentibus Christus ostendit virtutem. Adeo ut dum in circuitu omnium segetes pluvia rigaret, nec messem nec messores Genovefe saltem ullus guttarum humor contigit.

XLIII. (48) Factum est deinceps cum per amnem Sequane navali proficisceretur itinere, ita ut solet fieri, celi decepta fraude sereni, orta tempestate, ut navicula ejus, vento conlisa, pene fluctibus operiretur. Protinus Genovefa, suspiciens in celum, manibus extensis, auxilium ad Dominum precabatur. Tantaque continuo reddita est tranquillitas ut sine dubio Christum affuisse et ventis ac fluvio imperasse qui affuerunt crederent.

XLIV. (49) Insuper etiam egros jugiter oleo benedicto delibutos sospites reddebat. Unde factum est ut, quodam tempore, quendam a demonio vexatum vellet perungere oleumque juberet afferri. Cui cum, secundum preceptionem sui, ampulla qua oleum benedictum habuerat vacua fuisset allata, vehementissime sancta dei famula Genovefa turbata quidnam ageret hesitabat. Nam pontifex qui oleum benediceret deerat. Interea, solo recubans, opitulationem sibi de celo ad solvendum infirmum vinculis Sathane, conferre precabatur. Mox ut ab oratione surrexit, in manibus ejus ampulla oleo impleta est. Sicque statim gemine in una hora virtutes, Christo cooperante, per eam apparuerunt, ut et ampulla vacua que oleum benedictum habuerat inter manus ejus impleretur inerguminusque eodem oleo delibutus a vexatione demonum fatigatus incolumis redderetur. Non dispar beati Martini studiis qui quandam puellam paralysis egritudine detentam, ex integro sanitati restituit dum in os ejus olei licorem infudit.

XLV. Post ter senos namque ab obitu ejus annos oleum cum ipsa ampulla quod in oratione ejus creverat vidi.

(50) Confiteor autem quod ignavia nimium et inertia ductus, de excessu vite ejus ac de obsequio funeris nec non miraculis que in basilica ubi corpus ejus requiescit post mortem ejus patrata sunt, licet innumerabilia ma-

neant, exceptis duobus, brevitatem secutus studui (silui[1]). Vixit autem, non solum corpore pudico semper sed animo scilicet fidei caritatis ac spei vinculis inretita in seculo, amplius LXXX[is] annis. Defuncta est vero plena dierum sub die tertio nonarum Januariarum, humataque in pace in basilica in monte sita juxta nove menia Parisii nomine Lucoticio.

CAP. XI

XLVI. Nec dubium est quod sancti, post obitum quo amissa sarcina corporis transierunt ad requiem, pluribus claruere virtutibus quam in hac vita, omni erumna plenissima, manentes. Sic et hec post transitum de hoc mundo quamvis multis miraculis claruisset, tamen, ut predixi, per incuriam pretermissa videntur. De quibus duo non absurdum arbitror fidelibus ad memoriam reducere.

(51). Ad prime scilicet qualiter quidam vir nomine Prudens apud sepulchrum ejus adeptus est sanitatem. Nam cernentes eum parentes ejus calculi infirmitate nimis profligatum, desperantesque de vita ejus ad tumulum beate virginis cum fletu et gemitu adduxerunt, implorantes ut, ea intercedente, a predicta infirmitate eriperetur. Quo facto, ilico secundum petitionem illorum ab eodem lapide egrediente veluti nunquam tale aliquid pateretur omni sospitate recreatus est.

XLVII. (52). Deinde cuidam semper dominico die volenti operari manus merito contraxerant ut nec aliis diebus quicquam posset perficere. Ille vero, abrenuntiato tali studio ductusque penitentia, ad sepulchrum predicte virginis profusus lacrimis decucurrit, ibique pernoctans orationibus deditus in crastino ante sepulchrum de lignis compactum viribus manuum receptis incolumis recessit.

XLVIII. (53). Demum adhuc vivente in corpore et peregrinante a Domino, Clodoveus, bellis creberrimis gloriosus princeps rexque Francorum, fidei christiane subditus et regulis imbutus, sepe pro dilectione sui in ergastulum

(1) Ce mot dans le ms. est placé au-dessus de « *studui* ». Celui qui a fait la correction n'a du reste pas effacé le mot « *studui* ».

retrusos, sicut et genitor ejus Childericus, necnon alios multis criminibus involutos, adeo ut diversis penis indicarentur dampnari, liberos abire permisit et securitati restituit. Quin etiam dum iret adversus Alaricum regem Gothorum in prelium deceptum heresi arriana, qui prope omnem Aquitaniam sue ditioni subdiderat, ea exortante in honore apostolorum, scilicet Petri et Pauli, ecclesiam edificare jussit; quam uxor ejus, Chrodochildis nomine, vere christianissima, jam defuncto eo, regnantibus filiis ejus Chlothario, Childeberto necnon Flodomero (*sic*), ad fastigium usque perduxit. Dedicatorque ejus cum aliis extitit Remigius Durocordarum antistes qui et predictum regem fide primum instruxit baptismoque deinde ab omni peccatorum labe preteritorum purgavit. Quapropter jam dignum est ut dignis eam laudibus glorificemus suppliciter postulantes ut, ea intercedente, a peccatorum nostrorum vinculis in seculo sic absolvamur quatenus, tribuente Christo, requie perenni perfrui mereamur qui vivit et regnat in secula seculorum. Amen.

TABLE

DES NOMS ET DES OUVRAGES CITÉS

(*Les chiffres romains renvoient aux pages de l'Introduction, les chiffres arabes à celles du texte de la Vie*).

TABLE DES MATIERES

INTRODUCTION

CHAPITRE I

CHAPITRE II

ADDENDA

Page XI. — Le *Catalogus Sanctorum* de Petrus de Natalibus a été composé vers 1375; c'est la première édition qui date de 1493. Comme nous n'avons pu voir de manuscrits de cet ouvrage nous ne saurions dire si la *Vie de S. Geneviève* qu'il contient se trouvait dans l'original ou si elle provient d'adjonctions postérieures.

Page LXXIV. — On trouve dans le *Sanctuarium seu Vitæ sanctorum* de Mombritius (Milan, v. 1480, in-fol.), ff. 319 et s., une Vie de saint Germain d'Auxerre qui me paraît se rapprocher beaucoup de ce qu'a dû être la Vie primitive de cet évêque. Ce texte n'est pas un récit composé par Mombritius lui-même, car nous l'avons rencontré sous une forme presque identique dans un ms. du XIe siècle, provenant de l'abbaye de Silos en Espagne (Bibl. nat., Nouvelles acquisit. lat. 2178, grand format, 2 col., ff. 6 et s.). Il ne contient ni les passages relatifs aux entrevues de S. Germain avec S. Geneviève, ni la plupart des autres fragments du texte des Bollandistes que nous supposions avoir été ajoutés à la Vie primitive postérieurement au Ve siècle. A ce point de vue le ms. de Silos serait encore préférable à celui ou à ceux qu'a suivis Mombritius. Ainsi les hypothèses que nous avons formulées plus haut sur le mode de composition de la Vie de S. Germain et sur l'origine des passages communs à cette Vie et à celle de S. Geneviève, se trouvent prouvées d'une façon à peu près certaine.— La comparaison de ce nouveau texte avec ceux que nous connaissions déjà nous confirme en outre dans une opinion dont nous n'avions pas voulu parler dans le cours de notre étude, parce qu'elle ne se fondait pas alors sur des preuves suffisantes, à savoir que la Vie de saint Germain, telle que la donnent les Bollandistes, est le produit non pas d'un seul remaniement de l'œuvre originale, mais bien de plusieurs remaniements successifs. Les auteurs des remaniements n'ont, semble-t-il, supprimé aucun des récits de la Vie primitive ; ils n'ont même pas modifié la forme, le style de ces récits ; ils se sont contentés d'en intercaler d'autres en les reliant tant bien que mal à ceux du texte qu'ils avaient sous les yeux.

CORRIGENDA

Page VI, ligne 30-31, — *supprimer les mots* : se rendant en compagnie de S. Loup, évêque de Troyes.
— VI, — 32,— *après* Nanterre, *ajouter* : et à Paris.
— VIII, — 2,— *après* Auxerre, *ajouter* : et saint Loup, évêque de Troyes allèrent.
— LXI, note 2, ligne 16, — *au lieu de : (AA. SS. BOLL.*, 26 juin, V, p. 169), chap. II, pag. 14, *lire :* c. 9 (Mabillon, *AA. SS. Ord. S. Bened.* saec I, Appendix, p. 579).
— LXVIII, — 1, — *au lieu de :* l. 43 c, *mettre :* l. II, c. 43 ; *et au lieu de* : par II, *mettre* : par. 53.
— LXXXII,— 1,— *supprimer les mots* : , et D. Bouquet, I, p. 22.
Page 3, ligne 4, — *au lieu de* : H[a].L., *lire* : H. 2, L. in-8°.
— 3, — 19, — *au lieu de* : sont indépendants, *lire* : sont peut-être indépendants.
— 5 (titre), ligne 4-5, — *au lieu de* : familles, *lire* : famille.
— 5, note 2, — *avant* H. L. 43, *ajouter* : BOLL. ;
— 5, — 3, — *avant* II, *ajouter* : BOLL ;
— 6, ligne 6, — *mettre les mots* : que in illis finibus imminebat *entre virgules.*
— 6, — 11, — *mettre une virgule après* sancto.
— 6, note 1, — *avant* II, *ajouter* : BOLL.
— 6, — 7, — *supprimer* BOLL. ;
— 6, — 12, — *avant* II 17625, *ajouter* : BOLL. ;
— 7, — 8, — *avant* II, *ajouter* : BOLL. ;
— 7, — 17, — *avant* 5573, *ajouter* : BOLL. ;
— 8, ligne 12, — *au lieu de* : dominus, *lire* : Dominus.
— 8, note 6, — *après le mot* : Larivour, *mettre un point virgule.*
— 8, — 8, — *avant* II, *ajouter* : BOLL. ;
— 8, — 15, — *avant* II 17625, *ajouter* : BOLL. ; *et au lieu de :* Severo. (5311 ; Severum), *lire:* Severo (BOLL. ; 5311 ; Severum).
— 9, ligne 16, — *mettre une virgule après* : mentem.
— 9, note 1, — *avant* II, *ajouter* : BOLL. ;
— 10, ligne 2, — *au lieu de* : domino, *lire* : Domino.
— 10, note 15, l. 2, — *lire : à la place de* « quale vocans »
— 10, — 15, l. 3, — *au lieu de* : dederat, *lire* : dedisset.
— 11, — 3, — *au lieu de* : Cum que, *lire* : Cumque.
— 11, — 5, — *avant* III, *ajouter* : BOLL. ;
— 11, — 11, — *au lieu de* Boll. ; *lire* ; BOLL. ;
— 11, — 17, — *avant* II 17625, *ajouter :* BOLL., *mss. Utrecht et Lariv.* ; Julico. —
— 12, ligne 11, — *au lieu de* : examine, *lire* : exanime.
— 12, note 20, — *avant* II, *ajouter* : BOLL. ;
— 13, (notes) ligne 8, — *avant* II 5311, *ajouter* : BOLL. ;
— 13, note 4, — *avant* II 17625, *ajouter* : BOLL. ;
— 13, — 5, — *avant* II, *ajouter* : BOLL. ; ad derogandum bonis potius quam imitandum asserebat. —
— 13 — 6, — *avant* II, *ajouter* : BOLL. ; cubili. —

Page 14, — *au lieu de* : CHAP., *lire* : CAP.
— 14, note 10, — *après* BOLL., *ajouter* : quoque idem suadebat.—
— 15, — 17, — *après* BOLL. ; *ajouter* : famulam, videntes etiam. —
— 16, ligne 12, — *au lieu de* : circumpseptam, *lire* : circumseptam.
— 16, *au lieu de* : CAP. VI, *lire* : CAP. IV.
— 16, note 5, — *au lieu de* : 0280, *lire* : 5280.
— 16, — 14, — *supprimer* : BOLL. ;
— 17, — 10, — *après* BOLL., *ajouter* : *mss. Utrecht et Bonnef.*
— 17, — 11, — *avant* II, *ajouter* : BOLL. ;
— 19, — 8, — *supprimer les mots* : sancti patres ac seniores, *qui se trouvent après* BOLL. ;
— 20, ligne 6, — *au lieu de* : eloquuin, *lire* : eloquium.
— 20, note 1, — *avant* terribilem, *ajouter* : II ;
— 20, — 2, — *supprimer* : BOLL. ; coquendi.—
— 21, ligne 9, — *au lieu de* : domino, *lire* : Domino.
— 21, — 19, — *le renvoi* 25 *doit porter sur le mot* in *et non sur* repromisit.
— 22, — 4, — *au lieu de* : dominus, *lire* : Dominus.
— 22, note 17, — ligne 2, — *après* omnes, *ajouter* : seorsum.
— 23, ligne 9, — *au lieu de* : domini, *lire* : Domini.
— 23, note 12, — *avant* II, *ajouter* : BOLL. ;
— 24, — 9, — *avant* II, *ajouter* : BOLL. ;
— 24, — 25, — *avant* II, *ajouter* : BOLL. ;
— 25, — 14, — *supprimer le mot* : BOLL. ;
— 26, — 15, — *dans la parenthèse, avant* 5311, *ajouter* : BOLL. ;
— 26, — 25, — *avant* II, *ajouter* : BOLL. ;
— 26, — 27, — *avant* II 5573, *ajouter* : BOLL. ;
— 27, ligne 6, — *supprimer la virgule après* Cilicia.
— 28, — 6, — *le renvoi* 8 *doit porter sur le mot* ad, *le renvoi* 9 *sur le mot* consummationem ; *ainsi tous les autres renvois jusqu'à la fin de la page doivent être modifiés d'un chiffre.*
— 28, note 4, — *avant* II 17625 ; *ajouter* : BOLL. ; eis fugientibus ad ecclesiam, baptisterium. —
— 29, — 8, — *après* BOLL. ; *ajouter* : *ms. Bonnef.*
— 29, — 23, — *avant* II, *ajouter* : BOLL. ;
— 30, ligne 7, — *au lieu de* : dominum, *lire* : Dominum.
— 30, note 11, — *avant* II, *ajouter* : BOLL. ;
— 31, — 9, — *après* BOLL. ; *ajouter* : vultu contrito, defunctus depositus est. —
— 31, — 16, — *après ms. Utrecht* ; *ajouter* : Collomerus.
— 32, ligne 6, — *au lieu de* : restitua, *lire* : restituta.
— 33, note 4, ligne 2, — *après Bonnef.* ; *au lieu de* : obsidionem Parisius per quinos, *lire* : obsidionem Parisius per bis quinos.
— 33, notes 5, 6, 8, — *supprimer les mots* : mss. Utrecht et Bonnef.
— 33, note 17, — *avant* II ; III ; *ajouter* : Protinus duo monstra feruntur. —
— 33, — 20, — *au lieu de* : fetore, *lire* : nidore.
— 33, — 21, — *avant* II 17625, *lire* ; BOLL., *ms. Utrecht* ; perculsi sunt.—
— 35, note 1, ligne 1, — *mettre le mot* : deum, *après le mot* : mirabilem.
— 35, — 2, — *supprimer les mots* : *et Lariv.*
— 37, — *supprimer la note* 9.
— 37, note 17, — *avant* II, *ajouter* : BOLL., *ms. Utrecht* ; Fruminius.— *ms. Bonnef.* ; Frummius.

Page 37, note 19, — *avant* II, *ajouter* : BOLL. ;
— 39, — 2, — *avant* 5311, *ajouter* : BOLL. ;
— 39, — 6, — *avant* II, *ajouter* : BOLL. ;
— 39, — 18, — *au lieu de* : BOLL. ; II ; II ; *lire* : BOLL. ; II ; III ;
— 40, ligne 1, — *au lieu de* : nulla, *lire* : multa.
— 40, note 4, — *avant* II, *ajouter* : BOLL. ;
— 40, — *à partir de la note 13, il y a une confusion dans les chiffres des renvois* (16 *à remplacer par* 14 ; 14 *à remplacer par* 15 ; 15 *à remplacer par* 16, *etc*...).
— 41, note 5, — *avant* II 17625, *ajouter* : BOLL. ; eos. Ingressa ergo uniuscujusque.—
— 41, — 11, — *avant* III, *ajouter* : BOLL. ;
— 41, — 14, — *avant* II 17525, *ajouter* : BOLL. *ms. Bonnef.* ; mente captus se esse alienum credebat.—
— 42, — 4, — *remplacer* BOLL. ; II 5311 ; aditu, *par* : II ;
— 42, — 12, — *avant* II, *ajouter* : BOLL. ;
— 43, ligne 20, — *au lieu de* : domino, *lire* : Domino.
— 43, note 12, — *avant* II, *ajouter* : BOLL., *mss. Lariv. et Bonnef.* (?) ; tritorium.—
— 46, ligne 9, — *mettre les mots* : bellorum jure tremendus *entre virgules*.
— 46, note 13, — *avant* II 17625, *ajouter* : BOLL. ; Crothildis reginæ suæ celsum.—
— 46, — 15, — *avant* II, *ajouter* : BOLL. ;
— 48 (titre), ligne 3, — *au lieu de* : TEXTE DES, *lire* : TEXTE DU.
— 57, ligne 20, — *au lieu de* : eisstan tes, *lire* : eis stantes.
— 57, — 39, — *au lieu de* : (1), *lire* : (17).
— 58, — 33, — *au lieu de* : autistites, *lire* : antistites.

DIJON, IMPRIMERIE DARANTIERE, RUE CHABOT-CHARNY, 65

30e fascicule : Les métaux dans les inscriptions égyptiennes, par G. R. Lepsius, traduit par W. Berend, avec des additions de l'auteur et accompagné de 2 pl. 12 fr.
31e fascicule : Histoire de la ville de St-Omer et de ses institutions jusqu'au xive siècle, par A. Giry, élève de l'Ecole des Hautes Etudes. 20 fr.
32e fascicule : Essai sur le règne de Trajan, par C. de la Berge, employé à la Bibliothèque nationale, ancien élève de l'Ecole des Hautes Etudes. 12 fr.
33e fascicule : Etudes sur l'industrie et la classe industrielle à Paris au xiiie et au xive siècle, par G. Fagniez. 12 fr.
34e fascicule : Matériaux pour servir à l'histoire de la philosophie de l'Inde, par P. Regnaud, professeur à la faculté des lettres de Lyon. 2e partie. 10 fr.
35e fascicule : Mélanges publiés par la section historique et philologique, pour le dixième anniversaire de l'Ecole pratique des Hautes Etudes. Avec 10 planches grav. 15 fr.
36e fascicule : La religion védique d'après les hymnes du Rig-Veda, par A. Bergaigne, maître de conférences à la faculté des lettres, répétiteur à l'Ecole des Hautes Etudes. Tome 1er. 12 fr.
37e fascicule : Histoire critique des règnes de Childerich et de Chlodovech, par M. Junghans ; traduit par G. Monod, directeur adjoint à l'Ecole des Hautes Etudes, et augmentée d'une introduction et de notes nouvelles. 6 fr.
38e fascicule : Les Monuments égyptiens de la Bibliothèque nationale (cabinet des médailles et antiques), 1re partie, par E. Ledrain. 12 fr.
39e fascicule : L'Inscription de Bavian, texte, traduction et commentaire philologique avec trois appendices et un glossaire par H. Pognon, élève de l'Ecole des Hautes Etudes, attaché au Ministère des affaires étrangères. 1re partie. 6 fr.
40e fascicule : Patois de la commune de Vionnaz (Bas-Valais), par J. Gilliéron, accompagné d'une carte. 7 fr. 50
41e fascicule : Le Querolus, comédie latine anonyme, par L. Havet. 12 fr.
42e fascicule : L'Inscription de Bavian, texte, traduction et commentaire philologique avec trois appendices et un glossaire par H. Pognon, 2e partie. 6 fr.
43e fascicule : De Saturnio latinorum versu scripsit L. Havet. 15 fr.
44e fascicule : Etudes d'archéologie orientale, par Ch. Clermont-Ganneau, tome premier, 1re livraison. 10 fr.
45e fascicule : Histoire des institutions municipales de Senlis, par J. Flammermont. 8 fr.
46e fascicule : Essai sur les origines du fonds grec de l'Escurial. 15 fr.
47e fascicule : Les monuments égyptiens de la bibliothèque nationale (cabinet des médailles et antiques), par E. Ledrain. 2e et 3e livraisons. 24 fr.

COLLECTION PHILOLOGIQUE. Recueil de travaux originaires ou traduits, relatifs à la philologie et à l'histoire littéraire.
1er fascicule : La théorie de Darwin ; de l'importance du langage pour l'histoire naturelle de l'homme, par A. Schleicher. In-8°. 2 fr.
2e fascicule : Dictionnaire des doublets ou doubles formes de la langue française, par A. Brachet. In-8°. 2 fr. 50
3e fascicule : De l'ordre des mots dans les langues anciennes comparées aux langues modernes, par H. Weil. In-8°, nouvelle édition. 4 fr.
4e fascicule : Dictionnaire des doublets ou doubles formes de la langue française, par A. Brachet. Supplément. 50 c.
5e fascicule : Les noms de famille, par E. Ritter. 3 fr. 50
6e fascicule : Etudes philologiques d'onomatologie normande, par H. Moisy. 8 fr.
7e fascicule : Essai sur la langue basque, par F. Ribary, professeur à l'Université de Pesth. Traduit du Hongrois par J. Vinson. 5 fr.
8e fascicule : De conjugatione latini verbi « Dare », a James Darmesteter. 1 fr. 50.
9e fascicule : De Floovante vetustiore gallico poemate, par A. Darmesteter. 5 fr.
10e fascicule : Histoire des participes français, par Amédée Mercier. 5 fr.
11e fascicule : Etude sur Denys d'Halicarnasse et le traité de la disposition des mots, par Emile Baudat. 3 fr.
12e fascicule : De neutrali genere quid factum sit in gallica lingua scripsit A. Mercier. 2 fr.
13e fascicule : Du génitif latin et de la préposition DE. Etude de syntaxe historique sur la décomposition du latin et la formation du français, par P. Clairin. 7 fr. 50.

CHABANEAU (C.). Histoire et théorie de la conjugaison française, nouvelle édition revue et augmentée. 5 fr.
CONSTANS. Marie de Compiègne d'après l'Evangile aux femmes, texte publié pour la première fois dans son intégrité d'après les quatre manuscrits connus des xiiie, xive et xve siècles. Gr. in-8°. 3 fr.
DARMESTETER (A). De la création actuelle de mots nouveaux dans la langue française et des lois qui la régissent. Gr. in-8°. 10 fr.
DIEZ (F.). Grammaire des langues romanes. 3e édition refondue et augmentée. T. 1er traduit par A. Brachet et G. Paris. Tomes 2e et 3e, traduits par A. Morel-Fatio et G. Paris. Gr. in-8. 36 fr.
FLAMENCA (le roman de), publié d'après le manuscrit unique de Carcassonne, avec introduction sommaire, notes et glossaire, par M. P. Meyer. Gr. in-8°. 12 fr.

GODEFROY (F.). Dictionnaire de l'ancienne langue française et de tous ses dialectes, du XIe au XVe siècle, composé d'après le dépouillement de tous les plus importants documents, manuscrits ou imprimés qui se trouvent dans les grandes bibliothèques de la France et de l'Europe, et dans les principales archives départementales, municipales, hospitalières ou privées. Publié sous les auspices du Ministère de l'Instruction publique.

Paraît par livraisons de 10 feuilles gr. in-4° à trois colonnes au prix de 5 fr. la livraison.

L'ouvrage complet se composera de 100 livraisons.

MÉMOIRES de la Société de linguistique de Paris. Tome 1er complet en 4 fascicules ; T. 2e complet en 5 fascicules ; T. 3e complet en 5 fascicules. 56 fr.

MEYER (P.). Documents manuscrits de l'ancienne littérature de la France, conservés dans les bibliothèques de la Grande-Bretagne. Première Partie. Londres (Musée britannique), Durham, Edimbourg, Glasgow, Oxford (Bodléienne). 1 vol. in-8°. 6 fr.

— Manière (la) de langage qui enseigne à parler et à écrire le français. Modèles de conversations composés en Angleterre à la fin du XIVe siècle, et publiés d'après le manuscrit du Musée britannique Harl. 3988. Gr. in-8°. 3 fr.

MYSTÈRE (le) de la Passion d'Arnoul Greban, publié d'après les mss. de Paris, avec une introduction et un glossaire par G. Paris et G. Raynaud, 1 fort vol. gr. in-8° à 2 col. 25 fr.

PARIS (G.). Étude sur le rôle de l'accent latin dans la langue française. In-8°. 4 fr.

— Dissertation critique sur le poëme latin du Ligurinus attribué à Gunther. In-8° 8 fr.

— Le petit Poucet et la Grande-Ourse, 1 vol. in-16. 2 fr. 50

— Les contes orientaux dans la littérature française du moyen âge. In-8°. 1 fr.

— Grammaire historique de la langue française. Cours professé à la Sorbonne en 1868. Leçon d'ouverture. 1 fr.

RECUEIL d'anciens textes bas-latins, provençaux et français, accompagnés de deux glossaires et publiés par P. Meyer. 1re partie : bas-latin, provençal. Gr. in-8°. 6 fr.

— 2e partie : vieux français. Gr. in-8°. 6 fr.

ROLLAND (E.). Devinettes ou Enigmes populaires de la France, suivies de la réimpression d'un Recueil de 77 indovinelli publié à Trévise en 1628. Pet. in-8°. 4 fr.

LES ANCIENS POETES DE LA FRANCE, publiés sous les auspices de S. Excellence M. le ministre de l'Instruction publique, en exécution du décret impérial du 12 février 1854, et sous la direction de M. F. Guessard, in-12, cart., papier vergé, caractères elzeviriens, t. I à X. — Volumes II à VIII et X, le vol, 5 fr. — Volume IX, 7 fr. 50. — Sur papier fort vergé, vol. II à VIII et X, le vol. 10 fr. — Volume IX, 15 fr. — Sur papier de Chine, tiré à 10 exemplaires. Le vol. 20 fr. — Le premier volume ne se vend plus séparément dans aucun des papiers.

Volumes publiés : I. Gui de Bourgogne, publié par MM. F. Guessard et H. Michelant. — Otinel, publié par MM. Guessard et H. Michelant. — Floovant, publié par MM. F. Guessard et H. Michelant. — II. Doon de Mayence, publié par M. A. Pey. — III. Gaufrey, publié par MM. F. Guessard et P. Chabaille. — IV. Fierabras, publié par MM. A. Kroeber et G. Servois. — Parise la Duchesse, publié par MM. F. Guessard et Larchey. — V. Huon de Bordeaux, publié par MM. F. Guessard et C. Grandmaison. — VI. Aye d'Avignon, publié par MM. F. Guessard et P. Meyer. — Gui de Nanteuil, publié par P. Meyer. — VII. Gaydon, publié par MM. F. Guessard et S. Luce. — VIII. Hugues Capet, publié par M. le marquis de la Grange. — IX. Macaire, publié par M. F. Guessard. — Aliscans, publié par MM. F. Guessard et A. de Montaiglon.

REVUE CELTIQUE, publiée avec le concours des principaux savants français et étrangers, par M. H. Gaidoz. 4 livraisons d'environ 130 pages chacune. — Prix d'abonnement : Paris, 22 fr. ; édition sur papier de Hollande : Paris, 40 fr. ; départements 44 fr.

Le quatrième volume est en cours de publication.

ROMANIA, recueil trimestriel consacré à l'étude des langues et des littératures romanes, publié par MM. Paul Meyer et Gaston Paris. Chaque numéro se compose de 160 pages qui forment à la fin de l'année 1 vol. gr. in-8° de 640 p. — Prix d'abonnement : Paris, 20 fr. ; départements et pays d'Europe faisant partie de l'union postale, 22 fr. ; édition sur papier de Hollande : Paris, 40 fr. ; départements et pays d'Europe faisant partie de l'union postale, 44 fr.

La dixième année est en cours de publication.

Aucune livraison de ces deux recueils n'est vendue séparément.

Chartres. — Imprimerie Durand frères.

www.ingramcontent.com/pod-product-compliance
Ingram Content Group UK Ltd.
Pitfield, Milton Keynes, MK11 3LW, UK
UKHW031841260826
14628UKWH00002B/512

9 782019 677756